韩山师范学院学术文库丛书 · 韩山师范学院出版基金资助

韩山师范学院博士启动项目

“丝绸之路经济带”建设中的能源合作——中国在中亚地区的机遇与挑战

（项目编号QD20151103）成果

中国与中亚国家油气合作的机遇与挑战研究

邓秀杰 著

当代中国出版社

Contemporary China Publishing House

图书在版编目(CIP)数据

中国与中亚国家油气合作的机遇与挑战研究 / 邓秀杰著. -- 北京：当代中国出版社，2016.12
ISBN 978-7-5154-0746-3

Ⅰ. ①中… Ⅱ. ①邓… Ⅲ. ①石油工业-国际合作-研究-中国、中亚 Ⅳ. ①F426.22②F436.062

中国版本图书馆 CIP 数据核字(2016)第 261801 号

出 版 人	曹宏举
责任编辑	姜楷杰
责任校对	康 莹
封面设计	木 易
出版发行	当代中国出版社
地 址	北京市地安门西大街旌勇里 8 号
网 址	http://www.ddzg.net 邮箱：ddzgcbs@sina.com
邮政编码	100009
编 辑 部	(010)66572264 66572154 66572132 66572180
市 场 部	(010)66572281 或 66572155/56/57/58/59 转
印 刷	北京润田金辉印刷有限公司
开 本	720 毫米×1020 毫米 1/16
印 张	14.75 印张 1 插页 215 千字
版 次	2016 年 12 月第 1 版
印 次	2016 年 12 月第 1 次印刷
定 价	45.00 元

前　言

能源是人类活动的物质基础，是世界各国经济发展的命脉。新世纪，随着经济的快速发展，中国能源需求总量大幅增长，能源的结构性矛盾日益突出。能源安全问题已经成为影响中国经济社会持续发展的制约因素。因此，积极开展国际能源合作，建立多元化的能源体系是中国保障能源安全的必然选择。中亚地区石油和天然气储量巨大，是中国开展国际能源合作的重点地区之一。中亚地区对于弥补中国能源缺口、优化中国能源结构、发挥地缘优势、实现能源进口多元化和提高中国议价权具有重要意义。

与俄、美、欧等国家和地区相比，中国进入中亚地区能源领域的时间较晚。但是，经过十多年的努力，中国在中亚地区激烈的能源竞争中脱颖而出，成为中亚各国重要的能源合作伙伴。因此，关注和研究中国与中亚国家的能源合作，可以吸取很多的经验和教训。在当前激烈的国际能源竞争中，中国与中亚国家的能源合作无疑既存在机遇又面临挑战。中国如何抓住机遇化解挑战，与中亚国家进一步深化能源领域的务实合作，更好地维护国家的能源安全，是一个非常现实的问题。2013 年 9 月，习近平主席在访问哈萨克斯坦时，提出了共建“丝绸之路经济带”（Silk Road Economic Belt）的合作倡议。在“丝绸之路经济带”建设背景下，研究和探讨扩大中国与中亚国家能源合作的对策选择更具有重要的现实意义。

为实现研究目的，本书从中国的能源需求入手，以中国与中亚国家能源合作的整个过程为研究对象，通过对中亚各国的能源状况、中国与中亚国家能源合作的影响因素和实际成果进行分析，发掘优势和动力，规避风险和阻力，探求中国扩大在中亚地区油气开发中的对策选择。相对来说，使问题的研究更加系统、科学。此外，当前中国经济进入了“新常态”，中国与世界的关系呈现一种新格局。中国适时推出“一带一路”（the Belt and

Road）国家发展战略，促进与沿线国家和地区更深层次的连通和融合。本书从“丝绸之路经济带”建设的大背景出发，重点分析当前中国与中亚国家油气合作所具有的优势和面临的挑战，构建公平合理、合作共赢的中亚国际能源新秩序，从而将问题的研究推向深入。

具体来讲，本书在梳理中国与中亚国家油气合作的发展历程、影响因素和合作成果的过程中，通过对比分析中亚各国能源状况，与中国油气合作状况，俄、美以及其他主要政治力量的中亚战略，与中亚各国油气合作状况，探究悠久的历史联系、友好的国家关系、密切的经贸合作、良好的多边合作平台以及“丝绸之路经济带”建设在中国与中亚国家油气合作中的积极作用，分析俄、美以及其他主要政治力量在中亚的能源博弈、中亚安全形势的新变化和中亚各国能源政策的新调整带来的诸多挑战。在此基础上，对扩大中国与中亚国家油气合作提出了一些对策。

目录

绪 论

一、研究背景、目的和意义

能源是人类活动的物质基础，是世界各国经济发展的命脉。中国的能源资源较丰富，但能源资源禀赋不高，分布不均衡、开发难度大、人均拥有量较低。新世纪，随着经济的快速发展，能源需求总量大幅增长，能源的结构性矛盾日益突出。毋庸置疑，能源安全问题已经成为影响中国经济社会持续发展的制约因素。因此，在立足国内石油资源勘探开发、发展替代能源、节能降耗的同时，积极开展平等合作、互利共赢的国际能源合作，建立多元化的能源体系是中国保障能源安全的必然选择。

众所周知，经过几十年的经营，欧、美、日等发达国家和地区已经抢先占据了储量大、油质轻、易开发的油气田，垄断性地控制了绝大多数能源富集国或地区的能源开发与供应，建立起稳固的海外能源生产和进口基地。作为后起国家，中国只能从发达国家不愿或者基于政治原因而拒绝进入的伊朗、阿曼、也门、苏丹、安哥拉、刚果、委内瑞拉等国进口能源，并为此承受巨大的政治压力。此外，这些国家与中国相距遥远，长距离海上运输不仅成本高，而且受恐怖主义、海盗以及其他国际因素的影响，安全风险大且易受制于人。因此，中国应加强同周边国家的能源合作，加快陆上能源战略布局。

中亚地区地处欧亚大陆中心，不仅是“历史上的地理枢纽”，而且能源资源储量丰富，是“21世纪的能源新大陆”。尤其是潜力巨大的、尚未开发的里海盆地，被认为是继波斯湾和西伯利亚之后的世界第三大油气储藏区。

独立以来，为恢复和发展国民经济，中亚各国纷纷制定“资源立国”发展战略，实施对外开放政策，昔日隔绝、封闭的中亚地区开始登上世界政治经济舞台。

中亚地区重要的地理位置和丰富战略资源强烈地吸引中国、俄罗斯、美国、欧盟、伊朗、土耳其、日本、韩国、印度等主要政治力量积极介入中亚地区事务，展开一场新的“大博弈”。基于地缘和资源双重战略考虑，这些域内外国家或国家集团均以能源合作为切入点，采取不同手段和方式深入到中亚各国的政治、经济、文化、社会等领域，并通过中亚国家影响其他周边国家，进而实现各自的战略目标。

中国与中亚国家是陆地邻国。其中，中国与哈萨克斯坦、吉尔吉斯斯坦和塔吉克斯坦三国直接接壤，与乌兹别克斯坦和土库曼斯坦两国虽未接壤但也是友好邻邦。经过多年的努力，凭借天时、地利和人和，中国在中亚地区激烈的能源竞争中脱颖而出，成为中亚各国重要的能源合作伙伴。中国与中亚国家的油气合作“已形成以哈萨克斯坦为重点，合作范围扩及周边中亚国家的合作态势，合作形式包括获得油气资源开采权、修建跨境油气管道、并购中亚国家及外资在中亚的油气田以及油气生产技术服务等多个领域”[①]。特别是中国的西部能源大动脉——中哈原油管道和中国—中亚天然气管道，它既是中国与中亚国家能源合作取得的重要成果，又为进一步深化双方能源合作奠定了坚实的基础。与中亚地区开展国际能源合作，对于中国弥补能源缺口、优化能源结构、发挥能源战略地缘优势、实现能源进口多元化和提高能源议价权、话语权具有非常重要的意义。

值得注意的是，尽管中国与中亚地区的能源合作已取得了重要成果，但是双方能源合作的潜力仍未得到最大发挥，中国尚未在中亚地区能源领域发挥与其经济实力相称的作用。中亚地区复杂的地缘政治争夺、堪忧的地区安全局势和随意多变的能源政策等使得中国与中亚国家的能源合作困难重重、步履维艰。在当代激烈的国际能源竞争中，中亚地区复杂的国际

---

① 庞昌伟：《中国与中亚—俄罗斯能源合作续写新华章》，《中国石油报》2013 年 9 月 17 日，第 2 版。

环境和地缘格局使得中国石油企业“走出去”遇到的困难越来越多。

当前，中国经济社会发展正处于一个前所未有的黄金期。近年来，随着中国经济发展逐步进入新常态，中国能源消费增速也将逐步放缓。但是“工业化”“城市化”还将推动中国能源消费在未来一定时间内持续增长。可以肯定的是，中亚地区独特的地缘和能源优势将使其在中国能源发展战略中的地位越来越重要。2013年9月，习近平主席在访问哈萨克斯坦时，提出了共建“丝绸之路经济带”的合作倡议。两年多来，“丝绸之路经济带”从蓝图到项目逐步落实，各项工作在中亚地区取得了明显成效。因此，在“丝绸之路经济带”建设背景下，研究和探讨扩大中国与中亚国家能源合作的对策选择具有非常重要的战略意义。

2014年下半年以来，国际能源市场供需出现明显不平衡，国际油价震荡下跌，国际能源格局的深刻调整正全面展开。原油的充足供应和油价的持续低迷令国际能源市场由卖方市场进入了买方市场，需求旺盛的亚洲地区，尤其是中国，成为卖方竞相争夺的市场。作为全球最大、最有潜力的能源消费市场，中国必须主动把握宝贵的窗口机遇期，系统谋划、长远考虑，制定明确的中长期能源发展战略和有助于推动能源转型的能源政策，加强与能源消费大国以及能源生产大国之间的对话沟通和务实合作，为中国经济可持续稳定发展提供可靠的能源保障，为实现中华民族伟大复兴的中国梦奠定重要的物质基础。

目前，中亚地区的能源秩序尚处于构建过程中。中国与中亚国家的能源合作无疑既存在机遇又面临挑战。中国要抓住机遇、化解挑战，争取在区域内发挥积极作用，借助上海合作组织这个多边平台和“丝绸之路经济带”建设的有利时机，通过油气勘探开发、油气通道、工业园区、服务区等重大合作项目，建立符合各方发展需要和利益诉求的地区能源集体安全，努力在中亚地区能源供需关系的国际整合中获得最大利益。

二、国内外相关研究成果综述

（一）国外研究现状

苏联解体后，作为国际舞台上一个重要的独立地区，中亚地区开始成为国际问题研究的一个专门领域。最初，欧美等西方国家的研究机构将注意力由苏联转向俄罗斯，对中亚地区的研究并不重视。直到1994年，里海沿岸国家阿塞拜疆与西方跨国石油公司签署了开发里海油气的“世纪合同”，欧美学术界才对中亚地区产生兴趣并展开研究。基于地缘和资源双重战略考虑，日本、韩国、印度等亚洲国家也非常重视有关中亚问题的研究。

20世纪90年代初，西方学者侧重从现实主义的国际关系理论出发，对中亚地缘安全、政治格局、经济社会以及民族宗教等问题进行宏观研究，把中亚地区视为遏制俄罗斯的一枚棋子。《中亚新地缘政治及其疆界》①《中亚认同的变迁》②和《全球政治中的欧亚：冲突、安全和发展》③均结合“冷战”后地区安全结构的变化和本国的利益需要，分析中亚地区在国际安全问题上的特殊作用。其中，兹比格纽·布热津斯基的《大棋局：美国的首要地位及其地缘战略》（上海人民出版社，2007）影响最大。布热津斯基指出，在中亚地区，“美国的首要利益是帮助确保没有任何一个大国单独控制这一地缘政治空间，保证全世界都不受阻拦地在财政上和经济上进入该地区。”④而俄罗斯学者亚科夫·罗伊的《穆斯林欧亚：冲突遗产》和列兹科夫的《世界政治范围内的中亚》，则把中亚看成是地区形势不稳定的策源地之一。⑤

中亚地区历来是大国博弈的重要舞台。对于中亚地区复杂的大国关系，《虎视中亚》（新华出版社，2002）一书主要分析了与中亚国家有密切关系的俄罗斯、伊朗和土耳其三国在中亚地区的政治、经济、军事和安全体制方面的竞争及其对中亚国家的影响。《中亚的第二次机会》（时事出版社，2007）一书剖析“9·11”事件以后中亚地缘政治结构的变化，围绕中亚各国的国家建设和国际援助方面的挑战以及造成中亚各国动荡的国内、地区、

---

① Banuazizi, Ali, and Myron Weiner, eds. *The New Geopolitics of Central Asia and Its Borderlands*. Indiana University Press, 1994.

② Sengupta, Anita. *Frontiers into Borders: The Transformation of Identities in Central Asia*. Hope India Publications, 2002.

③ Amineh, Mehdi Parvizi, and Henk Houweling. *Central Eurasia in Global Politics: Conflict, Security, and Development*. Brill, 2003.

④［美］兹比格纽·布热津斯基：《大棋局：美国的首要地位及其地缘战略》，中国国际问题研究所译，上海人民出版社2007年版，第122页。

⑤ 许勤华：《新地缘政治：中亚能源与中国》，当代世界出版社2007年版，“前言”第6页。

国际环境因素，对美国的中亚政策、中亚各国改革的路径以及未来发展的走向作了梳理和阐释。《新博弈，老游戏：新大国在中亚的竞逐》[①]一书对比19世纪英、俄两国与当代中、俄、美三国在中亚地区的博弈，认为"9·11"事件后，在大国之间、大国与小国之间的博弈中，尽管中亚各国政府努力增强自己主权权威，但是仍然处于集团分割状态。随着中、俄、美在中亚地区的竞争进一步升级，该地区的不稳定风险将进一步增强。然而，有的学者对此持不同意见。《中亚与大博弈：不同时间，相同的游戏？》[②]一书认为，通过对比两场博弈的目标、行为体、场所和方法，"新博弈"这个概念不足以描述当前中亚地区激烈竞争的现实。《中国、俄罗斯与中亚能源地缘政治》[③]一书认为，与19世纪英、俄"大博弈"不同，中亚再也不是提供免费能源的被动实体，它们正在成为欧亚能源版图上独立的参与者。尽管存在这样的分歧，但是学术界普遍认为中亚地区未来将越来越吸引大国的注意。

能源是大国在中亚博弈的重要内容之一。《新大博弈：中亚的血和石油》[④]一书介绍了中亚地区在国际反恐背景下面临的不同于19世纪的复杂国际关系，揭示了被反恐战争所掩盖的大国对中亚地区能源的争夺。作者卢茨·克莱维曼指出，美国在中亚"以反恐之名行掠夺石油之实"的政策可能制造出更多的恐怖分子。《全球化与欧亚地缘政治及能源安全》[⑤]认为，能源生产国政治与经济的稳定是跨国石油公司获取油气巨大利润的关键。中亚各国国内的不稳定和大国的争夺在"9·11"事件和小布什"反恐战争"后变得更加严重，丰富的资源有可能让他们的命运更加坎坷。《中亚里海地区

---

① Cooley, Alexander. *Great Games, Local Rules: The New Great Power Contest in Central Asia*. Oxford University Press, 2012.

② Duarte, Paulo. "Central Asia and the Great Games: Different Times, the Same Game." *Retrieved April* 2 (2012): 2014.

③ Petersen, Alexandros, and Katinka Barysch. *Russia, China and the Geopolitics of Energy in Central Asia*. Centre for European Reform, 2011.

④ Kleveman, Lutz. *The New Great Game: Blood and Oil in Central Asia*. Grove Press, 2004.

⑤ Amineh, Mehdi Parvizi, and Marco Polo. "Globalization, Geopolitics and Energy Security in Central Eurasia and the Caspian Region." *The New York Times* (1992).

天然气生产状况和出口限制》[1]一书聚焦中亚地区富有天然气的土库曼斯坦、乌兹别克斯坦、哈萨克斯坦和阿塞拜疆四个国家，预测了 2020 年前后四国对中国、俄罗斯、欧盟以及其他国家和地区出口天然气的涨跌态势，指出中国未来将在中亚地区天然气出口中占据主导地位，途经俄罗斯和乌克兰的天然气出口量逐渐萎缩，土耳其将代替伊朗成为重要的欧盟能源过境国，欧盟通过阿塞拜疆的沙赫德尼兹项目将逐步获得竞争性地位。

"谁控制了出口油气管道，谁就能控制油气；谁控制了油气，谁就能控制心脏地带"。[2]除了能源资源之外，西方学者也十分关注中亚里海地区的油气管道。《绕过俄罗斯：纳布科项目及其对欧洲天然气安全的意义》[3]《俄罗斯、中国和伊朗重绘能源版图》[4]和《中亚能源管道：梦想与现实》[5]等都对中亚油气管道的具体情况及其背后的矛盾和争夺进行了深入研究。

随着中国在中亚地区影响力的不断扩大，西方学者越来越关注中国在中亚地区包括能源合作在内的一举一动。《中国和中亚错综复杂的关系：能源、贸易和民族关系》[6]一文分析了中国与中亚各国的能源合作、贸易关系和民族主义问题，以及中国对俄罗斯在中亚地区影响力的削弱。《中国在中亚的角色：硬实力和软实力》[7]一文分析了中国和中亚国家在安全、能源、贸易和基础设施建设方面的合作，以及中国对其他参与中亚地区事务的外部力量的影响。《中国的能源地缘政治：上海合作组织和中亚》[8]一书认为中

① Pirani, Simon. *Central Asian and Caspian Gas Production and the Constraints on Export*. Oxford Institute for Energy Studies, 2012.

② Philippe Le Billon, "*The Geopolitics of Resource War: Resource Dependence Governance and Violence*," Frank Cass, 2005, p.148.

③ Erdogdu, Erkan. "Bypassing Russia: Nabucco Project and Its Implications for the European Gas Security." *Renewable and Sustainable Energy Reviews* 14.9 (2010): 2936–2945.

④ Bhadrakumar, M. K. "Russia, China, Iran Redraw Energy Map." *Asia Times Online* 8 (2010).

⑤ Chow, Edward C., and Leigh E. Hendrix. "Central Asia's Pipelines: Field of Dreams and Reality." (2010): 29–42.

⑥ Dorian, James P., Brett H. Wigdortz, and Dru C. Gladney. "China and Central Asia's Volatile Mix: Energy, Trade, and Ethnic Relations." *East-West Center* (1997).

⑦ Swanstrom, Niklas. "China's Role in Central Asia: Soft and Hard Power." *Global Dialogue* 9.1/2 (2007): 79.

⑧ Marketos, Thrassy N. *China's Energy Geopolitics: the Shanghai Cooperation Organization and Central Asia*. Routledge, 2008.

国的中亚能源政策不是市场驱动的政策，而是一个具有政治和战略色彩的政策。上海合作组织的制度化、《中俄友好合作条约》以及中国与中亚各国的双边协定为中国与中亚地区能源合作奠定了基础。

俄罗斯和中亚国家学者关于中亚和中亚地区能源问题的研究成果也比较丰富，但是国内对这些原著的引进和翻译不多，影响力不大，再加上本人不懂俄文，因此本书局限于中译本。俄罗斯著名能源专家斯塔宁斯拉夫·日兹宁的《国际能源：政治与外交》（华东师范大学出版社，2005）和《俄罗斯能源外交》（人民出版社，2006）两本著作从俄罗斯学者视角，分析了世界能源市场和国际能源政治的发展趋势及存在的问题，系统介绍了俄罗斯能源外交形成的地缘政治和经济基础，从国别、地区和全球的角度研究俄罗斯与世界各能源主体的关系，并深入探讨了西方跨国石油公司的“外交”方法、手段及其国际活动。《环里海区域经济关系和石油开发合作》（世界知识出版社，2008）一书详细分析了里海沿岸国家的经济和能源现状，揭示了里海沿岸国家能源综合体在农业发展战略、出口路线选择、跨国石油公司投资以及自然环境保护等方面面临的主要问题，阐述了里海法律地位的谈判进程，并论述了美国、欧盟、土耳其、中国在该地区的作用与影响。

此外，哈萨克斯坦总统纳扎尔巴耶夫所著的《探索之路》（新疆人民出版社，1995）、《站在21世纪门槛上》（时事出版社，1997）和《前进中的哈萨克斯坦》（民族出版社，2000），哈萨克斯坦学者卡·托卡耶夫的《哈萨克斯坦：从中亚到世界》（新华出版社，2001）和《中亚之鹰的外交战略》（新华出版社，2002）；土库曼斯坦总统尼亚佐夫的《永久中立 世代安宁》（东方出版社，1996）等著作也对了解中亚各国有一定帮助。

国外学者对中亚国家的研究，尤其是对中亚地区能源方面的研究，比较注重理论和对策的分析，资料翔实，涉及面广，视角新颖，对研究中国与中亚地区的能源合作有一定借鉴意义。但是，他们普遍基于“冷战”后各自国家利益需要来分析中亚地区的形势和能源的特殊地位，甚至有部分学者“冷战”思维、零和博弈的倾向比较严重，对中国在中亚地区的积极作用要么视而不见，要么做出不客观的评判。

（二）国内研究现状

由于和中亚地区有着漫长的共同边界、众多的跨界民族和悠久的历史联系，中国成为国际学术界最早研究独立后中亚问题的国家之一。中国学术界对中亚地区的研究具有一定阶段性，最早是从中亚地区的历史展开研究的。中国与中亚国家有着两千多年的历史交往，古丝绸之路加强了中国与中亚国家的沟通与融合。然而，从18世纪初开始，沙俄、苏联的统治先后割断了中国与中亚地区的历史联系。“中国与中亚长达一个多世纪的历史联系的断裂，以及中亚在这一个多世纪发生的深刻变化，使中亚不仅在地理上，而且在政治、文化、社会和心理上产生了一定程度的陌生和隔膜，中亚对中国来说变成了遥远和模糊的存在。”① 因此，针对中亚国家独立之初的政局动荡、经济衰退和社会混乱状况，重新认识中亚国家成为当时中国学术界的重要任务。

对中亚国家的历史，中国学术界是从两个不同的角度来研究的。一方面，中亚各国曾经有过共同的历史，因此一部分中国学者将中亚地区或者中亚五国作为一个整体进行专门研究，如《中亚国际关系史》（湖南出版社，1997）、《中亚通史》（新疆人民出版社，2004）和《中亚史》（人民出版社，2010）等；另一方面，中亚五国已从苏联独立出来，成为主权独立国家，因此，还有一部分中国学者根据中亚各国各自地域的历史发展进行国别史的研究，如《乌兹别克斯坦》（社会科学文献出版社，2004）、《哈萨克斯坦》（社会科学文献出版社，2004）、《吉尔吉斯斯坦》（社会科学文献出版社，2005）、《土库曼斯坦》（社会科学文献出版社，2005）和《塔吉克斯坦》（社会科学文献出版社，2006）等。在此基础上，随着中亚地区形势变化和各国经济社会的发展，中国学术界的研究又逐渐扩展至中亚各国的地缘政治、政治文化、区域合作、地区安全、社会转型、民族宗教和大国关系等方面。这些研究对于从宏观上了解中亚地区有很大帮助。

从1997年开始，中国进入中亚地区参与能源合作。但是，此时中国对中亚能源领域的投资还主要出于经济上的商业利益，而非战略上的能源安

① 赵华胜：《中国的中亚外交》，时事出版社2008年版，第33页。

全。因此，这一时期对于中亚地区能源问题的研究成果不多。国内有关中亚地区能源问题的论文仅有一篇，是1995年张珑、季志业根据哈萨克斯坦总统直属战略研究所提供的《中亚的能源及其有效利用问题》报告做的摘编——《中亚的能源及其开发利用》(《国际资料信息》1995年第5期)。但中国部分学者已经开始关注中亚地区的油气资源，徐小杰在《新世纪的油气地缘政治：中国面临的机遇与挑战》(社会科学文献出版社，1998)一书中详细阐述了中亚地区油气资源的重要意义。作者认为，中国未来油气供应不能仅靠中东及北非地区，多元化的海外油气资源才是今后中国能源安全的重要保证。因此，中亚地区的资源比过去任何时候都更重要。从地区经济发展的角度，作者视新疆和中亚的资源为中国西油(气)东运战略的现实基础。

"9·11"事件后，国际能源形势发生巨变，中东地区陷入持续动荡，国际油价居高不下，能源争夺日趋激烈。2002年，中国超过日本成为仅次于美国的世界第二大石油消费国。日益依赖国际能源供应的中国开始从国际战略角度看待能源问题。中国学术界关于能源外交、能源安全、能源政策问题的研究也逐渐增多并日益深入，如《能源外交概论》(上海科学文献出版社，2012)、《能源大外交：中国崛起的战略支轴》(石油工业出版社，2012)、《中国能源安全的国际环境》(社会科学文献出版社，2013)、《中国能源安全的新问题与新挑战》(社会科学文献出版社，2013)、《中国的能源安全》(社会科学出版社，2014)和《能源与当代国际关系》(上海人民出版社，2014)等。韩学功、佟纪元主编的《国际石油合作》(石油工业出版社，1995)是国内较早涉及国际能源政治的专著，主要讨论了油气项目的企业间跨国合作问题。《能源与国际政治》(中央党校博士学位论文，2002)、《中国石油安全》(中国社会科学出版社，2003)、《国际油气合作理论与实务》(石油工业出版社，2004)和《全球能源大棋局》(时事出版社，2005)等，都是新世纪以来中国有关能源问题比较重要的学术研究成果。此外，中国对能源问题的研究逐渐系统化并形成连续性成果，比如《中国能源发展报告》(社会科学文献出版社，自2006年至今)、《中国能源国际合作报告》(时事出版社，自2009年至今)等。其中，不乏关于中亚地区能源方面的研究。

从整体上看，研究成果逐渐充实、系统，分析方法日益多元、深入。

为了摆脱对中东地区和马六甲海峡的依赖，中国逐步调整对中亚地区的能源战略和政策，中亚地区在中国能源发展战略中的地位日益突出。中国学术界有关中亚地区能源方面的著作和论文数量也有所增加。张宁的《中亚能源与大国博弈》（长春出版社，2009）一书以国别为单位，对中亚五国的石油、天然气、煤炭、铀和电力等五大类主要能源产品的现状及其发展战略进行详细介绍，在此基础上，分析了中亚各国的能源管理体制、多边能源国际合作状况以及与大国与中亚国家的双边能源合作状况。但是，该书还仅局限于对中亚地区能源产业、能源政策及国际合作状况的一般性介绍和说明，涉及中国方面的内容较少。此外，国内研究俄罗斯、东欧和中亚的最大的综合性学术机构——中国社会科学院俄罗斯东欧中亚研究所，对对象国展开了全面系统的深入研究，撰写、翻译和编纂了数百部专著、译著和大型工具书，还撰写了上万篇具有重要参考价值的论文和研究报告等，其中不乏中亚各国能源问题的重要研究和论述，但介绍性、对策性研究成果居多，理论性研究成果有待加强。此外，兰州大学中亚研究所杨恕教授较早关注里海盆地，在《里海石油和中国能源》（《兰州大学学报》2001 年第 4 期）一文中，他对中亚地区石油天然气的开发历史与现状做了详细介绍和独到分析，并对中国参与里海油气开发提出前瞻性、针对性和战略性建议。

近几年来，中国学术界对中亚地区能源的关注度与日俱增，相关方面的学术专著和研究论文数量呈骤升趋势。研究成果主要涉及以下三个主题：

首先，能源政治。关注主要政治力量在中亚地区的能源博弈是中国学术界研究的一个突出特点。许勤华的《新地缘政治：中亚能源与中国》（当代世界出版社，2007）一书基于中国与中亚国家地理上毗邻关系，用新地缘政治学分析经济利益、中亚地区大国关系、非国家行为体和中亚各国国内政治经济体制四个因素与变量对中国与中亚国家能源合作的影响。但书中所提到的大国只有中、美、俄、日四国，缺乏对欧盟、伊朗、土耳其、韩国、印度等其他国家或国家集团参与中亚地区能源竞争的互动分析。季志业的《俄罗斯、中亚“油气政治”与中国》（黑龙江人民出版社，2008）一书从能源战略、能源政治与能源外交三条主轴出发，针对中亚国家的能源战略格局和利益结构的深刻调整，对中亚各国能源战略走向、石油政治的游戏规则、对外能源合作的决策机制以及相关利益集团进行梳理、分析和总结，并为促进中国与俄罗斯、中亚国家的能源合作提供一些思路。本书的现实性、思想性和逻辑性较强，但仅从中国、俄罗斯和中亚国家三方进行分析，且未涉及中国与俄罗斯、中亚国家开展能源合作的历史优势和有利条件，因而不利于全面、系统地理解和把握。《中国的中亚能源策略》一文（新疆大学博士论文，2009）针对各主要大国在中亚地区的能源博弈进行模型分析，认为中国既要与中亚能源生产国展开博弈，也要与能源消费“大国”开展博弈，采用合作策略更符合当今世界和平与发展的趋势，符合中国的国家安全和发展目标。该文尝试构建中亚地区能源合作博弈模型，但缺乏对中国与中亚国家能源合作过程和成果的实证分析。台湾学者欧阳承新的《地缘、能源与中国大陆联外油气通路之开发（中亚与高加索）》（中华经济研究院出版社，2012）用“四端点”（中俄美欧）和“双控制”（地缘与能源、资源与管道）的分析架构，探讨中、俄、美、欧在中亚与高加索地区（作者界定的“大中亚地区”）开展的能源地缘“大博弈”。作者认为，中亚地区的棋局要比东北亚地区复杂难解得多，“作为单极霸权的美国，重视中亚地缘政治形势的控制（A）胜于能源（B），关切中亚油气管道的走向（C），及加大对当地资源的占有（D）。高度依赖进口油气、搭北约（武力）便车的欧盟积极追求 B，C，D；拥有相对地缘优势的俄中两国同样看重 A，不过动机是被动因应美国对中亚的地缘政治攻势；但两国追求的 B，C，D 的动机强烈，不亚于欧盟。”作者认为，中国不同于其他三个竞争对手，应建构符合本国国情的中亚能源对策。

其次，能源经济。谢文心的《地缘视角下中国与俄罗斯及中亚各国的能源合作》（新华出版社，2013）一书从地缘经济学出发，对中国能源现状、俄罗斯及中亚各国能源概况及其与中国在能源方面的合作、影响中国与俄罗斯和中亚各国能源合作的因素从三个方面进行了分析，在此基础上提出推进中国与俄罗斯、中亚地区能源战略合作的对策。《中国与中亚能源开发合作研究》一文（吉林大学博士论文，2012）从区域经济学理论评析入手，剖析影响中国与中亚国家开展能源合作潜力发挥的主客观因素。作者提出，在区域能源合作博弈过程中，要把握中国及中亚国家的利益诉求，实现区域能源安全建设以及能源合作的长远利益。该文涉及的方面较多，但均不够深入。徐海燕的《中国与中亚的能源“双轨”合作》一文（《国际问题研究》2013年第11期）着眼于中亚地区油气开采峰值期即将到来这一现实，建议中国未雨绸缪，推进中国与中亚的能源“双轨”（可再生能源与可耗竭能源）合作。此外，随着共建“丝绸之路经济带”合作倡议的提出和逐步落实，很多学者开始从“能源新丝路”的角度探讨助推中国与中亚国家能源合作。

最后，能源合作机制。中国与中亚国家的能源合作多以双边为主，多边能源合作机制建设较落后，这不利于中国维护经济利益和能源安全。中国学者，比如王海运、杨成、王海燕、陈小沁、孙永祥等，都比较重视发挥上海合作组织的作用，多从上海合作组织双边和多边能源合作机制的角度，探讨中国与中亚能源合作的进展、问题、前景等相关问题。许勤华在《后金融危机时期上合组织框架内多边能源合作现状及前景》（《俄罗斯中亚东欧研究》2012年第4期）一文中指出，金融危机后，各成员国将越来越注重上海合作组织内部多边能源合作和合作机制的制度性建设。本人也赞同此观点。朱显平的《中国与中亚：国际区域能源及运输合作》（吉林人民出版社，2008）一书将能源合作、交通运输视作上海合作组织经济合作的重要支柱。在上编中，多位学者从多边能源合作的角度，对上海合作组织成员国在能源领域合作的前景，上海合作组织能源俱乐部建设，中国—中亚天然气管道建设、问题及破解途径等问题进行了深入探讨。此外，中国学者还关注上海合作组织投资、贸易和争端解决方面的法律和制度建设对构建稳定的中国与中亚能源合作机制的积极作用。赵祎诚的硕士论文《上海合作组织框架下中国与中亚国家油气能源合作机制研究——暨中哈石油管道相关法律问题探析》（新疆大学硕士学位论文，2009）和刘乾、周础的《上合组织框架下多边能源合作机制与中国的参与策略》（《中国石油大学学报（社会科学版）》2013年第6期）均在此方面做了有价值的探索。

国内外学者的研究为本书提供了丰富的资料。尽管上述成果累累，但仍有很大的研究空间。目前，国内对中国与中亚国家能源合作多为描述性分析，而比较性分析不足；对参与中亚地区能源争夺的主要政治力量，竞争方面的研究多于合作方面的探讨；对“丝绸之路经济带”建设背景下的中国与中亚国家能源合作也有待深入研究。

三、概念界定

（一）关于“中亚”的界定

“中亚”（Central Asia）这个概念最早由德国地理学家亚历山大·冯·洪堡（Alexander von Humboldt）提出。1843 年，在《中央亚细亚——比拟气候学和山脉研究》一书中，他以最新研究成果为基础，提出了“中央亚细亚”（Mitelasien，简称“中亚”）这一术语，并被广泛采用。此后，国际学术界有关其基本概念和地理范围的研讨和争论经久不息。

由于时代、国度、领域、视角等的不同，国际社会“对中亚地域范围的指称和认知，尚未确立一个清晰而固定的概念，更多地表现为一个动态化意义的重建过程之中”[①]。概而言之，一般有广义（“大中亚”）和狭义（“小中亚”）之分。从广义的“中亚”来看，洪堡认为中亚“西起里海，东达兴安岭，南自喜马拉雅山，北至阿尔泰山”[②]。《苏联百科辞典》称“大中亚”为“中部亚洲”（Средняя Азия）或者“中央亚细亚”（Центральная Азия），“南起昆仑山脉，西到帕米尔、天山山脉和准格尔山西支，北达阿尔泰山、唐努乌拉山和外贝加尔山，东至大兴安岭，有些人主张包括西藏”[③]。《大英百科全书》将“大中亚”界定为“西从里海起至中国西北地区和蒙古国，北从西伯利亚南部起，南达伊朗和阿富汗北部。”[④] 为“发展及增进各国人民之间交往手段，并借此种手段之运用促成相互了解，达到对彼此之生活有一更真实、更全面认识之目的”，[⑤] 在综合各国专家学者意见和见

---

① 李琪：《“中亚”所指及其历史演变》，《新疆师范大学学报（哲学社会科学版）》2015 年第 3 期。

② 王治来：《中亚史》第 1 卷，中国社会科学出版社 1980 年版，第 1 页。

③《苏联百科辞典》，中国大百科全书出版社 1986 年版，第 1601 页。

④ 转引自马大正、冯锡时：《中亚五国史纲》，新疆人民出版社 2005 年版，“序言”第 1 页。

⑤《联合国教育、科学及文化组织组织法》，http://www.chinalawedu.com/falvfagui/fg23155/169988.shtml。

解的基础上，联合国教科文组织编撰出版了《中亚文明史》，从文化概念角度，将阿富汗、伊朗东北部地区、巴基斯坦、印度北部地区、中国西部地区、蒙古和苏联的几个中亚共和国都包括在中亚地区之内。

对于狭义的"中亚"，学术界普遍认同"以阿姆河与锡尔河两河流域作为中心，附带涉及其周围地区"。[①] 即从现在的国家疆域看，中亚地区包括了苏联解体后新成立的五个国家，即哈萨克斯坦、土库曼斯坦、乌兹别克斯坦、吉尔吉斯斯坦、塔吉克斯坦。"它们在处于相对独立地理位置的同时，还带有比较完整相似的地域特点、政治文化、多种族风情和以伊斯兰教为主体的宗教信仰。"[②]

近年来，"出于地缘政治和地缘经济的思考，学术界在关于中亚问题的研究中，出现了该地区的地理界限被不断放大的趋势。"[③] "9·11"事件后，美国霍普金斯大学著名中亚问题专家弗雷德里克·斯塔尔提出了以阿富汗为中心、涵盖南亚的"大中亚"[④] 概念。中国学者也提出了"帕西"[⑤] 和"中南亚"[⑥] 等地缘概念。

本书界定的"中亚地区"主要指狭义的中亚五国。由于哈萨克斯坦和土库曼斯坦两国还是里海沿岸国家之一，在里海海域存在复杂的能源利益交集和冲突，所以，本书在狭义的中亚五国的基础上，还涉及部分里海海域。

（二）时限的界定

苏联时期，中亚地区的能源开发主要满足苏联内部经济发展需要，油气运输也牢牢地掌握在中央政府手里，其他国家根本无法染指。苏联解体后，获得独立的中亚各国纷纷制定"资源立国"的发展战略，能源领域成为最早

---

① 王治来：《中亚通史·古代卷》（上），新疆人民出版社 2004 年版，"总序"第 1 页。

② 杨鸿玺：《美国中亚战略 20 年——螺旋式演进》，社会科学文献出版社 2012 年版，第 8 页。

③ 郑羽：《中俄美在中亚：合作与竞争（1991~2007）》，社会科学文献出版社 2007 年版，第 2 页。

④ S. Frederick Starr. "A Greater Central Asia Partnership for Afghanistan and Its Neighbors." *Foreign Affairs* 84 (2005).

⑤ "帕西"是帕米尔以西地区的简称，包括中亚五国、阿富汗、巴基斯坦和伊朗 8 个国家。参见安维华：《美国两场"反恐战争"与帕西地缘政治》，《国际政治研究》2005 年第 1 期。

⑥ "中南亚"是指我国新疆境外的中亚五国，包括车臣在内的高加索地区、伊朗、阿富汗、克什米尔、巴基斯坦和拥有大量穆斯林的印度西北部。参见潘志平：《中南亚的民族宗教冲突》，新疆人民出版社 2003 年版，第 1 页。

对外开放的经济部门之一，外国投资者纷纷参与到中亚地区的能源开发。

然而，中国与中亚国家的能源合作并非从其一独立就开始，而是经历了一个发展过程。在中亚各国独立初期，中国国内的能源供应基本满足需求，因此，中国在中亚地区没有大规模的能源投资和进口。1993 年，中国石油进口量超过出口量，成为石油净进口国。在邓小平对外开放思想的指引下，中共十四届二中全会提出国际市场多元化战略，中国石油企业开启了“走出去”[①] 的历程。1997 年 6 月，中石油进入中亚地区并准备修建中哈原油管道，中国在中亚地区的能源利益开始形成。因此，本书将研究时限定为 1997 年 6 月至 2016 年 6 月。

（三）能源的界定

能源是自然界中能为人类提供各种形式能量的物质资源。按能源的基本形态分类，有一次能源和二次能源。其中，一次能源又可分为化石能源（如煤炭、石油、天然气）和可再生能源（如油砂、页岩油气、致密油气、煤层气、天然气水合物等）。中国在中亚地区开展的能源合作有石油、天然气、煤炭、铀、电力等，其中以石油和天然气为主。而且，油气是中亚国家参与国际合作最广泛、规模最大的能源项目，也是国际主要政治力量在中亚地区争夺最为激烈的能源资源。因此，本书中涉及的中亚能源专指石油和天然气。

需要说明的是，在涉及能源资源的具体数据资料时，各类国际组织和各国的统计数字存在很大差异。本书中的数据来源主要有两个部分：（1）中国国家统计局、能源局、商务部、国土资源部等的官方网站、统计年鉴以及统计手册等；（2）国际能源组织的网站和最新报告，如国际能源署（IEA）《国际能源展望（2015）》、美国能源信息署（EIA）《世界能源展望（2015）》、英国石油公司《BP 世界能源统计年鉴（2016）》和《BP 世界能源展望（2016）》，以及世界能源理事会（WEC）的年度报告等。

---

① 中国能源的“走出去”常常招致国外的误解，产生全球资源正被中国“掠尽”的心理恐惧，所以使用“国际能源合作”较好，可以化解中外这种理解差异。参见许勤华：《中国能源国际合作报告（2013~2014）》，中国人民大学出版社 2014 年版，第 8~9 页。

四、分析框架、基本内容和主要观点

（一）分析框架

本书从中国的能源需求入手，以中国与中亚国家能源合作的整个过程为研究对象，运用历史研究和比较研究的方法，在梳理中国与中亚国家油气合作的发展历程、影响因素和合作成果的过程中，通过对比分析中亚各国能源状况、与中国油气合作状况，俄、美以及其他主要政治力量的中亚战略、与中亚各国油气合作状况，探究悠久的历史联系、友好的国家关系、密切的经贸合作、良好的多边合作平台以及“丝绸之路经济带”建设在中国与中亚国家油气合作中的积极作用，分析俄、美以及其他主要政治力量在中亚地区的能源博弈，中亚地区安全形势的新变化以及中亚各国能源政策的新调整等带来的诸多挑战。在此基础上，对扩大中国与中亚国家油气合作提出了一些对策。

（二）基本内容

具体来说，本书从中国能源供需状况、中亚地区能源状况、中国与中亚国家油气合作的机遇、中国与中亚国家油气合作的挑战、应对措施五个层次逐步展开分析，主要内容如下：

第一章，中国的能源供应现状与能源发展战略。了解中国能源供应状况是制定能源发展战略的前提和基础。本章对中国的能源资源禀赋和六十多年来能源发展状况，尤其是石油和天然气资源，进行了详细的梳理。在此基础上，分析中国五代领导人的能源发展战略，重点阐述当前中国在能源“消费、供给、技术、体制和国际合作”五个方面的发展战略。其中，在国际能源合作战略中，拥有独特优势的中亚地区占有重要地位。

第二章，中亚各国能源状况和中国与中亚国家的油气合作。苏联解体后，中亚各国开始对外开放，发展国际能源合作，初步建立起一整套能源产业体系。中国与中亚国家的能源合作较晚，但通过签订双边协议、企业并购和管道建设，双边油气合作取得了显著的成果。本章在梳理中亚各国能源状况的基础上，通过与其他主要政治力量在中亚油气合作状况的比较，具体分析中国与中亚国家油气合作的特点、成果和地位。

第三章，中国与中亚国家油气合作的有利条件。中国与中亚国家的油气合作具备天时、地利、人和的条件，双方悠久的历史联系、友好的国家关系和互补性的经济发展需求为中国与中亚国家之间的油气合作奠定了重要基础。同时，上海合作组织为双方油气合作提供了重要的平台。当前，在共建"丝绸之路经济带"的过程中，中国与中亚国家的油气合作面临新机遇。本章详细分析了中国与中亚国家油气合作后来居上的主要原因和面临的新机遇。

第四章，中国与中亚国家油气合作面临的问题与挑战。其他政治力量在中亚的激烈竞争、中亚地区存在一些不稳定因素和中亚各国投资环境趋紧，给中国石油企业在中亚地区进行油气投资与合作带来了政治、安全和经济风险。本章主要从中国石油企业面临的地缘政治、地区安全和投资环境三个方面出发，分析其对中国与中亚国家油气合作的消极影响。

第五章，扩大中国与中亚国家油气合作的对策。在上海合作组织框架内建立统一能源空间，妥善处理与其他主要政治力量在中亚地区的关系，调动政府、地方、企业和民众的积极性，是中国应对挑战的不二之策。本章在客观看待中国与中亚国家油气合作所面临的机遇与挑战基础上，提出扩大中国与中亚国家油气合作的对策选择。

（三）主要观点

在这些研究的基础上，本书得出以下几个结论：

第一，在全球能源供需关系日益紧张的背景下，同时拥有地缘政治和战略资源的中亚地区将越来越重要。中亚地区是"世界的枢纽地带""21世纪的能源新大陆"，尤其是油气富集区里海盆地，处于世界油气资源带和油气供需市场的中心。与动荡不安的中东地区相比，相对稳定可靠、潜力巨大的中亚地区在世界能源市场中的地位极为重要，是主要能源消费国能源进口多元化战略的首选地区之一。

第二，开展能源合作是中国与中亚国家的共同需要。当前，中国与中亚各国都处于经济发展的关键时期，都需要利用能源实现宏伟的国家发展目标。因此，加深能源领域的合作符合双方的共同利益，是双方的共同需要。中国要根据中亚各国的实际情况，在共同发展中寻求各方利益的最大公约数，打造平等互利、合作共赢的“利益共同体”和“命运共同体”。

第三，中国与中亚国家的油气合作既有机遇也有挑战，机遇大于挑战。中国和中亚国家是近邻和重要的战略合作伙伴。中国与中亚国家的油气合作具备天时、地利、人和的条件，拥有良好的合作基础和巨大的发展空间。但是，中亚地区复杂的地缘政治、动荡的安全形势和多变的国内政治也给中国与中亚国家的油气合作带来了严峻的挑战。中国要抓住“丝绸之路经济带”建设带来的重要历史机遇，深化中国与中亚国家的油气合作，为全面建设小康社会、实现中华民族伟大复兴的中国梦提供有力支撑。

第四，中亚地区的能源竞争不是零和博弈，只有合作才能共赢。俄、美以及其他主要政治力量如伊朗、土耳其、欧盟、日本、韩国和印度都想分享中亚国家的能源利益，都为此制定了各自的中亚能源战略，从而在中亚地区形成了复杂的能源博弈格局。中国需要运用智慧，利用矛盾，通过合作实现互利共赢，在“中亚石油大棋局”中有所作为。

第五，中国要努力构建公平合理、合作共赢的中亚地区能源秩序。目前，中亚地区的能源秩序尚处于构建过程中。中国要利用上合组织在区域内的积极作用，妥善处理与中亚各国、俄罗斯和美国的关系，争取在中亚地区能源供需关系的整合中获得最大利益。

五、研究方法

在研究方法上，历史研究和比较研究是本书的两大主要研究方法。

首先，在搜集和掌握最新资料和数据的基础上，通过对中国与中亚国家油气合作的过程、影响因素和合作成果的梳理，来探究中国与中亚国家深厚的历史、经济和政治基础以及良好的多边合作平台在油气合作中发挥的积极作用，分析世界主要政治力量在中亚地区能源博弈、中亚地区局势的新变化、中亚各国发展战略和能源政策的新调整带来的诸多挑战。通过历史分析研究，能够了解中国与中亚油气合作的历史脉络，掌握中亚各国发展战略和能源政策的由来与走向，以及世界主要政治力量在中亚地区能源博弈的形势发展和变化，从而知己知彼，为扩大中国与中亚各国油气合作提供理论支撑和智力支持。

其次，中亚各国的能源状况、政策是不同的，中国与中亚国家油气合作的具体过程和相关成果也是各异的，中国与其他主要政治力量在中亚地区追求的战略目标、战略布局和合作方式更是千差万别。通过比较分析研究，可以总结和吸取其他主要政治力量在中亚地区开展油气合作的经验教训，指导和帮助中国政府和石油企业抓住和利用机遇、化解和战胜挑战。

此外，本书注意将静态分析与动态分析相结合，定量计算与定性判断相结合，宏观分析与微观分析相结合，使论证更加充分，更具有说服力。

六、创新之处和不足之处

在相关研究和思考的基础上，本书试图在以下三个方面有所收获和突破：

第一，本书从中国的能源需求入手，以中国与中亚国家能源合作的整个过程为研究对象，通过对中亚各国的能源状况、中国与中亚能源合作的影响因素和实际成果进行分析，发掘优势和动力，规避风险和阻力，探求中国扩大在中亚地区油气开发中的对策选择。相对来说，使问题的研究更加系统、科学。

第二，本书通过对比分析其他主要政治力量的能源状况、中亚能源战略、在中亚地区油气开发与油气管道方面取得的成果，以及对中国参与中亚地区油气开发的态度，剖析中亚能源博弈的大棋局，扬长避短，取长补短，为制定相应的对策建议奠定重要基础，也使问题的研究更具有针对性。

第三，不同的研究背景和视角。一国经济、社会发展的阶段性决定了其能源战略、能源政策和相关国际合作的发展也具有一定的阶段性。也即是说，新的能源战略、政策的出现都有相对应的经济、社会发展基础。以往对中亚地区能源问题的研究大多从满足国家经济发展需求出发，或从提高中国在国际能源格局中的地位出发。当前，中国进入了发展新常态，中国与世界的关系呈现一种新格局。中国政府适时推出“一带一路”国家发展战略，促进与沿线国家和地区更深层次的连通和融合。本书从“丝绸之路经济带”大背景出发，重点分析当前中国与中亚国家开展油气合作所具有的优势和面临的挑战，努力构建基于公平合理、合作共赢的中亚国际能源新秩序，从而将问题的研究推向深入。

然而，由于本书重在历史研究和政策研究，因此书中理论分析略显不足；由于语言能力限制，英语文献资料比重较大，有关俄语和中亚各国语言的文献资料比重偏低。此外，当今国际形势中的不确定因素明显增加，“丝绸之路经济带”合作倡议尚处于推进落实的初步阶段，中国如何运用智慧，利用矛盾，通过合作实现互利共赢，在“中亚石油大棋局”中有所作为，今后还需继续关注和加强研究。

第一章

中国的能源供需现状与能源发展战略

新中国成立六十多年来，中国社会发生了翻天覆地的变化，尤其是改革开放以来，经济连续三十多年高速增长，创造了世界罕见的“中国奇迹”。国内生产总值（GDP）从1978年的0.36万亿元增加到2015年的近67.67万亿元，年均增长15.20%。1949年，中国在世界经济中所占的比重微乎其微；而今天，中国对世界经济增长的贡献率在25%以上。①

虽然经济规模已上升到世界第二位，但中国还处于较低水平的经济发展阶段。根据国际货币基金组织（IMF）2016年4月12日公布的2015年世界各国人均GDP值排名，中国人均GDP是7990美元，排在第76位，低于世界平均水平（10138美元）。作为发展中国家，中国还面临很多挑战，发展仍是解决中国所有问题的关键。目前，我国正处于改革开放的攻坚期、全面建设小康社会的关键期，需要加倍珍惜现在难得的发展机遇。

能源是国民经济和社会发展的重要物质基础。作为中国经济高速发展的重要动力，能源产业为社会主义新中国的工业化、现代化建设做出了重要贡献，为国民经济发展和人民生活水平提高提供了坚实的支撑和可靠的保障。当前，安全可靠、经济高效、清洁环保的能源在中国全面建成小康社会、实现中华民族伟大复兴中国梦中的地位和作用十分突出。

第一节　中国的能源供需现状

新中国成立以来，中国的能源产业取得长足发展，生产能力显著提高，产业体系不断完善，有力地促进了经济提质增效和社会健康发展。目前，中国已成为世界上最大的能源生产国。但是，中国的能源发展也面临着诸多问题和挑战。能源资源赋存不高、分布不均衡、开发难度大，人均拥有量较低，能源消费总量增长过快以及化石能源大规模开发利用造成的生态环境破坏等问题，严重影响了经济、社会、生态全面协调可持续发展，成为制约中国未来发展的瓶颈。

①《2015年中国对世界经济增长贡献率超25%》，中国新闻网，2016年1月19日，http://www.chinanews.com/cj/2016/01-19/7722972.shtml。

一、能源资源总量比较丰富且生产能力大幅提高

总体上看，中国拥有较为丰富的常规和非常规化石能源。2011 年以来，在国土资源部推动下，找矿突破战略行动成果显著。截至 2014 年底，能源矿产查明资源储量稳定增长，其中煤炭为 15317 亿吨（新增 375.4 亿吨），石油为 34.3 亿吨（新增 11.4 亿吨），天然气为 4.9 万亿立方米（新增 6459.5 亿立方米）。[①] 此外，中国的页岩油气、致密油气和煤层气等非常规油气资源储量也非常可观。2014 年 11 月，全球管理咨询公司埃森哲发布的《非常规油气资源的国际开发：可行性、地点选择及进程速度》报告显示，中国技术可开采页岩气储量 1115 万亿立方英尺（约合 315732 亿立方米），技术可开采页岩油储量 320 亿桶，分列世界第一位、第三位。

同时，中国幅员辽阔、海岸线长，还拥有较为丰富的水能、风能、太阳能、生物质能、地热能等可再生能源资源。其中，水能资源是中国能源资源最重要的组成部分之一，资源蕴藏量近 7 亿千瓦，居世界第一位。中国拥有发展潜力巨大的风能资源，可开发风能总储量约有 43.5 亿千瓦。目前，中国风电并网装机容量居世界首位。中国太阳能资源也相当丰富。中国绝大多数地区年平均日辐射量在 4 千瓦·小时 / 平方米以上，而西藏最高达 7 千瓦·小时 / 平方米。此外，中国还有大量可转换为能源的生物质资源和可采地热资源。

旧中国的能源生产基础非常差，能源生产能力极弱，多为帝国主义和官僚资本所垄断。新中国刚成立时，“只有甘肃老君庙、新疆独山子、陕西延长 3 个小油田和四川圣灯山、石油沟 2 个气田，年产原油仅 10 余万吨，石油炼制能力也极为原始，基本上靠从外国进口成品油维持社会运转。”[②] 六十多年来，尤其是改革开放以来，中国能源工业快速发展，能源供给能力由弱变强。经过几代人的艰苦奋斗，中国一次能源生产总量从 1978 年的

① 国土资源部：《2015 中国国土资源公报》2016 年 4 月，第 10 页。

② 韩晓平：《关于能源大战略的思考》，中国能源网，2013 年 10 月 31 日，http://blog.china5e.com/hanxiaoping/archives/8896。

6.3 万吨标准煤增长到 2015 年的 36.2 亿吨标准煤，年均增长率为 4.8%。目前，中国已经成为世界上第一大能源生产国，已经形成了煤炭为主体、电力为中心、石油天然气和可再生能源全面发展的能源供应格局，能源总自给率始终保持在 90% 以上。

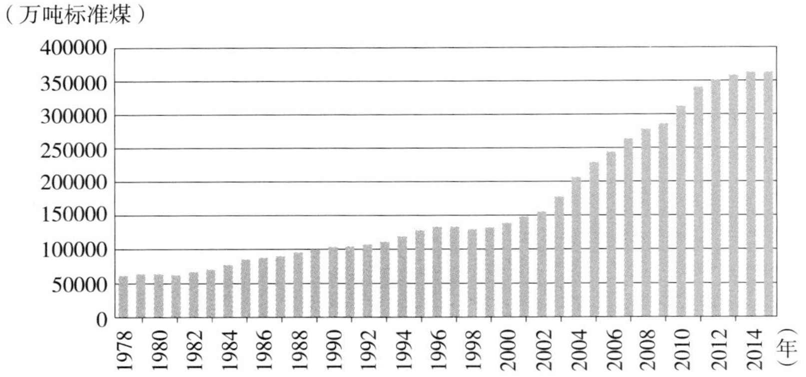

图 1~1　1978~2015 年一次能源生产总量

资料来源：《中国能源统计年鉴（2015）》和《2015 年国民经济和社会发展统计公报》。

二、能源资源禀赋不高且能源需求快速增长

尽管中国能源总量比较丰富，但是能源资源禀赋较低。首先，能源资源地区分布不均衡，总体上是西多东少、北多南少。“十二五”期间，随着能源资源开发进一步西移，中国主要能源生产区（西部和北部）与主要能源消费区（东南沿海、京津冀、长三角、珠三角等经济发达地区）间的空间距离进一步拉大。大规模、长距离“北煤南运”“北油南运”“西气东输”“西电东送”的不合理格局将长期存在，由此导致的运力紧张、成本高昂、能源输送损失以及输送建设投资等问题严重制约中国能源产业的发展，影响了经济社会的进步。其次，中国的能源资源开发难度大。与世界相比，中国煤炭资源地质条件复杂，石油天然气资源埋藏深，勘探开发难、技术要求高、成本投入大。此外，中国的人均能源资源拥有量较低。由于人口基数大，“中国人均能源资源拥有量在世界上处于较低水平，煤炭、石油和

天然气的人均占有量仅为世界平均水平的 67%、5.4% 和 7.5%。”[①]

随着经济的迅速发展，中国各领域的能源需求持续快速增长。特别是 21 世纪以来，中国经济进入新一轮扩张，“工业化”和“城市化”进程的加快以及居民生活消费水平的提高，一次能源消费总量从 1978 年的 5714 万吨标准煤增长到 2015 年的 43.0 亿吨标准煤，年均增长率为 5.6%。2010 年中国能源消费总量首次超过美国，成为全球第一能耗大国。近年来，中国占全球能源总消费量和净增长的比重逐年增加。目前，作为世界上最大的能源消费国，中国占全球能源消费量的 23% 和全球净增长的 34%。根据 BP 的预测，中国在全球能源需求中的比重从 2014 年的 23% 升至 2035 年的 26%，而其增长贡献了世界净增量的 32%。[②]

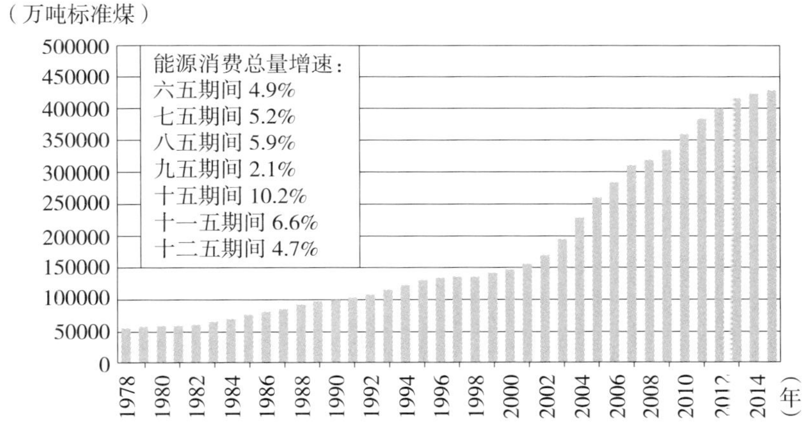

图 1~2　1978~2015 年一次能源消费总量

资料来源：《中国能源统计年鉴（2015）》和《2015 年国民经济和社会发展统计公报》。

长期以来，工业是中国最大的能源消费部门，占终端能源消费的 70% 以上。目前，中国正处于重化工业阶段，主要表现为：一是随着工业化进程的快速推进，能源需求不断攀升，能源消费本身具有较强的刚性；二是

① 国务院新闻办公室：《中国的能源政策（2012）》2012 年 10 月，第 5 页。

②《BP 世界能源展望（2016）》中国专题。

工业能源消耗比重过高，是能源消费的主要部门；三是钢铁、有色、建材和化工四大高耗能行业用能约占能源消费总量一半，是中国能源消费猛增的主要原因。“十二五”期间，随着工业内部结构的不断升级和优化，工业能耗增速有所放缓，但未来中国将加速跨越工业化阶段，工业能耗占据较大比重的状况将继续维持。

另一方面，随着生活水平的提高和用能条件的改善，居民和第三产业能耗持续较快增长。改革开放以来，随着中国城市化进程的不断加深，城市人口急剧增加，住房和家电需求水平日益提高，人均能源消费量也随之增加。2014 年，中国人均能源消费量为 3.1 吨标准煤，已经达到世界平均水平，但年增长远高于世界同期平均水平。

此外，外贸结构中的高耗能产品出口也是导致中国能源需求过快增长的重要原因。中国进口的基本是科技含量高、能源投入少、产品附加值高、能源密度低的商品，如机电、高新技术产品、集成电路等，而出口的多为能源投入高、产品附加值低、能源密度高的商品，如钢材、钢铁制品、石化、建材、有色金属、纺织、集装箱、制鞋、电线电缆等。作为“世界工厂”，中国工业制成品在世界出口贸易额中的比重不断增加，这导致出口商品中的能源含量也大幅增加。“2005 年以来，中国约四分之一的能源消耗和排放是为了生产满足其他国家消费产品而导致的，近年来这一比例下降到 18% 左右。”① 这种贸易格局反过来加剧了国内的能源短缺。

自 1992 年起，中国能源生产的增长幅度开始小于能源消费的增长幅度，一次能源生产与消费总量的缺口不断拉大。尽管目前中国能源的整体自给率仍高达 90%，但是要实现 2020 年比 2000 年 GDP 翻两番的发展目标，在未来一段时间里，中国的能源刚性需求还将进一步提高，资源约束也将不断加剧。预测 2035 年中国能源产量将增加 40%，而能源消费量将增加 48%②，能源供应不足与需求过旺之间的矛盾将更加尖锐。

①《2020 年中国单位 GDP 二氧化碳强度下降幅度或超过 45% 目标上限》，新华网，2014 年 11 月 17 日，http://news.xinhuanet.com/ttgg/2014-11/17/c_1113285783.htm。

②《BP 世界能源展望（2016）》中国专题。

三、中国能源发展面临结构性“瓶颈”

“富煤、贫油、少气”是中国先天资源禀赋特征。中国的能源资源禀赋决定了国内能源供应以煤炭为主，石油、天然气、核能和可再生能源所占比重偏低。与欧美等发达国家相比，中国利用和配置世界资源的能力相对较弱，“一煤独大”的能源消费结构亦是不得已的无奈选择，并不得不面对由此派生出的环境、生态、气候变化等诸多问题。

（一）煤炭的基础能源地位正受到严重挑战

在中国的化石能源中，煤炭资源比较丰富。根据《BP 世界能源统计年鉴（2016）》，2015 年中国煤炭探明储量为 1145 亿吨，占全球总储量的 12.8%，仅次于美国和俄罗斯，居世界第三位。中国是一个煤炭生产大国，同时也是一个煤炭消费大国。2015 年中国煤炭产量 1827 百万吨油当量，占全球总产量的 47.7%；消费量 1920.4 百万吨油当量，占全球总消费量的 50%。

中国资源禀赋决定了经济发展对煤炭的高度依赖，煤炭提供了中国 66% 的一次能源消费和 80% 的电力消费。作为中国的基础能源和重要的工业原料，煤炭资源有力地支撑新中国成立以来国民经济的发展，为国家的现代化建设做出了卓越贡献。

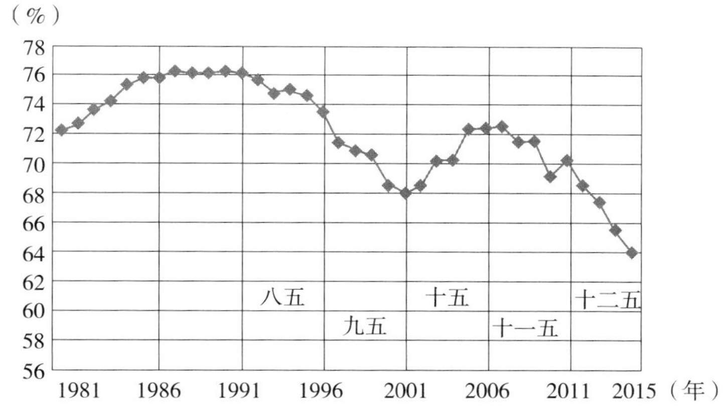

图 1~3　1980~2015 年煤炭消费量占能源消费总量的比重

资料来源：《中国能源统计年鉴（2015）》。

然而，煤炭作为基础能源正面临越来越严重的挑战。首先，中国煤炭资源地理分布不均衡，主要赋存在华北、西北地区，生产与消费极不协调。“十二五”期间，中国煤炭资源开发进一步西移，煤炭长距离供应与运输面临的运力紧缺问题将更加严重。其次，煤炭是不可再生能源，储量虽大但亦有限。近年来，在市场需求的强劲拉动下，中国煤炭产量和产能不断扩大，平均每年增量达 2 亿吨左右。产能急剧扩张带来资源、环境、安全等重重隐患，频繁发生的地下水破坏、土地塌陷、环境污染、植被破坏等现象已经严重影响煤炭行业的可持续发展。每年近 40 亿吨的消费量也已大大超出其所承载的能力极限。自 2009 年，中国由煤炭净出口国转变成为净进口国，煤炭进口量一路攀升。最后，在煤炭开采中，采矿方法落后、装备陈旧、技术薄弱、管理混乱、采富弃贫、采主弃副现象普遍存在，特别是小煤窑的私挖滥采屡禁不止，给煤炭资源造成极大的破坏和浪费。目前，全国煤矿平均资源回采率不到 40%，还不足国际先进水平的一半。2013 年 11 月，世界采矿大会国际组委会主席约瑟夫·杜宾斯基就曾表示，根据 2011 年煤炭产量和煤炭储量比例分析，世界已探明煤炭储量可供开采 112 年。其中，美国已探明煤炭储量可开采 240 年，俄罗斯超过 470 年，而中国只有 33 年。[①] 此外，受地质因素影响，我国多以薄煤层、中厚煤层为主，露天煤矿极少，绝大部分都要通过井工开采（95% 以上）。在冬季煤炭热需时，矿难事故频繁发生。

煤炭的含碳量最高，是最主要的温室气体排放源。新世纪，全球温室效应进一步加剧，应对气候变化刻不容缓。作为煤炭消费大国，全球约一半的煤炭在中国燃烧，中国节能减排的国际压力越来越大。在最近几年，由于世界经济持续低迷，中国经济持续高速增长，中国逐渐超过美国，成为全球最大的温室气体排放国。2013 年，中国人均二氧化碳排放量达到 7.2 吨，虽然仍低于美国、澳大利亚，但首次超过欧盟。根据《联合国气候变化框架公约》和《京都议定书》的规定，中国是发展中国家，属于非附件 I 缔约

① 国土资源部：《世界采矿大会国际组委会主席表示世界探明煤炭储量可供开采 112 年》2013 年 11 月 2 日，http://www.mlr.gov.cn/xwdt/kyxw/201311/t20131102_1287843.htm。

方，不承担温室气体减排义务。然而，随着2015年12月巴黎气候变化大会达成的《巴黎协定》的实施，世界各国加入全球量化减排成为不可逆转的趋势——2020年后，以“国家自主贡献”目标为主体的新国际应对气候变化机制将不再把公约缔约方分为具有减排义务的发达国家和不具减排义务的发展中国家，包括中国在内的新兴发展中大国都将被纳入一个统一的有法律约束力的国际减排框架。毋庸置疑，以煤炭为主的资源禀赋特征决定了中国在今后较长时期内对于煤炭的依赖程度还很高。面对国际社会越来越大的减排压力，中国煤炭产业受到的外来约束将越来越强。未来，煤炭在中国能源结构中的主导地位从2014年的66%降至2035年的47%，煤炭需求在2027年达到峰值，随后从2028年到2035年将以年均0.3%下降。①

（二）石油安全问题愈加严峻

随着“二战”后科学技术和工业革命的迅速发展，石油②作为基础能源和重要的工业原料被广泛应用于各个领域，成为现代社会必不可缺的重要物资。石油对中国经济发展、社会稳定、国家安全和全面建设小康社会目标的顺利实现具有非常重要的经济意义、政治意义和战略意义。然而，在中国的能源结构中，石油资源相对匮乏，不足1/5。再加上人口基数大，中国人均石油占有量仅约为世界人均水平的1/20。国内石油需求量的激增以及由其引起的结构性矛盾日益成为中国能源安全所面临的最大难题。

1. 原油储量情况

中国石油资源陆上分布在松辽、塔里木、鄂尔多斯、准噶尔、珠江口和柴达木盆地，海上主要集中于渤海、黄海、东海及南海北部大陆架。根据2016年4月中华人民共和国国土资源部发布的《2015中国国土资源公报》，2014年底，中国查明石油资源储量为34.3亿吨③，新增查明石油资源地质储量11.4亿吨，连续第五年超过10亿吨。

---

①《BP世界能源展望（2016）》中国专题。

②“原油”外延较窄，特指从地层中取出、未经任何提炼的黑色或深棕色的稠厚、有黏性的油状物质；而“石油”的外延较宽，从地层中取出的可燃油状物质在加工前后，我们都可以叫它“石油”。

③ 根据《BP世界能源统计年鉴（2016）》，2015年中国石油探明储量为25亿吨，占全球总储量的1.1%，居世界第14位。

2. 原油生产情况

新中国诞生后，石油紧缺成为大规模经济建设的障碍。顶着“贫油国”的帽子，中国开始大规模石油勘探工作。1959 年，大庆油田的发现从根本上改变了中国石油工业的面貌。1964 年底，在第三届全国人大一次会议上，中国庄严宣告石油实现自给。此后，在石油地质和地球物理工作者的努力下，胜利、华北、辽河等一系列大型油田横空出世，中国原油产量迅速增长。1978 年，中国原油年产量首次突破 1 亿吨，进入世界产油大国行列。20 世纪 80 年代以来，中国原油生产一直处于上升态势。2010 年，中国原油年产量突破 2 亿吨。根据《BP 世界能源统计年鉴（2016）》，2015 年中国石油产量为 2.15 亿吨，占全球总产量的 4.9%，居世界第 5 位。

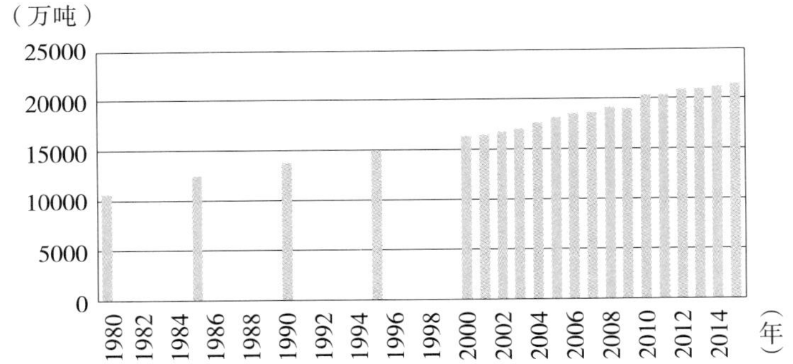

图 1~4　1980~2015 年原油生产量

资料来源：《中国能源统计年鉴（2015）》和《2015 年国民经济和社会发展统计公报》。

然而，经过半个世纪的开发，尤其是 2006 年以来，原油产量增长乏力。许多开发较早的陆上油气田开始步入中晚期，如黑龙江的大庆油田、新疆的克拉玛依油田、山东的胜利油田等。虽然开发较晚的陕西长庆油田产量稳步增加，渤海湾冀东南堡海上油田增产幅度较大，但从总体上看，新油田的开发增产与老油田的衰老减产相抵。因此，中国当前石油产量已经饱和，未来不具有再增产的能力。

3. 原油消费情况

在经济快速发展的同时，中国的石油消费量也大幅增加。新世纪的前十年，中国石油消费年均增速 6.7%。2003 年，中国成为仅次于美国的世界第二大石油消费国。从 2011 年开始，由于中国经济结构转型和经济增速放缓，国内石油消费增速开始下降。然而，2014 年下半年，国际能源形势出现新变化。由于国际油价深度下跌，经济整体运行成本降低，中国国内原油消费量猛增，2014 年突破 5 亿吨，达到 5.19 亿吨；2015 年为 5.43 亿吨，较上年增加 5.6 个百分点[①]。

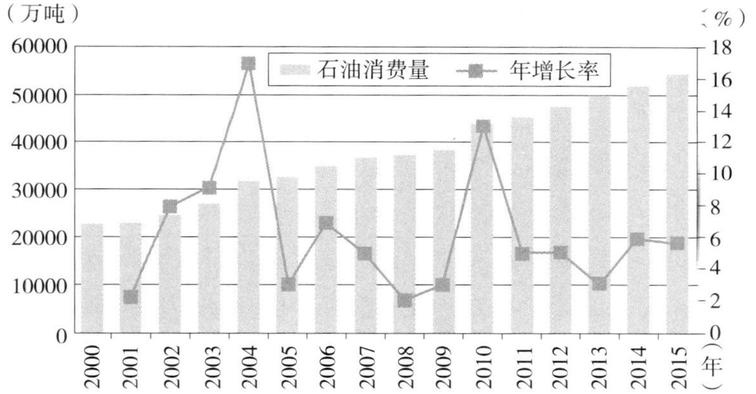

图 1-5 2000~2015 年石油消费量和年增长率

资料来源:《中国能源统计年鉴（2015）》和《2015 年国民经济和社会发展统计公报》。

石油是现代工业的血液，中国工业化的快速发展直接拉动石油消费刚性增长。此外，改革开放三十多年来，人们生活质量和水平不断提高，消费需求开始从原来以满足生存需要为主要目标的生存型阶段转向以追求发展为主要目标的发展型阶段，城乡居民的恩格尔系数不断下降，住房、交通运输以及家用电器等现代生活消费品日益增多，导致对优质能源如石油的消费量也持续增长。

经济社会的发展和人民生活水平的提高带动了交通运输的新需求。2000 年以来，中国汽车的拥有量增速一直保持在 10% 以上。2008 年全球

① 根据《BP 世界能源统计年鉴（2016）》，2015 年中国石油消费量为 559.7 百万吨，占全球总产量的 12.9%。

金融危机爆发后，中国政府为了鼓励居民消费，相继出台了《汽车产业调整和振兴规划》等鼓励政策以拉动汽车消费。从2009年开始，私人汽车生产和销售异常火爆，带动石油消费增长，国内汽油和柴油价格屡创历史新高。

与此同时，为了促进经济平稳较快增长，中国出台积极的宏观经济政策，实施一系列“扩内需、保增长、调结构、惠民生”的政策和措施。为改善民众用能条件，政府积极推进民生能源工程建设，西气东输三线工程、农村电网改造升级工程、青藏联网工程和无电地区电力建设工程等相继取得重大进展。今后，消费驱动型增长将带动新一轮能源需求。2014年11月，国际能源署发布《世界能源展望（2014）》报告称，在2030年前后，中国将超过美国和欧盟成为全球最大石油消费国。

4. 原油进口情况

国内石油消费旺盛而产量有限，长期依赖进口石油来满足国民经济持续发展的需求已成为一个不可逆转的现实。1993年，中国石油进口量首次超过出口量，成为世界石油消费国俱乐部里的“新生”力量。此后，中国原油进口量不断增加，从2004年到2009年，在五年的时间里，相继突破1亿和2亿吨大关，石油对外依存度节节攀升。2011年，中国超过美国成为全球第一大石油进口国。受全球经济衰退和贸易保护主义的影响，中国石油消费增速开始放缓，原油进口增幅也逐渐回落。根据中国海关发布的数据，2013年中国石油进口增幅为4.03%，创近十年来最低水平，但进口量仍高达2.82亿吨，对外依存度为58.1%。然而，由于2014年下半年国际油价大幅下跌，市场逐步放开和低油价下的存储需求，中国石油进口再度高速增长。2014年原油进口量突破3亿吨，2015年原油进口量为3.34亿吨，比上年增长8.8%，对外依存度达到60.6%。根据《BP世界能源展望（2016）》的预测，中国的石油消费需求还将大幅提高（63%），2035年对外依存度将高达76%——高于美国在2005年的峰值。

中国的石油主要从中东、非洲、俄罗斯等少数国家和地区进口，进口集中度高。过高的进口集中度意味着中国对国际经济形势、地缘政治和地区安全形势更加敏感。这些国家和地区大部分存在政治、军事动荡，石油供应链极易受到影响。自“阿拉伯之春”爆发以来，阿拉伯地区动荡和叙利亚政局变化造成持续供应中断，利比亚、苏丹等北非地区的石油供应也严重减产。中国石油战略储备相对落后，远低于国际能源署 90 天的储备标准，因此，风险应对能力较弱，石油供应中断和减产对中国的影响特别大。

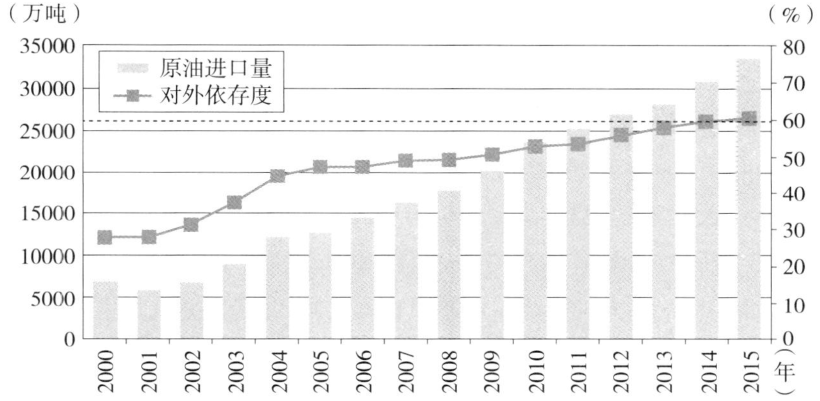

图 1~6　2000~2015 年中国原油进口量和对外依存度

资料来源：《中国能源统计年鉴（2015）》和《2015 年国民经济和社会发展统计公报》。

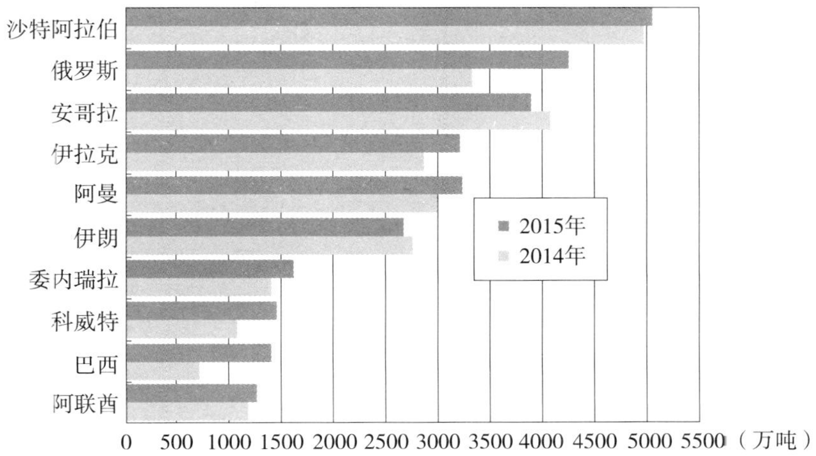

图 1~7　2014~2015 年最大的 10 个对华原油供应国

资料来源：田春荣:《2015 年中国石油进出口状况分析》,《国际石油经济》2016 年第 3 期。

此外，这些石油供应国距离中国较远，不仅运输成本高，而且需要经过狭窄的直布罗陀海峡、霍尔木兹海峡、马六甲海峡、苏伊士运河和巴拿马运河，自然灾害、轮船事故、恐怖主义、海盗活动等突发事件很容易导致这些海峡出现运输中断，进而给战略石油储备起步较晚且能力较弱的中国带来无法预测的严重后果。尤其是马六甲海峡，交通位置十分重要，素有“东方的直布罗陀”之称。它是中国的“海上生命线”，“超过 2/3 的进口原油经由马六甲海峡海运进入国内”[①]。马六甲海峡是恐怖活动和海盗袭击的多发地，武装抢劫犯罪案件频发，而中国远洋海军的护航能力尚弱，因此它成为中国能源安全的一个软肋。由于战略地位重要，美国、日本、印度等介入马六甲海峡的战略意图明显，它们围绕海上运输通道控制权进行激烈的角逐。近年来，包括马六甲海峡共管国之一的马来西亚在内的部分东南亚国家不断与中国在南海的主权归属和海洋资源开发问题上发生实质性摩擦与碰撞，并加强与美国、印度、日本等国的军事交流与合作。这使得这条经马六甲海峡通过南海前往中国的能源通道充满变数。尽管目前尚未发生马六甲海峡自由通行受阻的情况，但上述问题加剧了地区局势的紧张，给中国能源运输带来了潜在风险，而且一旦发生战事，中国将非常被动。

中国虽然是全球第二大石油消费国，但国际能源市场只见“中国需求”，不见“中国价格”。中国从非洲、俄罗斯、欧洲等国家和地区进口的原油主要以北海布伦特原油[②]作为基准油进行定价；从中东地区进口的原油以阿曼原油[③]为基准油进行定价。这两种原油价格不仅不能准确、客观反映中国的供需情况，且普遍高于美国西得克萨斯轻质原油[④]，造成包括中国在内的亚洲国家不得不接受“亚洲溢价”[⑤]（Asian Premium），进口同样

---

① 田春荣：《2013 年中国石油和天然气进出口状况分析》，《国际石油经济》2014 年第 3 期。

② 北海布伦特（Brent）原油是西欧、地中海和西非地区石油通常采用的基准价，在英国伦敦国际石油交易所（IPE）进行交易。

③ 中东出口欧洲地区参照北海布伦特原油，出口北美地区参照西得克萨斯轻质原油，出口亚太地区参照阿曼原油，在迪拜商品交易所（DME）进行交易。

④ 美国西得克萨斯轻质原油（West Texas Intermediate，WTI）是美国以及西半球石油交易常用的原油基准价，在美国纽约商品交易所（NYMEX）进行交易。

⑤ “亚洲溢价”即中东原油“亚洲溢价”，受历史和现实等各种因素的影响，中东地区一些石油输出国对出口到不同地区的相同原油采用不同的计价公式。

的中东原油却比欧美支付更高的价格。新世纪以来，国际原油价格不断上扬，从 2004 年的 30 美元 / 桶，到 2006 年的 80 美元 / 桶，直至 2008 年 7 月猛增到 147.27 美元 / 桶的历史最高点。由于没有国际原油定价权，中国被迫接受高企的油价，并每年为此多支付几百亿美元外汇。由于缺乏石油战略储备和石油套期保值，为了减少国际油价上涨对国内经济的影响，中国政府每年还需向成品油生产商支付巨额油价亏损补贴。油价高涨还带动了进口原材料价格和制造成本的大幅上涨，对中国制造业造成严重影响。2008 年国际油价暴涨后再次下跌并恢复正常水平，但是中国民营企业由此陷入生存危机，江浙和广东地区掀起一波接一波的“倒闭潮”，中国制造业滑到了改革开放以来的最低谷。至今，中国制造业尚未恢复此前的辉煌。

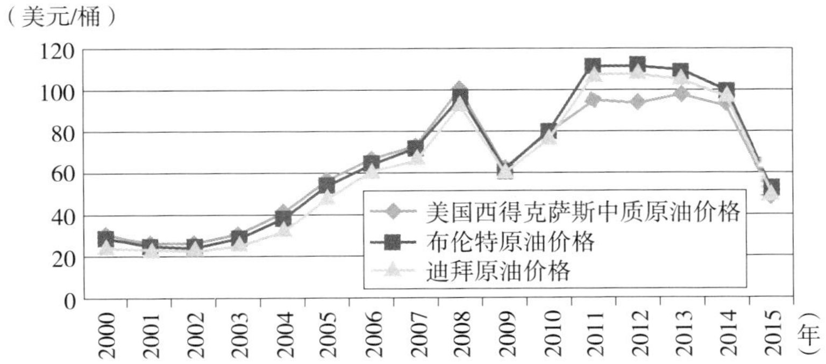

图 1~8　2000~2015 年国际原油现货价格

资料来源：BP Statistical Review of World Energy 2016.

（三）天然气长期依赖进口

从世界范围看，天然气的开发利用晚于煤炭和石油。1925 年，美国铺设第一条天然气长输管道，标志着天然气的现代工业利用。经过七十多年的发展，巨大的储量，日益成熟的开发、储运技术以及日益活跃的交易市场，使得天然气快速成长为世界范围内的重要能源，与煤炭和石油形成“三分天下”的格局。与其他化石能源相比，天然气是碳排放最低的清洁能源品种。世界能源专家普遍认为，21 世纪将是天然气的世纪。国际能源署更是在《世界能源展望（2011）》报告中明确提出了21世纪是“天然气黄金时代”的概念。新世纪，国际减排重压催生了天然气巨大的市场需求。

中国是最早开发利用天然气的国家之一，秦代就有凿井取气煮盐的记载。作为一种优质、高效和清洁的能源和化工原料，发展天然气是中国优化能源结构、缓解石油供应紧张、改善生态环境，进而促进国民经济可持续发展的现实选择。然而，与石油资源一样，中国的天然气资源也相对匮乏。在中国的能源结构中，天然气只占1/20，人均天然气占有量仅为世界人均水平的3/40。随着经济的发展，国内天然气产量难以满足高速增长需求，且供需缺口越来越大，依赖进口已成为必然趋势。

1. 天然气储量情况

中国天然气资源主要分布在四川、塔里木、鄂尔多斯、准格尔、柴达木、松辽、渤海湾、琼—莺等八大产区。根据2016年4月中华人民共和国国土资源部发布的《2015中国国土资源公报》，2014年底，中国查明天然气资源储量为4.9万亿立方米[①]，新增查明天然气资源地质储量6459.5亿立方米。

2. 天然气生产情况

中国沉积岩分布面积广，陆相盆地多，天然气资源较丰富。新中国成立后，从四川地质勘探开始，延伸至陕甘宁和塔里木盆地以及沿海地区，进行了大规模的天然气勘探活动。在此基础上，天然气工业也得以发展起来。80年代以来，中国天然气产量一直处于上升的态势。1996年，中国天然气产量突破200亿立方米。近十多年，随着天然气勘探开发技术的不断创新进步，相继发现的“长庆”“克拉2号”、普光、苏里格、龙岗、安岳等大型气田推动中国天然气产量急剧增长，其在一次能源中的比重节节攀升。2000年，中国天然气产量只有272亿立方米，占一次能源生产的比重仅为2.7%；2015年，这一数字为1346.1亿立方米，占一次能源生产的比重翻倍，世界排名由2000年的第16位升至第6位。天然气成为中国增幅最大的能源品种。

① 根据《BP世界能源统计年鉴（2016）》，2015年中国天然气探明储量为3.8万亿立方米，占全球总量的2.1%，居世界第11位。

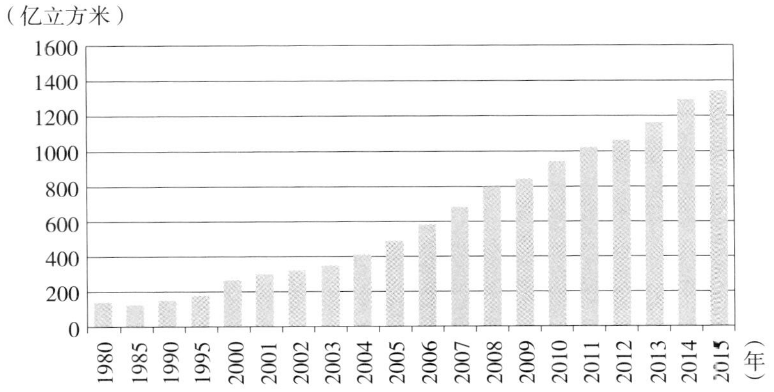

图 1~9 1980~2015 年天然气生产量

资料来源：《中国能源统计年鉴（2015）》和《2015 年国民经济和社会发展统计公报》。

作为“未来能源的希望”，中国天然气增产势头强劲。《能源发展战略行动计划（2014~2020 年）》提出，到 2020 年天然气在一次能源消费中的比重将提高到 10% 以上。目前，国家能源局正在编制《油气行业“十三五”规划》，根据“稳油增气”的原则，天然气的发展前景会更为乐观。

首先，中国天然气探明程度低，勘探潜力大。中国大范围的天然气勘探始于 20 世纪 90 年代初。目前，中国天然气探明率为 18%，处于勘查早期，未来将进入天然气储量产量快速发展的发展阶段。自 2011 年“找矿突破战略”行动实施以来，中国天然气探明地质储量高位增长，新增查明资源储量已连续五年每年超过 6000 亿立方米。2012 年 9 月，中石油在磨溪 8 井发现安岳气田龙王庙组气藏，探明天然气地质储量 4403.8 亿立方米，是我国迄今发现的最大单体海相碳酸盐岩整装气藏。2015 年 10 月，安岳气田龙王庙组特大气藏全面建成投产，年产气能力 110 亿立方米，可以满足中国每年新增天然气消费量的一半。

其次，可升级储量储备雄厚，增储上产潜力巨大。鄂尔多斯盆地、四川盆地、塔里木盆地和南海海域四大天然气产区是今后增储上产的主阵地。

最后，中国非常规天然气储量巨大，勘探开发活跃，正在改变中国天然气生产格局，在一定程度上助力天然气增产。在国家政策支持下，自 2009 年以来，致密气、煤层气（俗称“瓦斯”）、页岩气等非常规油气资源开发利用取得了一定的进展。在非常规天然气中，中国致密气开发技术渐趋成熟，已有相当生产规模；煤层气开采已进入大规模商业化运营阶段；页岩气虽处于起步阶段，但通过科技攻关和国际合作，也取得了一些明显进展。

表 1-1 中国“十二五”常规天然气开发重点项目表

气 区	新建产能（亿立方米 / 年）	2015 年产量（亿立方米 / 年）	新增探明储量（亿立方米）
鄂尔多斯盆地	261	390	7000
四川盆地	195	410	10000
塔里木盆地	147	320	7500
南海海域	100	150	4600

资料来源：《天然气发展“十二五”规划》。

目前，在中国三大非常规天然气开发进程中，致密气开发步伐遥遥领先。中石油长庆油田公司创新以井位优选、井下节流、地面优化技术等为重点的 12 项开发配套技术，实现了苏里格气田经济有效开发，从而推动苏里格地区致密气勘探开发进入大发展阶段，并带动全国致密气勘探开发不断取得重要发现。

作为美国之后第二批实现煤层气商业开发的国家之一，经过二十多年的发展，中国已经初步形成一套适合本国煤层气特殊地质条件的勘探开发技术。2009 年 11 月，山西省沁水县端氏镇建成中国首座数字化、规模化煤层气田示范工程，标志着中国煤层气开始进入大规模商业化运营阶段。

中国是世界上第三个使用自主技术装备进行页岩气商业开采的国家。近年来，页岩气开发在国家政策的支持下取得了一定进展，至 2014 年中国已经成为仅次于美国的全球第二大页岩气生产国。尤其是中国首个千亿立方米整装页岩气田——涪陵页岩气田于 2014 年 3 月进入商业开发，标志着中国页岩气田开发实现重大战略突破，提前进入规模化、商业化发展阶段。2015 年，中国在鄂尔多斯盆地东南部、湖北宜昌、贵州遵义、河南开封等地页岩气勘探方面获得重大发现。

3. 天然气消费情况

天然气是中国消费增长速度最快的一次能源。2003 年以来，国内天然气需求连续 11 年以两位数幅度增长。2007 年，中国天然气消费量首次突破产量，成为继美国、俄罗斯、伊朗之后的第四大天然气消费国。然而，随着中国经济进入“新常态”、新一轮天然气价格改革方案推出，加之国际油价暴跌导致天然气价格优势削弱，从 2014 年起，中国天然气消费量增速放缓。2015 年天然气消费量为 1920 亿立方米①，增速创近十年最低。虽然中国天然气消费占一次能源比重在快速上升，但与国际平均水平（24%）相比差距仍然较大。从长远来看，中国天然气消费仍处于快速增长阶段，一些积极因素仍将支撑天然气市场保持增长。通用电气（GE）公司 2013 年 11 月 5 日发布的《中国的天然气时代：能源发展的创新与变革》白皮书预计，“中国的天然气需求将以每年 8% 的速度增长，到 2025 年，整个天然气市场的规模将是目前的 2.5 倍。中国将引领全球未来的天然气需求增长。”②

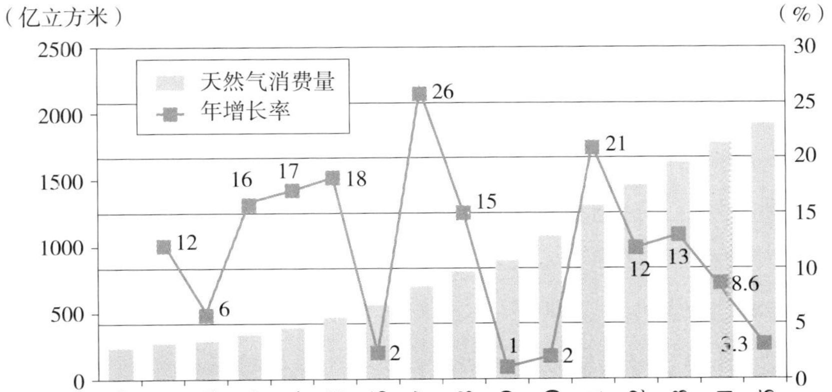

图 1~10　2000~2015 年天然气消费量和年增长率

资料来源:《中国能源统计年鉴（2015）》和《2015 年国民经济和社会发展统计公报》。

① 根据《BP 世界能源统计年鉴（2016）》，2015 年中国天然气消费量为 1973 亿立方米，占全球总消费量的 5.7%，居世界第 3 位。

②《GE 预计中国天然气需求量剧增》，《21 世纪经济报道》2013 年 11 月 5 日，http://www.21so.com/HTML/21cbhnews/2013/11-05-266767.html。

中国天然气消费激增的原因主要有：（1）工业用气量不断攀升是中国天然气供不应求的主要因素之一。2012 年工业用气年增长率高达 21.3%。但自 2013 年起，由于国家连续上调非居民用气价格，工业用气增幅开始下降。（2）城市化促使民用天然气需求不断上升。新世纪以来，中国天然气管道长度年均增长约 0.5 万千米。随着陕京一、二和三线，涩宁兰线，沧淄线、忠武线等天然气管线相继建成投产，陕京四线和西气东输三、四线等管线开工建设，中国天然气消费区由产地周边扩展到长三角、环渤海和东南沿海等经济发达地区。截至 2015 年底，除台湾省以外，中国在役天然气管道为 7.2 万千米。[①] 随着城市天然气管网的完善，以及居民生活习惯的改变，包括居民炊事和供暖（冷）用气等生活消费在稳步上升。（3）天然气发电是当前环境污染治理最现实的选择，也是天然气发展最有潜力的领域。2013 年以来，中国政府相继出台了《大气污染防治行动计划》《京津冀及周边地区落实大气污染防治行动计划实施细则》《能源行业加强大气污染防治工作方案》等纲领性文件，京津冀、乌鲁木齐、兰州等多地大范围实施“煤改气”工程，带动天然气消费大幅增长。（4）高油价驱动交通用气迅速增长。天然气价格比新能源低，但热效率高于新能源，成本相对适中。2011 年 8 月，国家能源局发布了《液化天然气（LNG）汽车加气站技术规范》，首次对液化天然气加气站的行业标准进行规范，填补了国内液化天然气产业标准的空白，对全国液化天然气产业的发展，特别是液化天然气汽车的推广应用发挥了重要作用。2013 年，中国液化天然气车用加气站数量从上年的约 600 座飙升至约 2000 座。

此外，面对日益沉重的国际减排压力，作为国家能源结构调整、由高碳向低碳转变的重要桥梁，天然气的发展得到政府的大力支持。在新一轮的能源生产和消费革命中，为扩大天然气利用规模，促进天然气产业有序、健康发展，国家相关部门密集出台了一系列有关管网开放、供销合同、基础设施和价格机制等方面的政策法规，为天然气产业发展创造了有利条件。可以预

① 高鹏、王培鸿、杨耀辉等：《2015 年中国油气管道建设新进展》，《国际石油经济》2016 年第 3 期。

期的是，随着能源经济的不断发展，未来中国天然气市场发展潜力巨大。

4. 天然气进口情况

与石油资源一样，国产天然气短期内难以满足高速增长的需求，供需缺口不断拉大，扩大进口成为必然的选择。自 2006 年开始，中国成为天然气进口国。此后，国内天然气市场一直处于供不应求状态，进口量逐年上升。根据中国海关发布的数据，2015 年中国天然气进口量为 571.2 亿立方米，对外依存度达到 32.7%。未来一段时间，这种情况将持续甚至加速。2035 年，中国天然气对外依存度将升至 42%①。

中国天然气进口有两大来源——液化天然气和管道天然气。与中国有长期“照付不议”② 合同的是澳大利亚、印度尼西亚、马来西亚、卡塔尔、土库曼斯坦、哈萨克斯坦、乌兹别克斯坦、缅甸 8 个国家，占到天然气进口总量的 90% 以上，其他均为现货供应。

就液化天然气而言，自 2003 年中海油上马国内首个液化天然气项目后，中国的液化天然气进口量稳步增加，2015 年中国液化天然气进口量达到 262 亿立方米，成为世界上仅次于日本和韩国的第三大液化天然气进口国。中国液化天然气的进口来源国主要是澳大利亚、马来西亚、印度尼西亚、卡塔尔、也门等国。截至 2015 年底，中国在沿海先后已建成 13 座液化天然气接收终端，合计 3690 万吨 / 年的接收能力。2016 年初，中石化广西北海液化天然气接收站建成投产，新增液化天然气接收能力 300 万吨。随着青岛、海南、粤东等在建项目的陆续投产，2020 年中国液化天然气进口将达 6000 吨 / 年。由于液化天然气可用于应急调峰，预计还会有更多的中小型液化天然气接收站相继兴建。

中国管道天然气进口起步较晚，但发展速度很快，进口量后来居上。2009 年 12 月 15 日，来自土库曼斯坦的天然气通过中国—中亚天然气管道 A

① 《BP 世界能源展望（2016）》中国专题。

② “照付不议”（Take or Pay）是随着天然气工业的发展而产生并逐渐完善的，已经成为天然气供应的国际惯例和规则。它是指在市场变化情况下，付费不得变更，用户用气未达到此量，仍须按此量付款；供气方供气未达到此量时，要对用户作相应补偿。如果用户在年度内提取的天然气量小于当年合同量，可以三年内进行补提。一般而言，天然气“照付不议”合同期限较长，一般为二三十年。

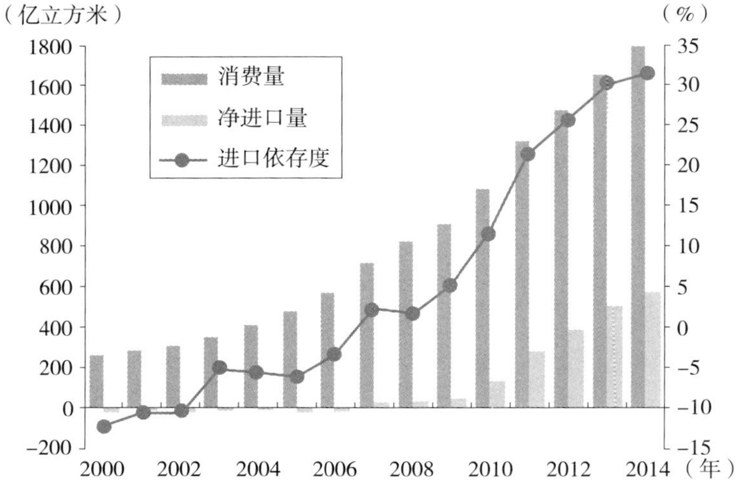

图 1~11　2000~2014 年中国天然气进口量和对外依存度

资料来源：田春荣：《2014 年中国石油和天然气进出口状况分析》，《国际石油经济》2015 年第 3 期。

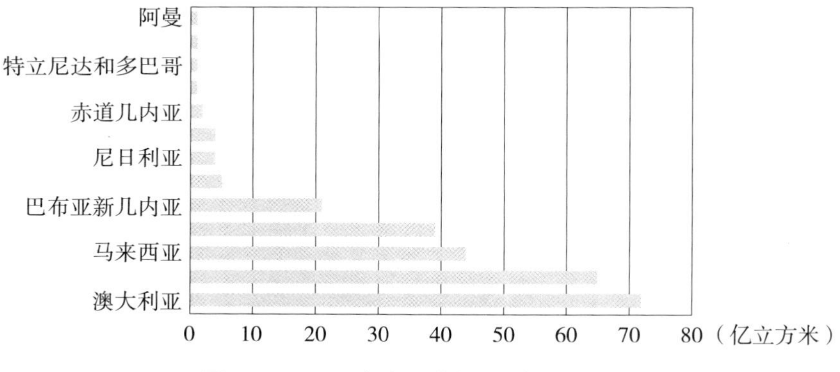

图 1~12　2015 年中国液化天然气进口情况

资料来源：BP Statistical Review of World Energy 2016.

线进入中国，拉开了中国管道天然气进口的序幕。2012 年，管道天然气进口量首次超过液化天然气进口量。2015 年中国管道天然气进口量 336 亿立方米，在世界管道天然气进口国中排第 6 位。中国管道天然气的进口来源国主要是中亚三国。根据中国与土库曼斯坦、哈萨克斯坦和乌兹别克斯坦签署的协议，未来中国从中亚三国进口的天然气每年将达到 850 亿立方米。2013 年

10 月 20 日，中缅油气管道[①]全线建成投产，年输气能力为 120 亿立方米。此外，随着 2014 年 5 月中俄 4000 多亿美元天然气合作协议的签署，中俄管道天然气进口正逐步变成切实的行动。9 月，中俄天然气管道东线俄罗斯境内段开工建设。11 月，中俄达成天然气管道西线供气框架协议，西线管道已于 2015 年上半年动工。

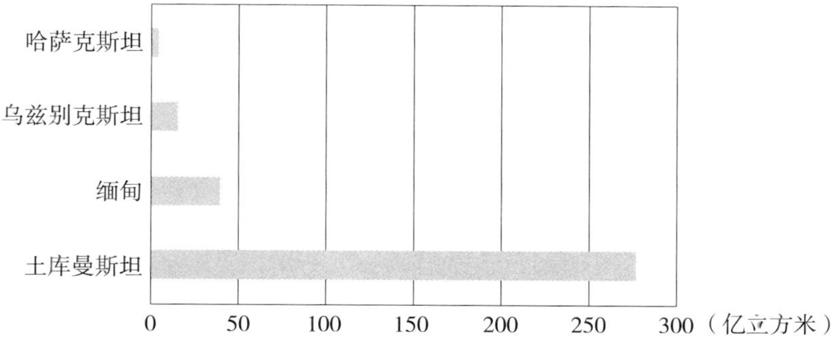

图 1-13　2015 年中国管道天然气进口情况

资料来源：BP Statistical Review of World Energy 2016.

亚洲天然气市场虽大却不成熟，包括中国在内的亚洲国家在进口气价上无话语权。由于国际天然气价格与原油价格挂钩，亚洲市场气价远远高于北美纽约商交所的 HH[②] 和欧洲伦敦洲际交易所的 NBP[③]，同原油进口一样，被迫承受不合理的天然气"亚洲溢价"[④]。再加上国际社会对中国等新兴经济

---

① 中缅油气管道建设计划最早于 2004 年提出。经过六年的谈判和协商，中缅油气管道合作协定终于签订，并开工建设。该管道包括天然气管道和原油管道，天然气管道起点在皎漂港，原油管道起点在马德岛。中缅天然气管道 2013 年 9 月 30 日全线贯通，气源主要为缅甸近海油气田，年输气能力为 120 亿立方米；中缅石油管道 2015 年 1 月 30 日全线贯通，油源主要为中东和非洲，年输油能力为 2200 吨。中缅油气管道是继中哈石油管道、中亚天然气管道和中俄原油管道之后的第四条能源进口战略通道，可绕过马六甲海峡，从中国西南地区输送油气，对保障中国能源安全有重大意义。

② HH（Henry Hub）是在美国第三大期货交易所、世界最大的实物商品交易所——纽约商品交易所交易的天然气期货合约交割的价格点。

③ NBP（National Balancing Point）是在伦敦洲际交易所交易的天然气期货合约交割的价格点。

④ 国际天然气市场主要是地区性市场，有美国亨利交易中心、德国平均进口到岸价、英国 NBP 天然气价格和日本液化天然气到岸价四大地区价格。由于亚太地区的液化天然气需求长期供不应求，该地区的液化天然气到岸价高于其他地区天然气价格。

体天然气进口量大幅增加预期的存在，国际天然气市场从过去的买方市场转为卖方市场。2013 年 6 月，在全球液化天然气市场的淡季，向福建莆田 LNG 供气的印度尼西亚将液化天然气对华出口价格提升至 7 美元 / 百万英热单位左右，较 2006 年价格增长近 1 倍。同时，向广东大鹏液化天然气供气的澳大利亚也以“遭遇台风”“生产装置轮修”等理由克扣中国液化天然气的计划供应量，积极谋求涨价。中国反制能力弱，面对印度尼西亚的涨价和澳大利亚的减供，只能加大对气源充裕同时价格最高的卡塔尔液化天然气的进口。2013 年，中国液化天然气进口总量增加 45 亿立方米，其中卡塔尔增加 24 亿立方米，占液化天然气进口增量的近一半。这意味着中国不得不为此支付更多的进口成本。如果目前的天然气定价机制不进行改革，那么，随着天然气对外依存度越来越高，中国将支付越来越多的成本代价。

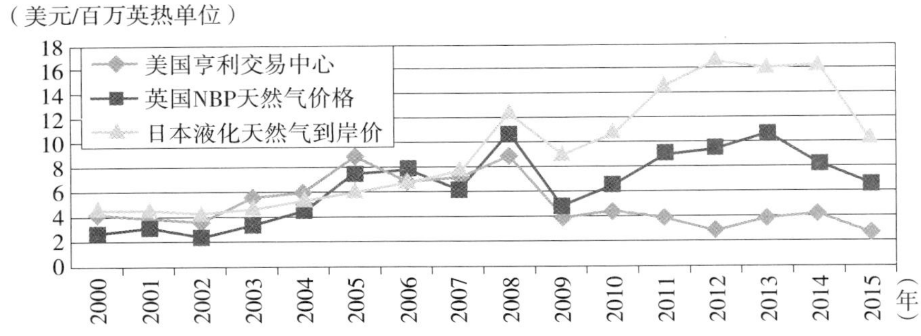

图 1~14　2000~2015 年国际天然气价格

资料来源：BP Statistical Review of World Energy 2016.

（四）核能和可再生能源有较大进展，但无法取代化石能源

核能和可再生能源是清洁能源。开发利用核能和可再生能源既是中国当前保障能源安全、优化能源结构、加强环境保护和应对气候变化的迫切需要，也是中国未来能源可持续利用和转变经济发展方式的必然选择。

从自行设计、建造第一座 30 万千瓦秦山核电站起，发展核电就成为中国能源发展战略的重要组成部分。受 2011 年日本福岛核泄漏事件的影响，中国一度暂停审批核电项目，并开展全国性的核安全检查。随着《核电安

全规划（2011~2020 年）》和《核电中长期发展规划（2011~2020 年）》的出台以及全国核电安全检查的结束，从 2014 年开始，全国两会、国家能源委员会会议和中央财经领导小组会议不断释放核电重启信号，东部沿海地区新的核电项目建设正逐步启动。2015 年中国核能增长 28.9%，高于过去十年平均 12.3% 的 2 倍。[①] 根据《BP 世界能源展望（2016）》的预测，2035 年中国核电将占全球核电总量的 31%。

可再生能源是未来的主流能源，加快开发利用可再生能源已成为国际社会的共识和共同行动。同时，为降低对煤炭的依赖度，中国近年来大力投资可再生能源。2007 年 9 月，中国颁布《中国可再生能源中长期发展规划》，正式提出国家可再生能源发展目标。12 月，国务院新闻办公室发布了《中国的能源状况与政策白皮书》，将可再生能源发展作为国家能源发展战略的重要组成部分。2010 年 1 月 1 日，在《可再生能源法》的推动下，中国可再生能源开发已步入全面、快速、规模化发展阶段，可再生能源占一次能源生产和消费的比重逐年提高。2011 年，中国核电、水电和其他能发电生产总量达到 3.7 亿吨标准煤，成为全球可再生能源利用规模最大的国家。2015 年可再生能源年增长 20.9%。仅十年间，中国可再生能源在全球总量中的份额便从 2% 提升到了现在的 17%。

然而，核电发展面临的安全问题、可再生能源发展面临的技术水平落后和经济性较差问题仍是制约二者未来发展的关键因素。今后，核电和可再生能源会继续保持一定的增长势头，但不会成为中国能源供给的主流。

总之，从总体上看，中国能源资源总量比较丰富，但人均拥有量较低，储存分布不均衡，开发难度较大。改革开放以来，中国能源发展成就卓著，供应能力显著增强，能源结构逐步优化，能源科技不断进步，为保障国民经济持续快速发展做出了重要贡献。然而，中国的能源安全形势依然十分严峻。尽管中国的经济增长正在放缓且正经历结构转型，但是中国仍是世界上最大的能源消费国、生产国和净进口国。全球金融危机爆发以来，中国能源消费增速适度放缓，但是经济对能源的依赖性依然较强。随着居民

---

①《2015 中国能源市场》,《BP 世界能源统计年鉴（2016）》。

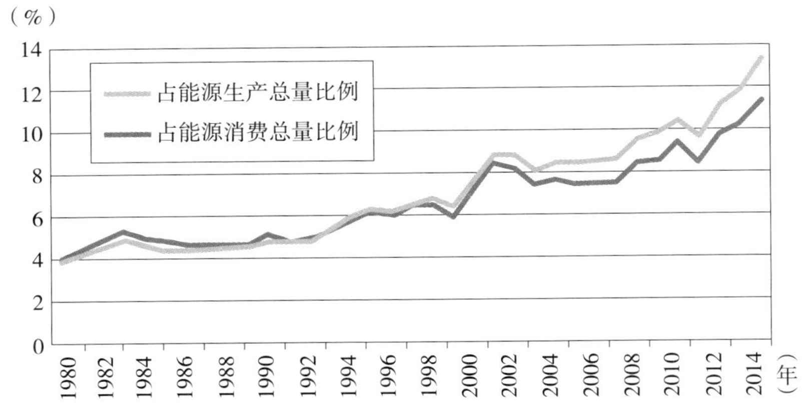

图 1~15　1980~2014 年水电、核电和其他能占能源生产和消费总量的比重

资料来源：《中国能源统计年鉴（2015）》。

收入水平的提高、工业化和城市化以及交通运输的快速发展，国内能源消费总体规模还将继续扩大。同时，中国能源供应和消费的结构性矛盾愈发突出，作为基础能源的煤炭正面临越来越严峻的挑战，资源储量不足、增产困难的石油和基础设施薄弱、有待政策扶持的天然气无法满足当前和未来经济快速发展的需要，而亟待统一规划、大力发展的核电和可再生能源短期内无法取代传统化石能源。因此，如何构建一个充足的、经济的、清洁的、安全的能源供应体系，不仅是一个关系现代化建设的经济问题，还是一个关系中国未来发展的战略问题。

第二节　中国的能源发展战略

一、中国政府重视能源工业的发展

历代中央领导集体始终都把能源作为关系经济发展、国家安全和民族根本利益的重大战略问题摆在重要地位。

新中国成立之初，原油紧缺直接威胁中国的主权独立和国家安全。在毛泽东的支持下，中国地质学家和石油勘探队伍根据“陆相沉积生油”理论，在松辽平原、华北平原拉开了新中国石油大普查和“石油大发现”的序幕。1959 年 9 月，在东北松辽盆地发现了中国乃至世界罕见的大油田——大庆油田。中国甩掉了“贫油”帽子，实现原油和石油产品全部自给。

改革开放后，为尽快增加能源供应，中国相继成立了国家能源委员会和能源部，编制了《能源工业长远发展规划》和《中国能源工业中期（1989~2000 年）发展纲要》，出台了一系列能源法律法规和能源开发投资政策。这一时期，中国石油产量逐年增加并大量出口。“80 年代中期，石油创汇曾是国家外汇的主要来源，1985 年石油出口创汇最高，占全国出口创汇总额的 26.9%。”①

20 世纪 90 年代，中国石油消费进入快速增长期。为了增加能源供给，中国一方面加大能源开发与投资，另一方面开展海外能源合作。中共十四届二中全会提出国际市场多元化战略，中国石油企业开启“走出去”的历程，参与开发的国际项目逐渐增多，拥有的海外资产也初具规模。为配合能源进口多元化战略的贯彻实施，中国政府开展一系列富有成效的能源外交活动。

新世纪，中国经济呈现新一轮快速增长态势，能源需求量大幅增加，党中央加快制订能源可持续发展战略和国际能源合作战略。2003 年 10 月，中共十六届三中全会提出科学发展观，并提出“中国能源安全发展战略的制定及其实施必须以科学发展观为指导”。这一指导思想集中体现在《中国能源中长期发展规划纲要（2004~2020）》《国民经济和社会发展第十一个五年规划纲要》《能源发展“十一五”规划》等文件中。2006 年 7 月，胡锦涛主席出席八国峰会时首次提出“互利合作、多元发展、协同保障”的新能源安全观，积极营造能源供应多元化格局，并将重点转向周边邻国，加强区域能源合作。

二、中国当前能源发展战略

在世界能源发展和中国全面建设小康社会的关键时期，2014 年 6 月 13 日，习近平总书记在中央财经领导小组第六次会议上指出，面对能源供需

---

①《中国石油工程百年发展历程》，中国石油新闻中心，2009 年 4 月 16 日，http://center.cnpc.com.cn/bk/system/2009/04/16/001233460.shtml。

格局新变化、国际能源发展新趋势，保障国家能源安全，必须推动能源消费、供给、技术、体制和国际合作五个方面的革命，即推动能源消费革命，抑制不合理能源消费；推动能源供给革命，建立多元供应体系；推动能源技术革命，带动产业升级；推动能源体制革命，打通能源发展快线道；全方位加强国际合作，实现开放条件下能源安全。

（一）节约优先，效率为本，这是解决中国能源问题的根本途径

客观地讲，随着我国经济发展逐步进入新常态，中国能源消费也正由高强度转入中低速增长时期。然而，能源消费具有较大惯性，传统的高投入、高消耗、高排放、低效率的粗放型增长方式还将持续一段时期。因此，还要大力推动能源消费革命。

能源需求侧的革命强调要摒弃维护能源安全就是加大能源供应的错误理念，改变敞开口子供应能源、无节制使用能源的现状，倡导节能发展模式，推进发展方式转变和产业结构调整，形成健康文明、节约资源的生活消费模式。要制定能源消费约束性目标，抑制不合理能源消费。通过划定能源消费红线，形成倒逼机制，把推动发展的立足点转移到提高质量和效益上来。以工业、建筑和交通领域为重点，实施煤电升级改造、工业节能降耗、建筑能效提升、绿色交通运输等能效提升行动，推动能源开发和利用、生产、消费以及城乡用能方式的变革。

（二）立足国内，多元发展，这是维护中国能源安全的基本方略

把满足能源供给的希望主要寄托于国际市场是不现实的，更是不安全的。中国能源工业六十多年的发展，已经证明了我们有能力把能源自给能力维持在合理水平。“富煤、贫油、少气”是中国先天资源禀赋特征。在未来较长一段时间内，煤炭仍是中国的基础能源，今后要进一步加强煤炭资源的勘探开发，大力推动煤炭产业的结构调整和优化升级。对中国来说，煤炭供应安全是能源安全的根本。

未来属于能源多元化。[①] 中国能源消费量大，仅靠单一能源品种是不明智的，必须采取全方位、多元化的能源供应战略，各种可以经济利用的能

---

①［美］斯科特·L. 蒙哥马利：《全球能源大趋势》，宋阳、姜文波译，机械工业出版社 2012 年版，第 27 页。

源资源都应让其充分发挥作用。能源供给侧的革命强调推进煤炭清洁高效开发利用、稳步提高国内石油产量、大力发展天然气、积极发展能源替代和加强储备应急能力建设，形成煤、油、气、核、新能源和可再生能源多能互补、多轮驱动的国内能源供应体系。

（三）绿色低碳，优化结构，这是中国未来能源发展的方向和重点

目前，中国能源发展进入油气替代煤炭、非化石能源替代化石能源的双重更替期。一方面，在雾霾治理和国际减排的压力下，控制化石能源尤其是煤炭的消费成为国家政策调控的方向。在政策利好的驱动下，通过推广先进的洗选煤、现代煤化工、新型煤粉工业锅炉以及二氧化碳捕集、利用、封存等技术，煤炭的清洁高效利用进程有望进一步加快。另一方面，提高清洁能源和可再生能源在能源消费结构中的比例是保证中国能源安全的长远大计。《能源发展战略行动计划（2014~2020 年）》明确提出，大力提高天然气消费比重，到 2020 年，天然气消费比重达到 10% 以上；安全发展核电，到 2020 年，核电装机容量达到 5800 万千瓦，在建容量达到 3000 万千瓦以上；积极发展可再生能源，其中力争常规水电装机达到 3.5 亿千瓦左右，风电装机达到 2 亿千瓦，光伏装机达到 1 亿千瓦左右，地热能利用规模达到 5000 万吨标准煤。

（四）体制改革，技术创新，这是中国能源发展的必由之路

“政策和体制的不到位是能源安全的最大隐患。”[①] 多年来，中国能源体制始终在市场经济和国家宏观调控的夹缝中蹒跚前行，自然垄断、行政垄断、市场垄断和无序竞争现象严重，能源价格机制不完善、行业管理薄弱、行业统计不及时和法律体系不健全等诸多问题严重制约了中国能源产业的可持续发展。作为能源进口国，统一开放、竞争有序的国内能源市场是国家能源安全体系不可或缺的一部分。只有深化能源体制改革、还原能源商品属性、构建主要由市场决定能源价格的机制，才能有效地吸收全球的能源资源，保障中国的能源安全。

21 世纪，“决定一个国家国际竞争力的关键因素在于其科研能力、创新

① 陈新华：《能源改变命运：中国应对挑战之路》，新华出版社 2008 年版，第 18 页。

水平以及与二者相关的能力建设”[1]。中国深海油气资源、非常规油气和可再生能源开发潜力大，但受自然地质条件复杂、基础理论研究落后、核心技术水平较落后、先进装备对外依赖程度较高、产业体系不完善和配套能力不强等因素所限，很难在2020年前进行大规模商业化开发，实现从储量到产量的跨越。因此，构建重大技术研究、重大技术装备、重大示范工程和技术创新平台“四位一体”的国家能源科技创新体系，推进科技自主创新，建设能源科技强国，刻不容缓。

（五）加强国际合作，这是中国保障能源安全的重要途径之一

中国的发展离不开世界。在世界各国相互依存度日益提高的今天，中国的能源安全不可能游离于经济全球化的大势之外。因此，中国要加强国际合作，在开放格局中维护能源安全，在全球资源优化配置中实现互利共赢。

从1993年至今的二十多年间，中国在全球37个国家开展了100多个国际油气合作项目，初步建成亚洲、美洲、欧洲三个国际油气运营中心和西北（中哈原油管道和中国—中亚天然气管道）、东北（中俄原油管道）、西南（中缅油气管道）和海上（经马六甲海峡的海上通道）四条能源进口战略通道以及中亚—俄罗斯、中东、非洲、南美和亚太五个海外油气合作区。其中，中国与中亚地区的能源合作进展快、成果多、潜力大，中亚已成为中国开展国际能源合作的重点地区。

三、中亚在中国能源发展战略中的地位

中亚地区蕴藏着丰富的油气资源。随着中国对进口油气依赖度的不断提高，中亚在中国能源战略布局中的地位进一步提升。

（一）弥补中国油气缺口

1997年，中哈油气合作拉开了中国与中亚油气合作的序幕。目前，中亚地区已经成为保障我国能源安全的重要的陆路能源战略供应基地之一。已建成的中哈原油管道和中国—中亚天然气管道是中国名副其实的西部能源大

---

① 国家能源局:《国家能源科技“十二五”规划（2011~2015）》2011年12月，第4页。

动脉。自 2006 年 7 月投入商业运营以来，中哈原油管道输送的原油以年均 20% 的速度递增。截至 2015 年 5 月 4 日，该管道（阿塔苏—阿拉山口段）已经累计向国内输送原油超过 8000 万吨。目前，中哈原油管道处于建运并行时期。到 2018 年增输扩建完成后，里海的原油将通过该管道直接输入中国。

表 1~2　1997~2015 年中国从哈萨克斯坦进口原油情况

时间	数量 / 万吨	增减 /%	份额 /%	时间	数量 / 万吨	增减 /%	份额 /%
1997	4.49	—	0.1	2007	599.84	123.6	3.7
1998	40.92	811.4	1.5	2008	567.09	–5.5	3.2
1999	49.08	19.9	1.3	2009	600.61	5.9	2.9
2000	72.42	47.6	1.0	2010	1005.38	67.4	4.2
2001	64.96	–10.3	1.1	2011	1121.10	11.5	4.4
2002	100.36	54.5	1.4	2012	1070.37	–4.5	3.9
2003	119.82	19.4	1.3	2013	1198.06	11.9	4.2
2004	128.56	7.3	1.0	2014	568.64	–52.5	1.8
2005	129.00	0.3	1.0	2015	499.10	–12.2	1.5
2006	268.28	108.0	1.8				

资料来源：据田春荣《中国石油和天然气进出口状况分析（2000~2015 年）》一文整理。

中国管道天然气进口主要来源于中亚地区。自 2009 年 12 月输气以来，已稳定安全运行六年多。截至 2014 年 11 月 13 日，中国—中亚天然气管道累计输送来自中亚地区的天然气突破 1000 亿立方米。2015 年中国—中亚天然气管道向中国输气 296 亿立方米，同比增长 4.6%。

表 1~3　2010~2015 年中亚管道天然气进口情况

（单位 / 亿立方米）

来 源 国	2010 年	2011 年	2012 年	2013 年	2014 年	2015 年
土库曼斯坦	35.5	143	213	244	255	277
哈萨克斯坦	—	—	—	29	4	4
乌兹别克斯坦	—	—	2	1	24	15
总　计	35.5	143	214	274	283	296

资料来源：BP Statistical Review of World Energy 2016.

目前，中国—中亚天然气管道A、B、C线已投产，到2016年D线完工后，该管道整体供气能力将达到850亿立方米/年，成为中亚地区规模最大的输气系统，满足中国超过20%的天然气需求。此外，中哈天然气管道二期第一阶段已竣工通气，第二阶段于2015年建成投产。届时，哈萨克斯坦西部里海地区的天然气也将通过该管道汇入中国—中亚天然气管道输送到中国。

（二）优化中国能源结构

当前，在越来越大的气候变化压力和越来越严重的生态环境威胁面前，中国亟须改善以煤为主的能源结构，增加天然气在能源消费中的比重。

中亚地区天然气资源尤为丰富，土库曼斯坦是世界第四大天然气储量国，也是天然气生产和出口大国。以中国—中亚天然气管道为突破，中国与土库曼斯坦等中亚国家的天然气合作不断深入，建立了长期、稳定、牢固的能源战略伙伴关系，成为中国与周边地区发展能源合作的典范。

中亚天然气通过中国—中亚天然气管道进入中国25个省（区、市）和香港特别行政区的5亿多用户家庭，为中国调整能源消费结构、改善生态环境、促进节能减排、保障国计民生提供充足的清洁能源。“据测算，1000亿立方米天然气相当于替代1.33亿吨煤炭，减少二氧化碳排放1.42亿吨，二氧化硫220万吨。”①

（三）实现油气进口多元化

如前所述，中国海外油气主要来源于中东和非洲等少数国家和地区，进口集中度高，海上油气运输线路较长，需要经过狭窄的霍尔木兹海峡和马六甲海峡，运输通道安全性低。从分散风险入手，中国发展与中亚地区的油气合作，可以促进中国能源进口多元化，缓解对中东、非洲等地区的依赖，降低中东局势动荡、海上运输风险对中国能源安全造成的负面影响。

（四）拥有地缘优势

中亚地处欧亚大陆腹地，是唯一与中国紧邻的海外陆上油气来源地，运输距离短，不用经过第三国，不受沿岸、沿途国家和地区的影响，资源可获得性和运输安全性更高。而且，与海运相比，管道运输和陆路通道运

---

①《中亚天然气管道累计输气突破1000亿立方米》，《中国青年报》2014年11月17日，第6版。

量大、安全性和稳定性好，可以减轻海上能源进口压力。

此外，中亚地区是连接俄罗斯和中东甚至非洲油气产地的重要枢纽。从长远来看，随着“丝绸之路经济带”基础设施的完善，中亚地区可以把中国市场与中东乃至非洲地区的油气产地联系起来，可以为未来中国稳定地获得更多油气供应提供可靠保障。

（五）获得油气价格优势

作为一个新兴国家，中国在全球能源治理中缺乏足够的发言权，关于价格的谈判能力和议价能力也比较弱小，快速增长的能源需求导致中国被迫承受不合理的“亚洲溢价”和能源价格的剧烈波动。在这种情况下，广阔的能源市场不仅无法成为提高中国能源地位的王牌，反而成为别国要挟中国的软肋。

表 1~4　2014 年中国天然气进口价格

（美元 / 百万英热单位）

	1月	2月	3月	4月	5月	6月	7月	8月	9月	10月	11月	12月
液化天然气												
总　计	13.30	11.61	11.95	10.84	11.39	11.19	10.28	11.73	12.16	12.26	11.56	12.09
澳大利亚	3.41	3.31	3.22	3.22	3.34	3.75	3.41	3.31	3.22	3.22	3.34	3.75
印度尼西亚	3.84	3.77	4.21	4.52	3.87	3.92	3.85	9.29	9.02	9.97	9.07	9.12
马来西亚	8.56	7.60	7.85	8.25	8.35	10.9	8.29	8.11	8.13	7.88	8.23	8.73
卡塔尔	17.82	17.34	18.15	18.49	16.88	17.61	18.08	18.04	17.94	18.25	17.54	17.11
管输天然气												
总　计	9.96	10.16	10.73	9.64	9.47	9.43	9.31	9.30	9.36	9.62	9.56	9.71
土库曼斯坦	10.09	10.19	10.77	9.58	9.44	9.41	9.34	9.29	9.56	9.27	9.49	9.49
哈萨克斯坦	3.35	3.35	3.35	3.35	3.35	3.35	3.35	3.35	3.35	3.35	3.35	3.35
乌兹别克斯坦	8.63	8.55		8.57	8.62	8.61	8.59	8.56	8.56	8.56	8.41	8.4
缅　甸	11.45	11.48	11.53	11.59	11.53	11.42	11.06	11.9		11.55	11.49	11.48

资料来源：庞名立：《我国进口气价相差奔 6 倍》，无所不能，2015 年 1 月 30 日，http://www.wusuobuneng.com/archives/16642。

从表 1~4 来看，管道天然气每月均价（9.69 美元）要比液化天然气均价（11.70 美元）低 2 美元左右。特别是管道天然气进口量最大的土库曼斯坦气价比液化天然气进口量最大的卡塔尔低近一半，再考虑土库曼斯坦天然气所占比重，中亚天然气的价格优势更为明显。

需要指出的是，中国开发中亚能源也是中亚国家的需要。从中亚国家看，近年来，中亚各国政治总体稳定、经济较快增长，扩大以石油、天然气为主的资源开发与出口已经成为国家经济发展的重要依托。独立后的中亚国家积极谋求油气出口多元化，以摆脱俄罗斯的控制、实现国家利益最大化。中国不仅为中亚国家的油气开发提供了重要的资金、技术和消费市场，而且推进了中亚国家油气出口多元化的进程。

此外，中哈原油管道和中国—中亚天然气管道拉动出口国的油气产业发展，增加就业机会，创造政府税收，带动当地经济的发展和民生的改善。尤其是中国—中亚天然气管道 A、B、C 和 D 四线，将中国与中亚五国更加紧密相连。其中，C 线的建设使哈萨克斯坦和乌兹别克斯坦由管道过境国转变为气源国，这改变了两国的天然气供应格局，实现了天然气出口多元化。D 线管道建成运营后，对于吉尔吉斯斯坦来说，中方将按过境输气量每年向吉方支付特别税，第一年约为 4000 万美元，其后价格将随输气量增加而上涨，预计 32 年运营期的税收总金额将达 21.5 亿美元。[①] 对于塔吉克斯坦来说，在未来 32 年中，中塔天然气管道合资企业的收入可达 150 亿美元，塔吉克税收可达 10 亿美元，并可解决塔吉克部分人员的就业问题。[②]

---

① 中华人民共和国商务部：《吉尔吉斯将从“吉—中天然气管线”收取 21.5 亿美元特别税》，2013 年 12 月 24 日，http://www.mofcom.gov.cn/article/i/jyjl/m/201312/20131200436675.shtml。

② 驻塔吉克经商参处：《塔吉克议会讨论中国—中亚天然气管道项目将为塔经济带来巨大收益》，2014 年 12 月 12 日，http://tj.mofcom.gov.cn/article/jmxw/201412/20141200833239.shtml。

第二章

中亚能源状况和中国与中亚各国的油气合作

中亚地区包括哈萨克斯坦、土库曼斯坦、乌兹别克斯坦、塔吉克斯坦和吉尔吉斯斯坦五个国家。中亚地处亚欧大陆中部，地理位置非常重要，被现代地缘政治学鼻祖 J. 麦金德描述为“世界的枢纽地带”。中亚处于中国、俄罗斯、印度等大国以及伊朗、土耳其、巴基斯坦等具有重要地缘政治意义的国家之间，“对于欧亚大陆西部和东部的国家，以及最南部地区那个人口众多、有意谋求地区霸权的国家来说，都有潜在的重大意义”。[①] 它既可以成为连接周边大国的纽带，也可以成为遏制周边大国的楔子。

然而，决定中亚地区在当前和未来国际政治经济格局中占据特殊位置的，还在于其拥有丰富的矿产资源，尤其是巨大的油气资源储藏。“中亚地区和里海盆地被认为蕴藏着大大超过科威特、墨西哥湾或北海的天然气和石油储量。”[②] 根据《BP 世界能源统计年鉴（2016）》公布的数据，2015 年中亚国家探明石油储量达 41 亿吨，占世界总储量比重的 1.8%；探明天然气储量 19.5 万亿立方米，占世界总储量比重的 10.5%。尤其是有着 21 世纪的“聚宝盆”“第二个海湾”和“世界上最后一块石油地带”等美誉的里海盆地，油气资源预测储量要远远大于探明储量，开发前景乐观。

表 2-1　中亚三国 2015 年探明油气储量

国　家	探明石油储量 / 亿吨	占世界总量比例 /%	探明天然气储量 / 万亿立方米	占世界总量比例 /%
哈萨克斯坦	39	1.8	0.9	0.5
土库曼斯坦	1	<0.05	17.5	9.4
乌兹别克斯坦	1	<0.05	1.1	0.6
总　计	41	1.8	19.5	10.5

资料来源：BP Statistical Review of World Energy, June 2016.

虽然这些储量无法与中东波斯湾相比，但受经济发展水平限制，中亚国家油气消费量不大，随着里海油气勘探的扩大和新油气田的不断发现，

① [美] 兹比格纽·布热津斯基：《大棋局：美国的首要地位及其地缘战略》，中国国际问题研究所译，上海人民出版社 2007 年版，第 47 页。

② [美] 兹比格纽·布热津斯基：《大棋局：美国的首要地位及其地缘战略》，中国国际问题研究所译，上海人民出版社 2007 年版，第 102 页。

可供出口的油气资源量持续增加，中亚地区在世界能源中的地位将大大提高。此外，与动荡不安的中东地区相比，中亚地区稳定而可靠的油气供应对21世纪全球能源安全保障的意义十分重大，其远景不仅被专家们看好，更被能源消费大国视为“能源安全战略中必不可少的替代品”。[①]

第一节　中亚各国能源状况

中亚油气资源储量丰富，但分布不平衡，具有以下两个特点：一是北部富油少气，南部富气少油。哈萨克斯坦石油储量最为丰富，天然气储量相对少一些，而土库曼斯坦天然气储量极为丰富，石油储量相对较少。二是西部丰富，东部匮乏。油气资源几乎全部集中在哈萨克斯坦、土库曼斯坦、乌兹别克斯坦三国和里海盆地，而东部的塔吉克斯坦和吉尔吉斯斯坦油气资源极少。因此，本书侧重研究五国中油气资源丰富的哈萨克斯坦、土库曼斯坦和乌兹别克斯坦三国。

一、哈萨克斯坦

哈萨克斯坦是中亚地区的聚宝盆。根据《BP世界能源统计年鉴（2016）》，2015年哈国探明陆上石油储量为39亿吨，居世界第12位、独联体（Commonwealth of Independent States）第2位；探明天然气储量为0.9万亿立方米，居世界第25位。[②]同时，哈萨克斯坦是里海沿岸国家之一。如果沿岸五国（俄罗斯、阿塞拜疆、伊朗、土库曼斯坦、哈萨克斯坦）能就里海法律地位和海底资源划界达成协议，哈国作为拥有里海水域面积最大的国家[③]，油气资源储量还将大幅增加。根据美国能源部能源信息署公布的材料，哈萨克斯坦属里海的石油总储量约1010亿桶至1096亿桶，约占整个里海

① Martin, M. A. P. “Geo-Economics in Central Asia and the Great Game of Natural Resources: Water, Oil, Gas, Uranium and Transportation Corridors.” *Central Asia Observatory, Working Paper* 59.2009 (2010), p.19.

② 根据哈萨克斯坦储量委员会公布的数据，目前哈萨克斯坦石油可采储量40亿吨，天然气可采储量3万亿立方米。参见商务部:《对外投资合作国别（地区）指南——哈萨克斯坦》2015年，第4页。

③ 按中心线原则，哈萨克斯坦占29%，阿塞拜疆占21%，俄罗斯占19%，土库曼斯坦占17%，伊朗占14%。

地区储量的一半；天然气总储量为153.3万亿立方米，约占总储量的1/3。[①]

（一）油气开发历史

1892年，沙俄对哈萨克斯坦境内的油气资源进行了系统的勘察。1899年，在哈萨克大草原的乌拉尔—恩巴地区，成功钻探了第一座油田——卡拉古丘油田，石油工业由此起步。1911年，哈萨克斯坦相继开发了有工业价值的多索尔油田和马卡特油田。苏联时期，哈萨克斯坦的石油工业被收归国有。在苏联工业化过程中，中央政府提供大量资金、技术、设备和人才，促使哈萨克斯坦石油勘探和开发进一步扩大。“到苏德战争爆发前，哈萨克境内有七处大型油田实现了工业化开采，战前石油年产量达到了70万~75万吨。”[②]战争期间，为保证战时燃料供应，一系列大型油田在哈萨克斯坦开始投产。20世纪60年代以来，滨里海盆地相继发现了一系列大油田，尤其是卡拉恰干纳克（Karachaganak）和田吉兹（Tengiz）油田的开发，使哈萨克斯坦石油工业迅速发展起来。“到苏联解体的1991年，哈萨克斯坦的石油产量为2660万吨，天然气产量为78.9亿立方米”[③]，在苏联加盟共和国中仅次于俄罗斯。

（二）油气产业发展现状

独立后，在跨国石油公司帮助下，哈萨克斯坦石油工业逐渐摆脱困境，成为国民经济的支柱产业。新世纪，随着大量新发现油气田得到开发，油气产量迅猛增加。根据《BP世界能源统计年鉴（2016）》公布的数据，2015年哈国石油产量为7930万吨，占世界总产量的1.8%，排世界第16位。与石油相比，哈萨克斯坦天然气储量和产量并不大。2015年天然气产量为124亿立方米，占世界天然气总产量的0.3%。随着油气勘探程度不断提高，陆上浅、中层油气田已基本探明和投入开发，哈萨克斯坦开始把油气增储上产的重点转至里海大陆架油气田的开发上。但复杂的地质构造、极高的环保风险和高昂的开发成本迫使哈萨克斯坦不得不借重外国投资者，选择加大国际油气合作力度。

---

① 商务部：《对外投资合作国别（地区）指南——哈萨克斯坦》（2015年），第5页。

②《哈萨克斯坦石油业110年风雨历程》，国际在线，2009年9月9日，http://gb.cri.cn/27824/2009/09/09/1845s2616863.htm。

③ 赵常庆：《哈萨克斯坦》，社会科学文献出版社2004年版，第110页。

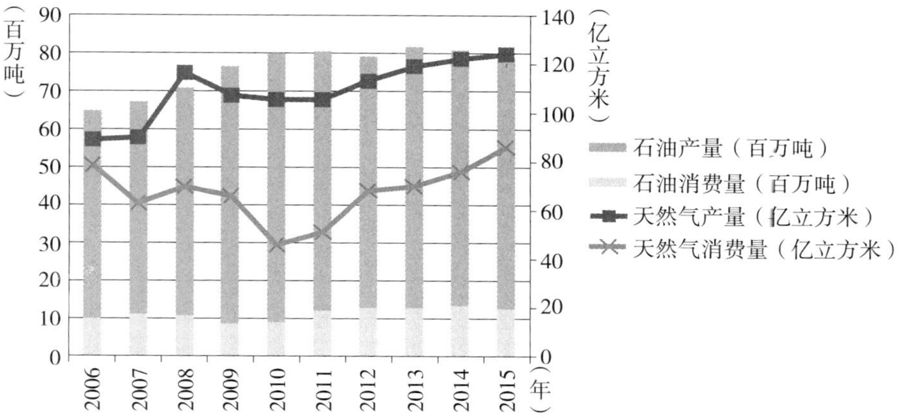

图 2-1 哈萨克斯坦 2006~2015 年油气产量和消费量

资料来源：BP Statistical Review of World Energy, June 2016.

到目前为止，哈萨克斯坦石油产量尚未达到峰值。根据该国政府部门和各研究机构的预测，2020 年前该国石油产量将增加到 1.3 亿至 1.4 亿吨，进入世界前十位产油国。

1. 上游油气开发领域

哈萨克斯坦境内共有 15 个含油气盆地，但实现工业开采的仅有滨里海盆地、曼吉斯套盆地、乌斯秋尔特盆地、南图尔盖斯克盆地和楚—萨雷苏克盆地 5 块。近年来，哈萨克斯坦又增加一些新探明储量的油田：2004 年，科罗列夫斯科、阿克沙布拉克、南阿里别克、肯雷克油田；2005 年，卡拉曼德巴斯、卡拉库杜克；2006 年，托尔肯和齐纳列夫斯科；2007~2008 年，阿里别克莫拉、肯雷克和田吉兹；2009 年，克孜尔基亚、S. 努尔扎诺夫和阿雷斯库姆。[①] 该国油田分布极不均匀，所有大型油田，包括一些中小油田都分布在西部，南部的大部分油田都属于中小型。

哈萨克斯坦已开发气田多为伴生气和凝析气，而且大都被回注以增加原油生产或保持油层压力；而大部分未开发的滨里海盆地气田埋深较大（超过 5000 米），开采成本高昂。该国气田分布也不均衡，主要集中在阿特

① 驻哈萨克经商参处：《2000 至 2011 年哈萨克斯坦油气领域发展简述》2012 年 11 月 1 日，http://kz.mofcom.gov.cn/aarticle/ztdy/201211/20121108413422.html。

劳州、曼吉斯套州、西哈州和阿克托别州 4 个州。卡拉恰干纳克凝析气田和田吉兹气田占全国天然气总产量的 76% 以上。

截至 2015 年 1 月 1 日，哈国共有油气田 267 座，其中 63 座处于勘探阶段，90 座处于开采阶段，114 座勘探与开采同时进行。[①] 为增加油气储量，哈萨克斯坦开始实施《2015~2019 年地质勘探方案》，政府财政预算拨款 145 亿坚戈，并吸引外资约 9000 亿坚戈（约合 50 亿美元），全部用于由国企、地下资源大型开发者和投资人共同参与的地质勘探。

哈萨克斯坦的油气勘探和开发相对开放，已经引进美国、英国、加拿大、荷兰、法国、德国、意大利、中国、韩国、日本、俄罗斯等 30 多个国家的 60 多个石油公司开展合作。其中，欧美石油巨头在哈萨克斯坦油气领域的投资占较大比重，“哈萨克斯坦石油储量的 80%、产量的 85.7% 产自外国公司和合资公司”[②]。目前，哈国大型国际油气开发项目有 3 个：田吉兹、卡沙甘和卡拉恰干纳克。

田吉兹油田发现于 1979 年，是目前世界上最深和最大的油田之一。它位于里海东北部，石油储量 30 亿吨，仅次于卡沙甘油田，天然气储量 7000 亿立方米。1993 年 4 月，美国雪佛龙公司与哈国政府签署建立合资企业的长期协议，成立田吉兹雪佛龙公司（Tengizchevroil），合作开发田吉兹油田。1994 年，田吉兹油田开始投入开采。但自 2002 年起，石油产量的增速放缓。2013 年 11 月，哈国政府与田吉兹雪佛龙公司签署合作备忘录，实施油田增产计划，将田吉兹油田产能和开采量从 2600 万吨 / 年增加到 3800 万吨 / 年。

卡沙甘（Kashagan）油田发现于 2000 年，被认为是 1968 年在美国阿拉斯加发现普鲁德霍湾（Prudhoe）油田之后近 40 年世界上最大的油田。它位于哈萨克斯坦里海北部，石油储量约 48 亿吨，天然气储量 4900 亿立方米，油气资源储量仅次于沙特阿拉伯加瓦尔（Ghawar）油田。1997 年 10 月，哈国政府与意大利阿吉普国际财团（Agip KCO）就北里海卡沙甘油田的勘探

① 驻哈萨克经商参处：《哈萨克斯坦能源综述：储备、开采和投资》，2015 年 11 月 20 日，http://kz.mofcom.gov.cn/article/ztdy/201511/20151101191242.shtml。

② 薄启亮、刘贵洲：《中亚地缘政治与中国石油企业的机遇》，《国际石油经济》2012 年第 11 期。

和开发签订了为期 40 年的产品分成协议（Production Sharing Contract）。然而，恶劣的自然条件、复杂的开采工艺和苛刻的环保要求，导致项目进展缓慢，油田的商业开采日期一再推迟。2013 年 9 月，项目开发者北里海作业公司（North Caspian Operating Company）宣布，卡沙甘油田开始投入开采。然而，投产不久即发生管道腐蚀事故，油田开采工作被迫叫停，至今尚未恢复生产。

卡拉恰干纳克油气田发现于 1979 年，是世界上最大的油气田之一。“卡拉恰干纳克油田所开采天然气和液态烃基本占哈萨克斯坦全国开采量的 45% 和 16%。”[①] 它位于哈国西北部，已探明的油气储量可观，原油储量 12 亿吨，天然气储量 1.35 万亿立方米。1997 年 11 月，卡拉恰干纳克石油财团（Karachaganak Petroleum Operating）与哈国政府签署 40 年期产品分成协议。目前，该油田已经收回了投资成本。

2. 中游油气管道领域

哈萨克斯坦所产原油除少部分或用油轮从里海阿克套港运往沿岸的马哈奇卡拉港（俄罗斯）、奥德萨港（乌克兰）、巴库港（阿塞拜疆）和涅卡港（伊朗），或者用铁路运往中国等周边国家之外，大部分通过管道（80% 以上）向外出口。哈萨克斯坦的原油出口主要有三条管道：向北有两条，阿特劳—萨马拉管道[②]（Atyrou-Samara Pipeline，ASP 管道）和里海国际财团管道[③]（Caspian Pipeline Consortium，CPC 管道）；向东有一条，中哈原油管道（Kazakhstan-China Pipeline，KCP 管道），是一条自西向东通往中国的大型跨

① 驻哈萨克经商参处：《卡拉恰干纳克石油运营公司 2012 年简况》（2013 年 6 月 25 日），http://www.mofcom.gov.cn/article/i/dxfw/jlyd/201306/20130600173509.shtml。

② 阿特劳—萨马拉管道从哈萨克斯坦萨马拉到达俄罗斯萨马拉，全长 1232 千米，1968 年修建，1970 年完工。苏联时期，哈萨克斯坦外输原油均通过该管道运送。

③ 1999 年 5 月，俄罗斯和哈萨克斯坦吸收跨国石油公司共同组建里海管道财团，其中俄罗斯（31%）和哈萨克斯坦（20.75%）持有一半股权，其余股份由美国雪佛龙里海管道联合公司（15%）、俄美合资卢卡尔科公司（12.5%）、美孚里海管道公司（7.5%）、俄英合资俄油—壳牌里海投资有限责任公司（7.5%）、意大利阿吉普国际集团公司（2%）、英国天然气公司海上作业有限责任公司（2%）、美国 Oryx 里海管道公司（1.75%）持有。里海国际财团管道从哈国田吉兹油田到俄罗斯新罗西斯克（Novorossiysk）港，全长 1511 千米，1999 年 5 月动工，2001 年底投入使用，输油量 3000 万吨 / 年。2011 年 7 月，里海国际财团投资 54 亿美元启动里海管道扩容项目，计划在 2015 年前将该管道的输油量从 3000 万吨分阶段提升至 6700 万吨。

国输油管道。

哈萨克斯坦天然气产量有限，出口也不多。根据哈俄协议，卡拉恰干纳克油田的天然气运往俄罗斯奥伦堡天然气加工厂进行脱硫处理，一部分回输哈萨克斯坦，其余由俄罗斯支配或输往欧洲。此外，哈萨克斯坦通过中国—中亚天然气管道（即“中哈天然气管道一期”）向中国供应一部分天然气。2008 年，中石油与哈萨克斯坦国家石油天然气公司（KazMunayGas，以下简称“哈油气”）签署天然气管道领域扩大合作的框架协议，共同出资建设中哈天然气管道二期，即别伊涅乌—博佐伊—奇姆肯特天然气管道。2013 年 9 月，在两国元首见证下，第一阶段管道竣工通气。

3. 下游油气炼化领域

哈萨克斯坦生产的石油绝大多数以原料形式出口，国内炼油企业的加工能力有限，导致国内成品油市场一直处于供不应求的状态，高质量的轻质成品油需要依靠进口来弥补。截至 2014 年 1 月 1 日，该国原油年加工能力为：原油加工 1725.5 万吨、减压蒸馏 641.5 万吨、焦化 137.5 万吨、热加工 270.8 万吨、催化裂化 199.5 万吨、催化重整 221.8 万吨、加氢处理 942.8 万吨。[①]

为了满足国内油品需求，保障经济社会稳定发展，哈萨克斯坦制定了多部纲领性文件、战略发展规划和法律法规，实施加速产业创新发展国家计划，提高下游产业投资在国家战略投资中的地位，并在政府和哈油气的主导下采取了一系列具体措施。其中，对国内阿特劳炼油厂（年设计加工能力为 500 万吨）、巴甫洛达尔石化厂（年设计加工能力为 750 万吨）、奇姆肯特炼油厂（年设计加工能力为 600 万吨）三大炼厂进行现代化改造是重中之重。

最“老”的阿特劳炼油厂 1945 年由美国援建，原油来自田吉兹油田，年设计加工能力为 500 万吨，产品主要供应西部地区。最大的巴甫洛达尔石化厂成立于 1978 年，由于地理位置上靠近俄罗斯油田，以俄罗斯西西伯利亚原油作为加工油源，年设计加工能力为 750 万吨原油，产品主要供应

① 石卫：《2013 年世界主要国家和地区原油加工能力统计》，《国际石油经济》2014 年第 5 期。

北部地区。最“年轻”的奇姆肯特炼油厂建于1985年，主要加工来自该国库姆科尔（Kumkol）油田（占80%）和俄罗斯西西伯利亚油田（占20%）的原油，年设计加工能力为600万吨，产品主要供应南部地区。目前，这三座炼油厂设备老化、工艺落后、开工率低，导致成品油产量低、加工深度不足，难以满足国内需求。

2010年3月19日，哈萨克斯坦政府批准通过《2010~2014年加速工业创新发展国家纲要》，投入约40亿美元对三大炼油厂进行大规模的翻新和现代化改造。按照2011年2月14日批准通过的《2011~2015年哈萨克斯坦油气部战略规划》，三大炼厂将于2015年底前陆续完成改造[①]。届时，该国炼厂的总加工能力将达到1900万吨/年，且能够完全使用本国原油作为加工原料，年计划加工量将达到1750万吨，每年能够生产汽油597.4万吨、柴油550.8万吨、航空煤油104万吨、重油60.5万吨，所生产的汽车燃料将能够完全满足欧Ⅳ和欧Ⅴ环保标准，并完全满足国内市场的需求，从而摆脱对俄罗斯原油和高品质成品油的依赖，实现自给自足。[②]考虑到国内需求的增长，哈国还计划2020年在北部新建第四座大型炼油厂。

哈萨克斯坦有三个天然气加工厂，分别位于乌津、田吉兹和让纳若尔。哈国天然气富含硫化氢和硫化合物，复杂的脱硫工艺和相关的硫化物处理设备紧缺是制约天然气工业快速发展的主要问题之一。2007年6月，哈俄达成在赫瓦伦斯油气区建立天然气化工综合体的协议，俄罗斯协助哈国解决天然气含硫量高的问题。

为提高工业制造业竞争力，推动经济结构多元化，哈萨克斯坦大力发展石油化学工业，提高出口资源产品的附加值。聚丙烯的生产集中在巴甫洛达尔市。聚苯乙烯和聚苯乙烯泡沫塑料生产厂家主要分布在阿克纠宾斯克州、卡拉干达州和东哈州。在国家优先扶持下，2013年哈国石油天然气化学工业生产总值为185亿坚戈，比2008年增长2.5倍。为充分利用田吉兹和卡沙甘油田丰富的天然气资源，哈萨克斯坦石化工业公司投资63亿美

① 2015年11月，哈萨克斯坦国家油气公司下属石油天然气加工和市场营销公司表示，巴甫洛达尔和奇姆肯特炼油厂现代化升级工作将于2017年完成，阿特劳炼油厂相关工作将于2016年完成。

② 毕明：《哈萨克斯坦炼厂改造及其影响分析》，《国际石油经济》2012年第11期。

元在阿特劳建设一个石化联合体。这是该国第一个一体化的天然气制化学品综合体。

二、土库曼斯坦

土库曼斯坦被誉为“中亚的科威特”。根据《BP 世界能源统计年鉴（2016）》，2015 年土国探明石油储量为 1 亿吨；探明天然气储量 17.5 万亿立方米，居世界第 4 位、独联体第 2 位。此外，土属南里海地区还有大片尚未勘探开发的油气田。勘探工作的资料显示，在深度为 2000~7000 米的空间中聚积着大型油气资源矿藏——120 亿吨石油和 6.2 万亿立方米天然气。[①]

（一）油气开发历史与现状

1882 年，土库曼盆地首先发现涅比达克油田。20 世纪 30 年代，在该盆地又相继发现库姆达克、切列肯、科图尔杰佩等油田。独立以来，由于储量小且投资少，土库曼斯坦在石油开采方面没有太大进展。

土库曼斯坦原油开采潜力有限，但天然气储量极为丰富，被称为坐落在“大气包”上的国家。1961 年，土国在阿姆河盆地发现第一个天然气田——巴伊拉马气田。此后，随着阿恰克、纳伊普、萨特雷克、多夫列塔巴德—顿麦兹、南约洛坦[②]等多个大型气田的发现，该国出现三次天然气储量大幅度增长高峰期分别为：1966~1973 年、1980~1985 年和 1997~2005 年。

（二）油气产业发展现状

独立之后，土库曼斯坦广泛吸收外资，引进先进技术和设备，油气产量逐年提高。根据《BP 世界能源统计年鉴（2016）》公布的数据，2015 年，土国石油产量为 1180 万吨，占世界总产量的 0.3%；天然气产量为 693 亿立方米，占世界天然气总产量的 2.0%，世界排名第 12 位。

---

① 驻土库曼使馆经商处：《土库曼油气资源的勘探开发现状》（2006 年 2 月 17 日），http://tm.mofcom.gov.cn/article/ztdy/200602/20060201528245.shtml。

② 2011 年 10 月，南约洛坦（South Yolotan）气田更名为加尔金内什（Galkynysh）气田，（又译作复兴气田）。复兴气田包含南约洛坦、奥斯曼和米拉纳 3 个气田，是仅次于伊朗南帕斯气田的世界第二大单体气田。中土两国 2009 年和 2011 年签署的增供天然气协议的气源地就是复兴气田。

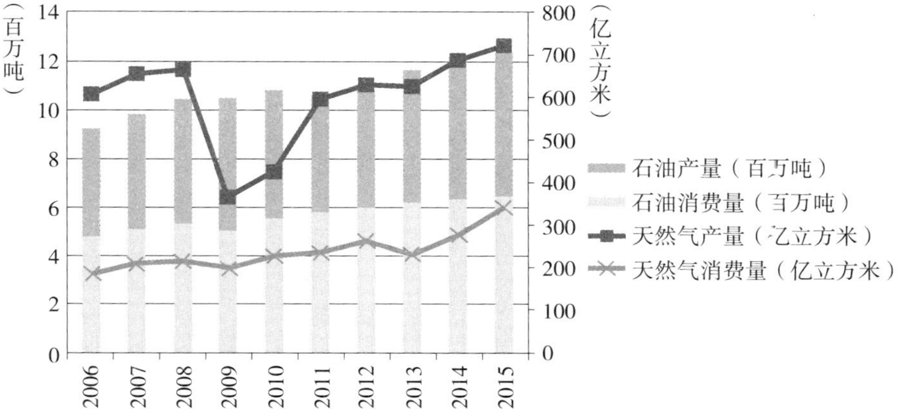

图 2-2　土库曼斯坦 2006~2015 年油气产量和消费量

资料来源：BP Statistical Review of World Energy, June 2016.

然而，与其世界排名第 4 位的储量相比，土库曼斯坦天然气产量还有很大的增长空间。根据《2030 年前土库曼斯坦油气工业发展纲要》，到 2020 年，该国天然气年产量将达到 1750 亿立方米，到 2030 年达到 2300 亿立方米。

1. 上游油气投资领域

自 1991 年独立以来，土库曼斯坦共已发现了 300 多个含有石油和天然气的地质结构，开发了 160 多个油气田，其中，石油主要分布在西部南里海油气区，共勘探出 28 个油田（油气田），其中 18 个已在开采。天然气主要蕴藏在东部和中部的阿姆达利亚油气区，在西部油田也有少量的伴生气，共探明 127 个气田，其中 39 个正在开采。早期油气勘探多在西部滨里海地区，现在通过采用现代 3D 技术进行地震勘探，已将范围扩大至卡拉库姆中部，并逐渐向蕴藏更丰富油气资源的西南部扩展。

土库曼斯坦油气领域的对外开放程度不高，陆上基本由国内石油康采恩、天然气康采恩、地质康采恩、油气贸易公司和油气建设公司五大国家公司掌握油气资源的开发，外国石油公司通过提供工程技术服务开展合作（中国的阿姆河项目除外）。其中，国家石油康采恩生产的石油约占开采总量的 80%，其余由国家天然气康采恩和地质康采恩开采；国家天然气康采恩生产的天然气约占开采总量的 84.5%，其余由国家石油康采恩开采。近年来，为了开发里海大陆架油气资源，土库曼斯坦开放近海油气开发，引进意大利、英国、加拿大、俄罗斯、德国、印度、马来西亚等国从事勘探开发。1996 年，马来西亚国家石油公司与土库曼斯坦签署第一个里海大陆架开发的产品分成协议。目前，土库曼斯坦约 10% 的油气储量由外国公司控制。[①]

2. 中游油气管道领域

在原油出口方面，海运是土库曼斯坦的主要运输方式，石油及其制品在土库曼巴希、艾克列姆和阿拉特扎三个里海港口，分西、北和南三个方向，运送到阿塞拜疆（占 60%）、俄罗斯（占 15%）和伊朗（占 25%）。此外，还有小部分通过铁路和公路运往俄罗斯、伊朗和阿富汗。土库曼斯坦曾有一条输油管道，即鄂木斯克—巴甫洛达尔—奇姆肯特—土库曼纳巴德，但从 1992 年开始停用。

土库曼斯坦是中亚最大的天然气生产国和出口国。液化天然气主要通过公路和铁路向伊朗和阿富汗出口或通过海运经里海向欧洲出口。管道天然气通过中亚—中央天然气管道[②]（Central Asia-Center Pipeline，CACP）向俄罗斯、中国—中亚天然气管道向中国以及科尔佩杰—库尔特—库伊（Korpezhe-Kurt-Kui）管道[③]和多夫列塔巴德—罕格兰（Dauletabad-Khangiran）管道[④]向伊朗三个方向出口。其中，通向中国和伊朗的管道是土库曼斯坦推行天然气出口多元化战略的重要成果。近年来，土库曼斯坦加快天然气出口多元化步伐，2015 年 12 月 23 日，对接东部气田与西部海岸的东西天然气管道[⑤]投入运行，为土国天然气出口欧洲奠定了坚实基础。此

① 薄启亮、刘贵洲：《中亚地缘政治与中国石油企业的机遇》，《国际石油经济》2012 年第 11 期。

② 中亚—中央天然气管道建于苏联时期（1967~1988 年），是中亚地区建成时间最早、最重要的天然气管道。它由 5 条线组成，其中 3 线从土库曼斯坦西部沿里海东海岸北上，在哈萨克斯坦别伊涅乌与中亚—中央天然气管道交汇，而其余 4 条线都是从阿姆达林盆地（Amu Darya Basin）出发，向西北经土库曼斯坦、乌兹别克斯坦和哈萨克斯坦，在俄罗斯亚历山大堡与俄罗斯天然气管网连接，再出口到乌克兰和欧洲。

③ 科尔佩杰—库尔特—库伊管道于 1997 年 12 月修建，全长 200 千米，年输气量为 80 亿立方米。

④ 多夫列塔巴德—罕格兰管道于 2010 年 1 月开通，全长约 60 千米，设计年输送能力为 125 亿立方米。

⑤ 东西天然气管道由土天然气康采恩和油气建设康采恩共同设计施工，始于土东南部马雷州的沙特雷克（Shatlyk）气田，途经马雷州、阿克哈州和巴尔干州，直抵巴尔坎州的别列克气站，自西向东全长 800 千米，计划年输气能力为 300 亿立方米。2010 年 6 月开工，2015 年 12 月建成。

外，在美欧国家支持下，土库曼斯坦—阿富汗—巴基斯坦—印度天然气（Turkmenistan-Afghanistan-Pakistan-India，TAPI）管道[①]也于2015年12月13日在土库曼斯坦马雷州举行了破土动工仪式。

3. 下游油气炼化领域

土库曼斯坦共有4个炼油厂：土库曼巴什炼油厂，是全国最大的石油加工企业，建于1943年，年加工能力1200万吨；谢津炼油厂，是全国第二大炼油厂和石化工业基地，建于1991年，年加工能力600万吨；巴尔坎纳巴特炼油厂，年加工能力300万吨；切列肯炼油厂，建于2007年，设计年产250万吨。截至2014年1月1日，该国原油年加工能力为：原油加工1184.9万吨、减压蒸馏485.7万吨、焦化157.1万吨、催化裂化78.8万吨、催化重整225.9万吨、加氢处理336.6万吨。[②]根据《2020年以前土库曼政治、经济和文化发展战略》，土国将对4个炼油厂进行现代化改造以提高炼油厂的产品质量和生产能力，并计划2020年前在阿哈尔州和马雷州筹建两个新的油气处理厂。

土库曼斯坦的天然气质量较高，几乎不含硫，碳酸气、硫化氢等腐蚀性有害化学物质也很少。独立之前，土库曼斯坦没有专门的天然气加工厂，天然气直接在土库曼巴升斯基石油加工厂和谢顶斯基石油加工厂进行加工。独立之后，该国把发展天然气加工业当作首要任务。在国家的大力推动下，天然气田附近建造了许多天然气加工厂，主要生产液化天然气产品。

土库曼斯坦还致力于天然气的深加工和综合提炼。在技术革新的基础上，积极开发高附加值天然气化工产品，一方面增加出口份额，扩大初级能源市场；另一方面抢占获利丰厚的天然气化工产品市场。2014年8月26日，该国与日本川崎重工业株式会社和土耳其Ronesans Turkmen公司联合体合作的阿哈尔州天然气液化汽油生产厂开工建设，这是世界上第一个大型天然气化工综合体。该厂主要从天然气中提炼高质、环保汽油，计划于

① 土库曼斯坦—阿富汗—巴基斯坦—印度天然气管道，是从土库曼斯坦东部道列塔巴德气田经阿富汗坎大哈和巴基斯坦中部城市木尔坦，最终达到印度西北部的法兹卡，全长1814千米，土境内段214千米，阿富汗774千米，巴基斯坦826千米。管道输气能力330亿立方米/年，其中阿富汗约50亿立方米，巴基斯坦和印度各约140亿立方米。项目预计在2019年底正式投入使用。

② 石卫：《2013年世界主要国家和地区原油加工能力统计》，《国际石油经济》2014年第5期。

2018 年投产，年加工天然气 17.85 亿立方米，生产 60 万吨欧Ⅴ环保标准 A-92 号汽油。

三、乌兹别克斯坦

与哈萨克斯坦和土库曼斯坦相比，乌兹别克斯坦油气资源储量略逊一筹。根据《BP 世界能源统计年鉴（2016）》，2015 年乌国探明石油储量与土库曼斯坦大致相同，均为 1 亿吨，但储产比为 25.3，远高于土库曼斯坦；探明天然气储量 1.1 万亿立方米。

（一）油气开发历史与现状

费尔干纳盆地[①]是世界上勘探程度最高和开采石油最早的地区之一。1890 年，乌国在该盆地发现第一个油田——奇米翁油田，1904 年正式开采。20 世纪 70 年代以来，该油田产量逐渐下降。1985 年加兹里和苏坦尔两个特大型油气田的发现，使布哈拉—希瓦油气区取代费尔干纳盆地，成为该国油气主要供应基地。

1953 年，乌国在克孜勒库姆沙漠发现第一个天然气田——塞塔兰捷别气田。1955 年，在布哈拉—希瓦地区又发现了加兹里大型气田。随着扎尔卡克斯、穆巴列克和舒尔坦气田的发现，乌国天然气产量不断提高。

（二）油气产业发展现状

独立以来，乌兹别克斯坦石油产业获得较快发展。1999 年石油产量达到最高峰 812 万吨。近年来，由于开发时间较长、设备老化、技术落后以及油气勘探和开发投入不足，油气田走向衰竭，油气产量开始下降。根据《BP 世界能源统计年鉴（2016）》，2015 年乌国石油产量为 300 万吨，占世界总产量的 0.1%；天然气产量为 577 亿立方米，占世界天然气总产量的 1.6%，世界排名第 14 位。

根据乌兹别克斯坦《2020 年石油和天然气地质勘探战略规划》，到 2020 年，乌国天然气探明储量将增长 1 万亿立方米，原油探明储量增长

---

① 费尔干纳盆地，又称费尔干纳谷地。苏联解体后，费尔干纳盆地分别隶属于乌兹别克斯坦（42%）、吉尔吉斯斯坦（40%）、塔吉克斯坦（18%）三个国家。

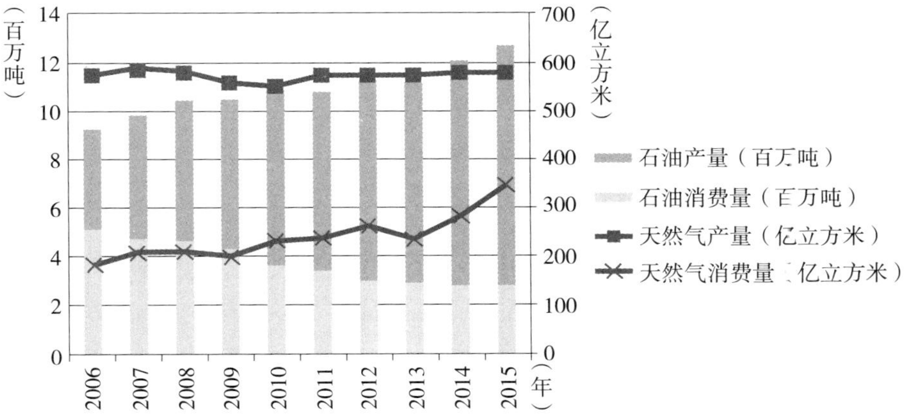

图 2-3　乌兹别克斯坦 2006~2015 年油气产量和消费量

资料来源：BP Statistical Review of World Energy, June 2016.

7000 万吨，凝析油探明储量增长 6600 万吨。

1. 上游油气投资领域

乌兹别克斯坦的油气田主要分布在东部的费尔干纳州和南部地区，66% 为气田，20% 为油气田，14% 为油田。主要油田有舒尔坦、泽瓦尔德、科克杜马拉克、阿兰和阿达姆塔什等，其中科克杜马拉克油田占乌国石油总产量的 70%；天然气资源集中在乌斯秋尔特、布哈拉—希瓦、西南吉萨尔、苏尔汗河盆地及费尔干纳盆地，主要气田有加兹里、扎尔卡克斯、穆巴列克、舒尔坦等。布哈拉州的加兹里是大型天然气开采中心。

独立初期，乌兹别克斯坦的能源政策不完善、不稳定且得不到很好的执行，只有俄罗斯在乌国进行油气投资。俄罗斯卢克石油公司（Lukoil）与俄罗斯天然气工业股份公司（Gazprom，以下简称“俄气”）是乌兹别克斯坦油气领域两个主要的外国投资商。近年来，随着油气投资环境的改善以及相关优惠措施的出台，美国、日本、瑞士、马来西亚、韩国、中国等国企业通过合资联营的方式进入乌兹别克斯坦油气行业。目前，乌兹别克斯坦约 30% 的油气储量由外国公司控制。①

① 薄启亮、刘贵洲：《中亚地缘政治与中国石油企业的机遇》，《国际石油经济》2012 年第 11 期。

2. 中游油气管道领域

2003 年之前，乌兹别克斯坦生产的石油基本自用，少量出口原油和石油产品出口周边塔吉克斯坦、吉尔吉斯斯坦、阿富汗等国。近年来，由于石油产量不断下降，为了保证国内需求，开始大量从哈萨克斯坦进口原油。

乌兹别克斯坦天然气产量仅次于土库曼斯坦，并拥有较为完备和发达的天然气管线。由于国内天然气需求快速增长（天然气在该国能源消费结构中的比例为 83%），再加上政府鼓励发展天然气加工项目，乌兹别克斯坦天然气出口的压力骤增。该国天然气出口管道向北有中亚—中央天然气管道和布哈拉—乌拉尔（Bukhara–Ural）管道[①]输往俄罗斯，向东有中国—中亚天然气管道输往中国，布哈拉—塔什干—比什凯克—阿拉木图（Bukhara–Tashkent–Bishkek–Almaty）管道[②]和加兹里—奇姆肯特（Gazli–Chimkent）管道供应塔吉克斯坦、吉尔吉斯斯坦和哈萨克斯坦。

3. 下游油气炼化领域

乌兹别克斯坦共有 3 座大型炼油厂：费尔干纳炼油厂（年加工能力 550 万吨）、布哈拉炼油厂（年加工能力 250 万吨）和阿尔特阿雷克炼油厂（年加工能力 320 万吨），总炼油能力为 1120 万吨。近年来，由于石油产量不断下降，石油产品加工量和炼油企业的加工水平也受到很大影响。截至 2014 年 1 月 1 日，该国原油年加工能力为：原油加工 1121.4 万吨、减压蒸馏 242.1 万吨、焦化 97.2 万吨、热加工 49.8 万吨、催化重整 101.0 万吨、加氢处理 163.3 万吨。[③]

乌兹别克斯坦天然气多半硫含量高，需经过加工处理。该国有 3 家大型天然气加工企业：穆巴列克天然气加工厂（年加工能力 300 亿立方米）、舒尔坦天然气加工厂（年加工能力 200 亿立方米）和舒尔坦天然气化工综

---

① 布哈拉—乌拉尔管道从乌兹别克斯坦布哈拉的加兹里气田沿咸海西海岸经过哈萨克斯坦，在乌拉尔汇入俄罗斯天然气输送系统。建于 1963~1965 年，全长 1420 千米，设计年输送能力为 150 亿立方米。

② 布哈拉—塔什干—比什凯克—阿拉木图管道为 1961 年修建，从乌兹别克斯坦布哈拉州加兹里市，经塔吉克斯坦和吉尔吉斯斯坦，到达哈萨克斯坦南部人口密集区，为塔、吉、哈三国供应天然气。

③ 石卫：《2013 年世界主要国家和地区原油加工能力统计》，《国际石油经济》2014 年第 5 期。

合体（年加工能力40亿立方米）。

近年来，在石油开采量下降的情况下，乌兹别克斯坦开始积极关注天然气行业的发展，提高资源类产品的出口附加值以创造更多外汇收入。2008年5月，乌兹别克斯坦国家石油天然气公司（Uzbekneftegaz，简称“乌油气”）和韩国财团组建乌兹别克斯坦—韩国天然气化工合资公司（Uz Kor Gas Chemical），在苏尔吉利气田基础上实施乌斯秋尔特天然气化工综合体项目。该项目投资额超过40亿美元，2012年开始建设，2016年5月竣工投产，年加工天然气45亿立方米，可生产37亿立方米商品气、38.7万吨聚乙烯、8.3万吨聚丙烯、11.2万吨热解汽油等。其中，聚乙烯和聚丙烯出口至独联体其他国家、东亚和欧洲国家。[①]2009年上半年，乌油气与马来西亚国家石油公司（Petroliam National Berhad）和南非萨索尔（Sasol）有限公司达成协议，建立合资公司，在舒坦斯基天然气化工基地建设综合性能源设施。2012年春，乌油气和新加坡Indorama集团成立合资公司UzIndorama Gas Chemical，投资25亿美元，在穆巴列克天然气加工厂基础上建设化工综合体，年产49.2万吨聚乙烯、6.6万吨凝析气和5.3万吨热解汽油。[②]2016年2月，由于国际油价下跌和无法解决融资问题，该化工综合体项目被暂缓。同年4月，坎德姆天然气加工综合体开工奠基仪式在布哈拉州举行，建成后将成为中亚地区最大的天然气加工企业。坎德姆天然气加工综合体位于乌兹别克斯坦布哈拉州坎德姆气田内，该项目由乌油气与俄罗斯卢克石油公司共同建设，包括年加工能力81亿立方米的天然气加工厂、114口开采井、11个开采平台、4个采气中心、370千米天然气管道、160千米公路。项目一期投资33亿美元，其中卡德姆天然气加工厂的建设由以韩国现代能源为首的韩国企业联合体承担，造价26.62亿美元，将于2018年完工。[③]

① 驻乌兹别克经商参处：《韩国总理黄教安对乌兹别克斯坦进行国事访问》2016年5月25日，http://uz.mofcom.gov.cn/article/jmxw/201605/20160501325253.shtml。

② 驻乌兹别克经商参处：《乌兹别克斯坦暂停25亿美元化工综合体项目》2016年2月17日，http://uz.mofcom.gov.cn/article/jmxw/201602/20160201256320.shtml。

③ 驻乌兹别克经商参处：《乌兹别克斯坦开工建设中亚地区最大天然气加工综合体》2016年4月21日，http://uz.mofcom.gov.cn/article/jmxw/201604/20160401302520.shtml。

四、吉尔吉斯斯坦和塔吉克斯坦

吉尔吉斯斯坦和塔吉克斯坦的油气资源较少。其中，吉尔吉斯斯坦石油探明储量 1.013 亿吨，天然气探明储量 72.6 亿立方米；塔吉克斯坦探明储量为石油 1.2 亿吨和天然气 8800 亿立方米。[①] 因资源开采难度大（大部分埋藏在 7000 米深的地下）、资金和技术匮乏、基础设施落后，两国在短期内难以进行大规模勘探开发。由于国内油气供需紧张，两国政府不得不花费大量外汇从邻国俄罗斯、哈萨克斯坦和土库曼斯坦进口。

（一）油气开发历史与现状

尽管属于油气工业不发达的国家，吉、塔两国都有上百年的油气勘探开发历史。吉尔吉斯斯坦 1898 年开始钻井，1903 年第一口油井投入生产。

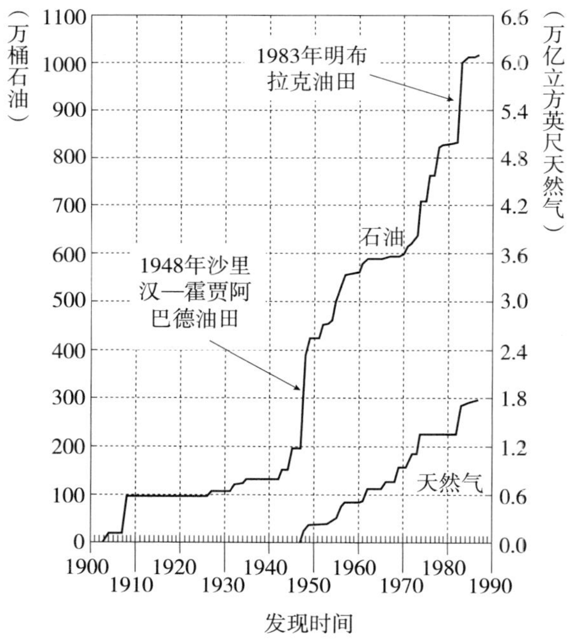

图 2-4 费尔干纳盆地探明可开采石油和非伴生天然气

资料来源：U.S. Energy Information Administration: Oil and Gas Resources of the Fergana Basin-Uzbekistan, Tadzhikistan, and Kyrgyzstan, December 1994, p.7.

① 中华人民共和国商务部:《对外投资合作国别（地区）指南——吉尔吉斯斯坦（2015）》, 第 3 页。

塔吉克斯坦 1906 年在费尔干纳盆地发现油田，1910 年钻出第一口油井，1970 年首次开采出天然气。

费尔干纳盆地是两国重要的石油和天然气产地。20 世纪七八十年代，在中央大量拨款的推动下，两国在费尔干纳盆地不断发现新油气田和新油气矿床。尤其是 1948 年发现的沙里汉—霍贾阿巴德（Sharikan-khodzhiabad）油田和 1983 年发现的明布拉克（Mingbulak）油田，将费尔干纳盆地的储量大幅提高。1979 年，塔国油气产量达到高峰，原油 41.8 万吨、天然气 5.2 亿立方米；1985 年，吉国油气产量达到高峰，原油 32 万吨、天然气 3.8 亿立方米。此后，两国油气产量逐年下降。根据乌兹别克斯坦文献资料，费尔干纳盆地总的资源量为 31.76×10^8 吨，目前探明石油地质储量为 1.64×10^8 吨，探明率很低，剩余资源量较大，仍有广阔的油气勘探开发前景。①

（二）油气产业发展现状

吉尔吉斯斯坦独立以后，由于设备老化、缺乏技术专家，油田钻井开采作业逐年萎缩，加上高山地形以及水侵，油气开采困难，采收率低，产量急剧下滑。2015 年，吉国开采石油 10.71 万吨，同比增长 32.5%；开采天然气 3160 万立方米，同比下降 6.5%。② 目前，吉尔吉斯斯坦有 56 个大小不一的油气田，其中的 14 个主要油气田均分布在费尔干纳盆地（20% 分布在盆地北部的边缘构造带，80% 分布在盆地南部构造带）。为了增加国内油气供应，吉国政府一直鼓励外商投资该国油气行业，目前正与 12 家外国公司进行合作。

塔吉克斯坦独立不久即发生内战，整个能源体系遭到破坏，再加上勘探水平和程度低，生产能力下降，至今尚未恢复到苏联解体前水平。2015 年上半年，塔国开采原油 4.04 万吨，同比上升 9.2%；开采天然气 1730 万立方米，同比增加 5.5%。③ 塔吉克斯坦历来被认为是油气资源贫乏的国家，

① 段心建、郑勇、申进等：《吉尔吉斯斯坦油气勘探开发潜力分析》，《中国化工贸易》2015 年第 15 期。

② 驻吉尔吉斯经商参处：《2015 年吉尔吉斯社会经济发展概况》2016 年 2 月 5 日，http://kg.mofcom.gov.cn/article/jgjjqk/hgjj/201602/20160201252969.shtml。

③ 新疆师范大学中亚研究院：《2015 年上半年吉尔吉斯斯坦社会经济发展概况》，2015 年 11 月 4 日，http://ccas.xjnu.edu.cn/s/151/t/194/4e/73/info85619.htm。

然而近年来经过外国公司的勘探，其南部发现数量可观的油气资源，一时引起世界各大石油公司的关注。目前，塔国拥有100多处有开发前景的油气田，其中最具开发前景的油气田包括：北部的东苏别套油气田，预测石油储量为2050万吨，天然气储量为143亿立方米；西南部的连甘气田，预测天然气储量为500亿立方米；卡沙库姆油田，预测石油储量为490万吨；东奥利姆托伊油田，预测石油储量为390万吨；雅尔吉兹卡克气田，预测天然气储量达200亿立方米；萨尔加宗气田，预测天然气储量为300亿立方米。[①]

吉、塔两国是中亚油气出口管道重要的过境国。2013年9月，习近平主席访问中亚，与吉尔吉斯斯坦和塔吉克斯坦签署了关于中国—中亚天然气管道D线建设运营的合作协议。2014年4月，中亚天然气管道公司收到吉尔吉斯斯坦能源与工业部对中亚天然气管道D线吉国段可研报告正面审批结论，标志着D线吉国段报批工作顺利完成。9月，塔吉克斯坦境内段正式开工，工期3年。

吉尔吉斯斯坦有4座炼油厂。吉尔吉斯石化公司是该国第一座炼油厂，由吉尔吉斯斯坦国家石油公司与英国Petrofac国际公司于1996年10月合资组建，位于贾拉拉巴德市，年加工能力50万吨。另一座是与美国合资建成的东方炼油厂，位于比什凯克市，年处理能力18万吨。除此以外，还有中国民营企业投资兴建的2座炼油厂：一座是中亚能源有限责任公司投资近4.31亿美元建成的中大炼油厂，2014年1月投入运行，设计年加工原油80万吨，该炼油项目是吉尔吉斯斯坦建国以来投资规模最大的加工工业项目，也是吉国目前最大的外商投资项目；另一座是新疆国际实业股份有限公司投资6000万美元建成的托克马克实业炼油厂，2015年11月底正式投产，设计年加工原油40万吨。由于历史上的贫油，塔吉克斯坦目前没有成规模的炼油企业，成品油加工几乎空白，国内每年所需的大约300万吨成品油全部依靠俄罗斯进口。

---

①《塔吉克斯坦石油天然气资源储量巨大》，亚欧网，2015年6月3日，http://www.yaou.cn/news/201506/03/15721.html。

五、里海油气开发现状

在探讨中亚地区油气资源时，里海盆地是一个不能忽略的部分。实际上，中亚地区真正的魅力就在于潜力巨大的、尚未开发的里海盆地。苏联解体后，里海沿岸国家由苏联和伊朗两个国家变为俄罗斯、伊朗、哈萨克斯坦、土库曼斯坦和阿塞拜疆五个国家。其中，哈萨克斯坦和土库曼斯坦两国在里海都拥有丰富的油气资源。

（一）里海油气开发历史、资源储量及其重要地位

里海位于亚洲与欧洲的交界处，东北为哈萨克斯坦，东南为土库曼斯坦，西南为阿塞拜疆，西北为俄罗斯，南岸为伊朗。整个海域狭长，海岸线长 7000 多千米，水域面积约为 37 万多平方千米。

里海是中亚地区重要的油气富集区，是世界上最早发现并进行石油开发的地区之一。1901 年里海的原油产量就达到 1100 万吨，占当时世界原油总产量的 50%。在当时的世界石油贸易中，里海占 30%。[①] 然而，当时开采主要集中在里海西岸阿塞拜疆的阿普歇伦半岛，且仅限于陆地开采。“二战”后，苏联能源政策向西西伯利亚倾斜，里海的石油产量逐渐减少，虽有回升，但始终没有恢复至 1940 年的水平。1991 年苏联解体，这一年里海的产量仅 1170 万吨。[②]20 世纪 90 年代，随着海洋石油开采技术的进步以及全球石油需求的扩大，在西方跨国石油公司的参与下，里海再度掀起“淘金热”（Gold Rush），油气勘探工作不断取得令人鼓舞的成果，被认为是继波斯湾和西伯利亚之后的世界第三大油气储藏区。

目前，里海沿岸国家进行的油气勘探开发都是针对沿岸的，地质研究深度不超过 4~5 千米，深层水域尚待勘探开发，而且“由于伊朗和土库曼斯坦在南里海盆地有争议，大约 65% 的石油和 81% 的天然气还未经勘探。北里海盆地亦是如此。”[③] 因此，沿岸各国和各机构公布的里海油气资源储量

---

① 余建华：《21 世纪初里海能源竞争的新态势》，《社会科学》2006 年第 1 期。

② 杨恕、汪金国：《里海石油和中国能源》，《兰州大学学报（社会科学版）》2001 年第 4 期。

③ U.S. Energy Information Administration. *Overview of Oil and Natural Gas in the Caspian Sea Region*, August 26, 2013, p.10.

数据相差悬殊。根据哈国地质学家近期研究结果，里海盆地碳氢化合物为630亿吨油当量。而根据美国能源信息署2013年8月公布的数据，里海探明石油储量为482亿桶，天然气为292万亿立方英尺。①

表 2-2 里海盆地探明和潜在储量

国　家	原油和凝析油 / 十亿桶	天然气 / 万亿立方英尺	国　家	原油和凝析油 / 十亿桶	天然气 / 万亿立方英尺
阿塞拜疆	8.5	51	伊朗	0.5	2
海上	6.8	46	海上	0.5	1
陆上	1.7	5	陆上	—	1
哈萨克斯坦	31.2	104	俄罗斯	6.1	109
海上	15.7	36	海上	1.6	14
陆上	15.5	68	陆上	4.5	95
土库曼斯坦	1.9	19	总　计	48.2	292
海上	1.1	9	海上	19.6	106
陆上	0.8	10	陆上	28.6	186

资料来源：U.S. Energy Information Administration: Overview of Oil and Natural Gas in the Caspian Sea Region, August 26, 2013, p.9.

尽管里海油气资源储量不如波斯湾和西伯利亚，但里海的重要性在于，“在其他能源产地产量普遍出现下降的态势时，该地区的产量在未来增长的潜力非常大”。② 此外，从资源地缘来看，里海的重要性还在于它位于石油心脏地带的中心，东北接中亚天然气富集区，西南接海湾“世界油库”，向北可以延伸到俄罗斯西伯利亚和远东地区，向南可以扩展到北非马格里布，从而形成一个巨型油气资源带。从经济地理上看，该地区北靠俄罗斯市场，东邻中国、日本、韩国等亚太市场，南临南亚次大陆市场，西与欧洲隔黑海相望。“无论从油气地区连接位置，还是从油气供需格局来看，里海都位

① U.S. Energy Information Administration. *Overview of Oil and Natural Gas in the Caspian Sea Region*, August 26, 2013, p.9.

② Klare, Michael. *Resource Wars: the New Landscape of Global Conflict*. Macmillan, 2001, p.85.

于世界油气战略格局的制高点上。”①

（二）中亚国家里海资源开发现状

里海石油和天然气资源分布不平衡，石油主要分布于哈萨克斯坦、俄罗斯和阿塞拜疆三国领海陆架，天然气主要分布在哈萨克斯坦和土库曼斯坦。

哈萨克斯坦和土库曼斯坦在里海能源开发上非常积极。1993 年 12 月，哈萨克斯坦里海大陆架公司与英国、美国、法国、意大利、荷兰、挪威六国跨国石油公司组成国际财团，对哈国属里海水域进行油气勘探。卡沙甘油田和卡拉姆卡斯（Karamkas）油田就是此次勘探的重要成果之一。2003 年 5 月，哈国政府公布《哈萨克斯坦里海地区开发计划》，计划到 2005 年将哈国属里海地区的原油产量提高到 500 万吨，2010 年达到 4000 万吨，2015 年达到 1 亿吨，占全国产量的 2/3。通过吸引外资，哈萨克斯坦对里海 25~29 个海上区块进行石油作业，并对其中的北里海（卡沙甘）、库尔曼加兹、热姆秋什、咸海、图卜卡拉坎、达尔汉、阿巴伊、扎姆贝尔和“H”区块共 9 个区块进行工业开发。目前，俄罗斯、加拿大、印度、日本、韩国、阿曼、中国等国都已加入里海油气开发。2016 年 6 月，哈萨克斯坦与俄罗斯共同制定欧亚项目路线图，②对里海盆地展开地质勘探和钻探工作，预计到 2020 年该国能源开发将以开采海洋原油为主。

土库曼斯坦认为该国油气领域在未来几十年内的发展与其里海大陆架油气资源的开发密切相关，因此对里海能源的开发也非常重视。为了开发里海油气资源，2000 年，在美国西部物探（Western Geco）公司地震勘探工作基础上，土库曼斯坦宣布，土库曼部分属的里海大陆架石油远景储量为 110 亿吨，天然气远景储量为 5.5 万亿立方米，并将其划分为 32 个勘探区块，通过国际公开招标方式吸引拥有先进技术、丰富经验和雄厚资金的外国投资者进行风险开发。目前，已有爱尔兰—阿联酋 Dragon 石油公司、马来西亚国家石油公司、丹麦 Maersk 石油公司、德国 Wintershall 石油公司、

① 吴晓明:《大国策——通向大国之路的中国能源发展战略》，人民日报出版社 2009 年版，第 118 页。

② 欧亚项目主要针对哈萨克斯坦和俄罗斯境内的滨里海盆地陆上及海上的深层勘探。项目实施期为 2015~2020 年，预算成本为 5 亿美元，预计在里海盆地将开发 20 座大型油气构造，每座储量都将超过 2 亿 ~3 亿吨，该项目将使用深井钻探创新技术，打井深度为 14~15 千米。

印度国家油气公司以及俄罗斯扎利特财团等多家外国公司与土国政府签订了产品分成协议。

由于政府的重视和支持，哈萨克斯坦和土库曼斯坦在里海的油气产量逐年提高，里海已成为两国油气产量增长的主要基地。尤其是哈萨克斯坦，开发量占里海油气总产量一半以上，而土库曼斯坦也尚有巨大潜力亟待挖掘。

然而，五国在里海法律地位[①]上迟迟无法达成一致制约了里海油气资源的开发。首先土库曼斯坦与阿塞拜疆两国在里海边界上长期存在争议。比如在两国有争议的塞尔达（阿塞拜疆称“卡巴兹”）油气资源区，1997 年，阿塞拜疆与俄罗斯签约开发该地区，但因土库曼斯坦投诉而无果。此后，阿塞拜疆也阻止了土库曼斯坦与加拿大 Buried Hill 能源公司合作开发该地区的计划。

其次，阻碍了拟议中的海底管线的建设。为了实现对欧洲供气，从 2011 年开始，土库曼斯坦与欧盟、阿塞拜疆积极探讨建设跨里海天然气管道（Trans-Caspian Gas Pipeline，TCGP）的问题。该管道以天然气资源丰富的土库曼斯坦为起点，穿过里海海底，通过水下天然气管道抵达阿塞拜疆巴库，与巴库—第比利斯—埃尔祖鲁姆天然气管道相连，全长 1200 千米，年输气能力 300 亿立方米。阿塞拜疆和土库曼斯坦认为管道位于两国境内，是两国的国家主权问题，但俄罗斯和伊朗以里海法律地位未决和生态环境保护为由表示反对，致使该管道无法落实。

最后，伊朗与土库曼斯坦、阿塞拜疆三国在里海边界上有争议。由于缺乏有效的法律机制和协商机制，里海沿岸国因争夺里海资源而冲突不断，紧张事件频发。2001 年 7 月，伊朗海军驱离在里海南部进行石油勘探的两艘考察船，导致与阿塞拜疆关系陷入紧张，酿成里海问题出现以来首次严重的安全危机。2008 年，阿塞拜疆海岸警备队对为土库曼斯坦石油钻塔工

---

① 里海法律地位问题，即里海到底是海还是湖是里海问题的核心。按照《联合国海洋法公约》（UNCLOS），如果是湖，则资源归沿岸各国共同拥有，须经各方协调后才能进行开发；如果是海，则沿岸各国就可进行划分，并在自己的海域自主地进行各种经济活动。哈萨克斯坦和阿塞拜疆位于里海油气资源丰富的地区，按国际海洋法进行划分对其有利，因此主张里海是海。而俄罗斯和伊朗不甘心失去以前苏伊共管所享有的权益，坚持里海是湖，主张共同开发或进行有限划分。土库曼斯坦立场摇摆不定，后来转向支持哈萨克斯坦。

作的马来西亚和加拿大公司发出警告。2009 年，阿塞拜疆抗议伊朗石油钻塔进入本国水域。2012 年 6 月，阿塞拜疆和土库曼斯坦再度因土国地质学家在双方存在争议地区进行油气勘探而爆发了一场外交口水战。为了保护自己在里海的利益，沿岸国纷纷加强海军力量的建设。哈萨克斯坦 2007 年成立里海海军组建和发展局，加快里海舰队的建设。土库曼斯坦也宣布，在 2015 年前以里海土库曼巴希港为基地建立海军。里海迅速走向军事化。

从中亚各国能源状况来看，哈萨克斯坦和土库曼斯坦油气出口潜力巨大，在中国能源发展战略中的地位尤为突出。第一，在弥补油气缺口方面。哈萨克斯坦原油在中国原油进口总量中占比较小，潜力亟待挖掘。土库曼斯坦天然气占中国天然气进口总量的近一半，随着中国—中亚天然气管道 D 线建成投产，土国在中国天然气进口中的比重还将大幅提高。在中国原油消费增速放缓而天然气消费大增的背景下，土库曼斯坦的地位日益重要。第二，在优化能源结构方面。天然气比煤炭、石油更清洁、环保。在这方面，土库曼斯坦的能源优势非常明显。第三，在油气进口多元化方面。土库曼斯坦天然气在中国天然气进口总量中的比重较大，中国对土库曼斯坦的依赖度较高。第四，在地缘方面。两国都有通往中国的能源管道，但哈萨克斯坦原油不经过第三国，而土库曼斯坦天然气要经过其他四国。第五，在价格方面。根据第一章的分析，土库曼斯坦的天然气拥有极强的价格优势，再综合两国投资环境、开放程度和合作前景等因素，哈萨克斯坦和土库曼斯坦都是中国应给予充分重视的能源合作伙伴国。

第二节　中国与中亚各国的油气合作

丰富的油气资源储量、亟待发展的油气产业和逐步自主的油气管道，中亚地区吸引着包括中国在内的众多外国投资者。

中亚各国独立后，俄罗斯依靠历史形成的竞争优势、西方依靠雄厚的资金和技术优势抢先进入中亚能源领域，瓜分该地区质量优、风险低的油气区块。与俄、美相比，中国进入中亚地区油气领域的时间短、规模小。在中亚各国独立初期，中国国内油气供应基本满足需求，因此并没有对在中亚地区进行大规模油气投资和进口。1997年，中石油进入中亚地区并准备修建中哈原油管道，中国在中亚的能源利益开始形成。但是，这一时期中国对中亚油气领域的投资还主要出于经济的商业利益，而非战略的能源安全。2001年“9·11”事件后，国际能源形势发生剧变，中东陷入持续动荡，国际油价居高不下，能源争夺日趋激烈，日益依赖国际油气供应的中国开始从战略角度看待能源问题，着手调整对中亚地区的能源战略和政策。经过十多年的努力，在中国政府的推动下，以中石油、中石化和中海油三家国有企业为主、以民营油气企业为辅的中国油气军团在中亚地区逐步站稳脚跟。总体上看，中国与中亚地区的油气合作始于哈萨克斯坦，逐步向土库曼斯坦和乌兹别克斯坦扩展，合作领域主要集中在油气田开发、管道建设及相关技术服务。中国与中亚各国的油气合作既增强了中国能源保障能力，也促进了中亚当地经济发展和民生改善。

一、与哈萨克斯坦的油气合作

哈萨克斯坦是中亚地区油气资源最丰富的国家，也是最早确立“资源立国”战略的国家。1998年，纳扎尔巴耶夫在国情咨文《哈萨克斯坦2030年发展构想》中提出进入世界十大产油国行列的设想，明确以能源工业拉动国民经济发展的战略。为了吸引外国投资，哈萨克斯坦给予外资和外国投资者国民待遇，实施了一系列鼓励和优惠政策，比如对原油及石油加工品出口免征关税，甚至低价转让油气田勘探开发权等。这使得哈萨克斯坦成为中亚地区吸引外资最多的国家，其中大部分外资都投入矿产资源领域。2015年9月30日，世界经济论坛发布的《2014~2015年全球竞争力报告》显示，在全球最具竞争力的140个国家和地区中，哈萨克斯坦排第42位，在独联体中位居第1位。

哈萨克斯坦的巨大资源潜力和良好投资环境吸引了包括中国在内的外国投资者。在中亚国家中，中国与哈萨克斯坦的油气合作不仅是最早的，也是合作领域最广泛、合作规模最大的。1997年9月，中哈两国签署《关于在石油和天然气领域合作的协议》，中石油与哈国能源资源部签署《关于油田开发和管道建设项目的总协议》，中国石油企业开始进入哈国油气勘探开发领域，在油气田开发、管道建设和运营、工程技术服务和下游炼化领域展开务实合作。

（一）油气田开发

1. 阿克纠宾油气项目

1997 年 6 月，中石油击败美国、加拿大、日本等国石油公司，以 3.2 亿美元购买哈萨克斯坦阿克纠宾油气股份公司 60.3% 的股份，获得该公司资产经营管理权。2003 年，中石油再购 25.12% 股份。目前，中石油拥有中油阿克纠宾股份有限公司 85.42% 股份。阿克纠宾油气项目是中石油在中亚地区获得的第一个油气合作项目，由此拉开了中国与中亚油气合作的序幕。

阿克纠宾油气股份公司为国家股份公司，由于经营不善背负大笔债务，濒临破产。该公司辖让纳若尔和肯基亚克两个油田，肯基亚克油田又包括盐上和盐下两个油藏。其中，让纳若尔油田、肯基亚克盐上油田都是开发三十多年的老油田，临近衰减期，肯基亚克盐下油田也是地质复杂难开采的油田。

中石油接管阿克纠宾油气项目以来，通过增加投资、完善管理、技术创新，改变了老油田亏损局面，油气产量连年增长。这个项目原油年产量由 1997 年的 263 万吨增长到 2010 年的 628 万吨，到 2014 年底，已连续五年年产油气当量 1000 万吨以上，累计生产原油 8817 万吨、天然气 534 亿立方米。[①] 作为当地政府的支柱企业，中油阿克纠宾油气股份公司为阿克纠宾州贡献了 70% 以上的税收。阿克纠宾项目还积极支持当地公益事业。2010 年，中油阿克纠宾油气股份公司获得哈国总统颁发的“企业年度最佳社会责任总统奖”。

中石油在阿克纠宾油气项目上的突出表现，得到哈国政府和民众的积极肯定和赞誉，为扩大在哈国的油气合作打下了良好基础。21 世纪初，中石油相继成功收购哈萨克斯坦境内若干油气资产股份。

---

①《中亚油气合作之阿克纠宾项目发展巡礼》，中国石油新闻中心，2015 年 3 月 5 日，http://www.cnpc.com.cn/cnpc/gjyqxgdt/201503/44c01817b01d4f40b39f5f15d19bc4d8.shtml。

2. 北布扎奇油田项目

2003 年 9 月，中石油分别从沙特阿拉伯尼米尔（Nimir）石油公司和美国雪佛龙—德士古（Texaco）公司收购雪佛龙—德士古北布扎奇有限公司 35% 和 65% 的股份。目前，中石油和俄罗斯卢克石油公司各持有北布扎奇油田 50% 的股份。

在中石油接手北布扎奇油田前，尼米尔石油公司和雪佛龙—德士古公司在该油田一直没有重大突破。接手北布扎奇油田项目标志着中石油开始进入哈国风险勘探开发领域。进入北布扎奇项目后，中石油调整采油技术方案，使得该油田原油年产能由 2004 年的不足 50 万吨迅速上升到 2014 年的 200 万吨。

3. 哈萨克斯坦石油公司项目

2005 年 10 月，中石油收购哈萨克斯坦石油公司（Petro Kazakhstan），完成了当时中国石油企业最大的海外收购。2006 年 7 月，中石油将哈萨克斯坦石油公司 33% 的股份转给哈油气。目前，中石油拥有哈萨克斯坦石油公司 67% 的股权。

收购前，哈萨克斯坦公司经营已陷入难以为继的境地。收购后，中油国际（PK）有限责任公司在油气勘探开发、炼油生产、经营管理等方面进行调整，使得企业形象焕然一新，原油产量连续多年稳产千万吨以上。目前，哈萨克斯坦石油公司已成为哈国第三大外国石油生产商、最大的炼化产品供应商和最大的轻质油生产商之一。该公司尊重多元文化，关注当地发展，注重环境保护。2011 年，中油国际（PK）有限责任公司获得哈国“企业社会贡献总统金奖”。

4. KAM 项目

2004 年 11 月，中石油收购 Kuat Amlon Muani 合资公司 50% 的股权。目前，中石油在 KAM 项目肯尼斯和贝克塔斯两个油田分别拥有 25% 的权益。到 2013 年，KAM 项目原油产量比 2004 年增加了一倍。

5. ADM 项目

2005 年 1 月，中石油收购 Ai-Dan-Munai 石油股份公司在哈萨克斯坦项目 100% 的权益，获得该公司拥有的阿雷斯和布里诺夫两个勘探区块的勘探许可证。接管 ADM 项目以来，中石油展开了全面的勘探工作。到 2014 年底，ADM 项目已经完成 4 口探井、4 口评价井的钻探工作。其中，7 口井发现了油层，钻探成功率为 87.5%。

6. 曼格什套项目

2009 年 4 月，中石油与哈油气签署《关于扩大石油天然气领域合作及 50 亿美元融资支持的框架协议》。与此同时，双方与中亚石油公司签署《联合收购曼格什套油气公司的协议》。中石油向哈油气提供 50 亿美元贷款，以“贷款换石油”[1]（Loan for Oil）的方式联合收购曼格什套油气公司（Mangistau Munai Gas）。与此前并购不同的是，此次中石油并不控股曼格什套油气公司。

曼格什套项目两大主力油田是开发四十多年的老油田，基础设施投入严重不足，产量快速递减。收购后，通过技术整合、投资优化和销售增效等手段，老井递减得到控制，新井产量得到大幅提高。该项目原油产量连年增长，经济效益大幅攀升，接管三年就回收了全部收购资金。五年来，该项目原油日产保持在 1.73 万吨，比 2009 年接管时多出了 2000 吨。2014 年，该项目与哈国东部石油公司进行串换销售，每月通过中哈原油管道销售 1.5 万吨原油到中国。“贷款换石油”模式保证中国获得稳定的石油供应，还能发挥外汇储备投资多元化的功能。

7. 乌里赫套气田

2009 年 10 月，中石油与哈油气签署《关于联合开发乌里赫套气田的框架协议》。2011 年 2 月，中石油与哈油气根据《关于哈萨克斯坦乌里赫套项目合作的原则协议》成立合资企业，联合勘探开发乌里赫套气田，为中哈天然气管道二期提供气源保障。

除中石油以外，中石化国际石油勘探开发公司（SIPC）收购美国第一国际石油公司（First International Oil Company），获得该公司在哈萨克斯坦的

---

① “贷款换石油”是中国创新的一种国际石油贸易模式。与从国际石油市场上直接购买“贸易油”和直接投资海外获取“份额油”不同，它主要利用中国资本和外汇充裕的优势，由政策性银行或国家控股的商业银行出资，使用外汇储备向其他发展中国家的能源开发提供贷款，中国获得按一定价格购买石油产量作为投资回报的权利。

五个勘探区块和萨赞库拉克（Sazankurak）油田。此外，近年来，越来越多的中国民营企业通过并购积极参与哈国油气资源的开发。

（二）油气管道建设和运营

1. 中哈原油管道

2004 年 5 月，中石油与哈油气签署《关于哈萨克斯坦共和国阿塔苏至中华人民共和国阿拉山口原油管道建设基本原则协议》，中哈原油管道建设正式启动。7 月，中石油下属勘探开发公司（CNODC）和哈萨克石油运输公司（KTO）共同成立中哈管道有限责任公司（KCP），负责中哈原油管道的项目投资、工程建设、管道运营管理等业务。

中哈原油管道从哈国西部的阿特劳，经肯基亚克、库姆科尔和阿塔苏，由中哈边界的阿拉山口进入新疆，到达阿拉山口—独山子输油管道首站，全长 2828 千米，年输油能力为 2000 万吨。管道分三期建设。前期工程从肯基亚克到阿特劳，全长 448 千米，输油能力为 600 万吨 / 年，2003 年 5 月运营。一期工程从阿塔苏到阿拉山口，全长 962 千米，设计输油量 1000 万吨 / 年，2004 年 9 月动工，2006 年 7 月运营。二期工程分两个阶段：一阶段从肯基亚克到库姆科尔，全长 792 千米，2008 年 4 月建设，2009 年 10 月商业运行；二期二阶段将对全线的站场进行改扩建。2013 年起，中哈原油管道全线贯通。当年 4 月，中石油与哈油气签署了《关于中哈原油管道扩建原则协议》，扩大中哈原油管道的管输量。中哈原油管道是哈萨克斯坦唯一一条不经过第三国的原油出口管道和中国首条陆上原油进口管道，在两国能源发展中具有战略意义和重要地位。

2. 中哈天然气管道一、二期项目

2007 年 8 月，中哈两国政府签署了《关于中哈天然气管道建设和运营的合作协议》，确定中国—中亚天然气管道过境哈萨克斯坦。2008 年 2 月，中石油下属中亚天然气管道有限公司（Trans-Asia Gas Pipeline Company Limited）和哈萨克天然气输送股份公司（KTG）合资成立中亚天然气管道有限责任公司，负责哈国境内段管道建设和运营。

2008 年 11 月，中石油与哈油气签署《关于在天然气及天然气管道领域扩大合作的框架协议》，从 2014 年起，哈国每年向中国—中亚天然气管道 C

线（即中哈天然气管道一期）输送50亿立方米的天然气，并共同出资建设中哈天然气管道二期，即别伊涅乌—博佐伊—奇姆肯特天然气管道（Beineu-Bozoi-Chimkent）。中哈天然气管道二期从哈国西部里海地区曼格斯套州的别伊涅乌，途经阿克纠宾州的博佐伊，在南哈萨克斯坦州奇姆肯特与中国—中亚天然气管道连接，全长1454千米；该管道途经哈萨克斯坦南部14个城市，设计年输气能力100亿至150亿立方米。管道分两个阶段建设：第一阶段为博佐伊至奇姆肯特，长1143千米，2012年7月开工，2013年9月竣工；第二阶段为别伊涅乌至博佐伊，长311千米，计划2015年建成通气。中哈天然气管道二期可以缓解哈国南部供气不足问题，同时带动乌里赫套气田的开发。未来产气量增加后还可以通过该管道输往中国。

（三）工程技术服务

在中国利用海外油气资源的发展战略中，除了在世界各地实施海外油气项目的石油企业外，还有很多具备国际竞争力的工程技术服务在全球能源行业和市场发挥重要作用。2004年8月，中石油大庆油田下属的工程建设公司首次进入哈萨克斯坦能源市场，先后完成了肯基亚克盐下油田转油站安装工程、让纳若尔第三油气处理厂产品储运区一期安装工程和第三油气处理厂自备电站安装工程、阿克纠宾希望油田第四油气处理厂安装工程。2008年，中石油获得中信测井项目、SAGIZ测井射孔项目，形成了阿克纠宾、阿克套、阿特劳和克兹拉尔达四个规模市场。2012年1月，该公司获得承建扎纳诺尔油田天然气处理及综合利用工程第三油气处理厂Ⅱ、Ⅲ期油气处理区工程新订单。在哈萨克斯坦众多的石油服务公司中，长城钻井公司（Greatwall Drilling Company）独树一帜。它是中国成立最早、规模最大、实力最强的海外钻井公司，也是哈萨克斯坦最大的钻井承包商，拥有超过20台钻机。在阿克纠宾项目中，该公司采用两性离子聚合物优质钻井液及油气层保护等先进钻井技术，攻克了盐下巨厚岩层等重要技术难关。在肯基亚克油田，该公司在极其复杂的油藏地区打一口成一口，并使该油田单井日产油量大幅提升。

（四）油气下游炼化

2009年10月29日，中石化炼化工程有限公司与阿特劳炼油厂签署新建芳烃生产装置项目的总承包合同。2010 年 6 月，中信建设联合体签约阿克套塑料厂道路沥青装置项目。2013 年 12 月，阿克套沥青厂成立。“这个沥青厂项目是中国和哈萨克斯坦迄今在非资源领域最大的合作项目，也是哈萨克斯坦独立后兴建的第一座现代化石油加工厂”。①2015 年 10 月，该厂通过在石油沥青中加入聚合成分 SBS 获得改性沥青，能够使路面铺设使用期限提高 1.5~2 倍。2012 年 1 月，中石化炼化工程有限公司与日本丸红株式会社、哈萨克工程服务公司组成联合体，与阿特劳炼油厂签署承包建设原油深加工工程项目的 EPC 合同。2014 年 2 月，中国石油工程建设公司（CPECC）与哈萨克斯坦 PKOP 公司（Petro Kazakhstan Oil Products Company）签署合同，决定在奇姆肯特炼油厂建立石脑油异构化装置。

此外，两国还存在石油来料加工合作。从 2012 年起，哈国对中国出口原油免税，原油在中国炼油厂加工至成品再返回哈国销售。然而此举严重影响俄罗斯石油化工产品向哈萨克斯坦的出口，俄罗斯深感焦虑。2013 年底，俄罗斯延长了与哈在石油和石油产品供应方面的经贸合作协议，将继续免税向哈出口石油产品。2014 年 1 月，哈获得生产原油的技术替代权，俄罗斯石油进入巴甫洛达尔炼油厂，俄出口商也获得了与哈同等的原油出口量。② 此后，出口中国的哈原油每季度开始减少。

总之，作为中亚油气领域的“后来者”，中国石油企业的投资和市场方面的机会较少，不得不投资质量低、风险高的油气项目。尽管如此，经过 18 年的发展，中国已在哈萨克斯坦形成以中石油为主力军，集勘探开发、管道运输、炼油化工和产品销售为一体的完整油气产业链。“2013 年，作为中国最大的中亚投资企业，中国石油在哈萨克斯坦的权益产量占其全国总产量的比重超过 1/3，而中国石油参与（即拥有权益）的全部项目的合计产量占其全国总产量比重超过 1/2。”③

---

①《丝绸之路谱新篇——中信建设丝绸之路经济带项目建设侧记》，《人民日报（海外版）》2014 年 9 月 5 日，第 5 版。

② 驻哈萨克经商参处：《中俄哈构筑石油三角关系》，2015 年 11 月 20 日，http://kz.mofcom.gov.cn/article/ztdy/201511/20151101191241.shtml。

③ 许勤华：《中国能源国际合作报告（2013~2014）》，中国人民大学出版社 2014 年版，第 91 页。

尽管我国对哈投资取得了不错的成绩，但目前依然很难打破西方主导的局面。苏联解体后，意大利埃尼公司、法国道达尔公司、英国荷兰壳牌公司、美国雪佛龙公司、埃克森—美孚公司和康菲公司等欧美跨国石油企业迅速进入哈萨克斯坦油气领域，获取田吉兹、卡沙甘和卡拉恰干纳克优质油田的重要份额，成为哈国最重要的外来投资主体。在卡沙甘油田，阿吉普国际财团包括意大利埃尼公司、英国荷兰壳牌公司、美国埃克森—美孚公司、法国达道尔公司和日本国际石油开发株式会社，分别拥有16.67%、16.67%、16.67%、16.67%和8.33%的股份。在田吉兹油田，田吉兹雪佛龙公司是哈国最大的油气生产商，美国雪佛龙公司、埃克森—美孚公司分别拥有50%、25%的股份。在卡拉恰干纳克油气田，卡拉恰干纳克石油财团中英国天然气公司、意大利埃尼公司、美国雪佛龙公司分别拥有29.25%、29.25%、18%的股份。

中国参与里海油气开发的进程也因西方跨国公司的干预而一波三折。2003年3月，中石化和中海油联手竞购英国天然气集团（British Gas）卡沙甘油田16.67%的权益，但被西方五大石油公司联手行使股东优先购买权而挡在门外。2005年6月，美国外国投资委员会（CFIUS）以威胁国家安全为由，阻挠中海油竞购美国优尼科（Unocal）石油公司。该公司拥有里海大型油田10%的权益和BTC管道超过8%的股份。迫于政治压力，中海油退出竞购，中国进入里海的努力再次无果而终。中海油竞购失败的原因有很多，但美国政府将能源问题政治化是重要原因之一。2005年8月，情况开始出现转机，中石油与哈油气签订《关于中石油参与哈属里海水域达尔汉石油天然气区块开发问题的相互谅解备忘录》，中国石油企业获得勘探和开发哈属里海水域中部油田的机会。2013年9月，中石油与哈油气签署《关于卡沙甘项目购股确认协议》，中石油收购哈油气所持卡沙甘油田8.33%的股权，终结了美国等西方国家在里海能源领域的垄断地位。

此外，中国在哈萨克斯坦油气管道建设遭遇俄罗斯的强力干扰。苏联时期，中亚各国的油气管道与苏联内部官网相连，中亚地区所有油气资源需经过苏联输往其他国家和地区。苏联解体后，俄罗斯虽然难以左右哈萨克斯坦上游领域的私有化进程，但一直极力控制哈萨克斯坦的油气出口通道。俄罗斯把任何参与中亚里海地区油气开发的国家都看作是一种威胁，把在中亚地区修建的任何新管道都看作是对其垄断地位的挑战。客观地讲，中哈原油管道的建成与运营削弱了俄罗斯在哈萨克斯坦的传统利益，因此，俄罗斯想尽办法抢夺油源并扩大油气过境量。在中国与哈萨克斯坦签署修建原油管道的协议后，哈俄达成协议，扩大阿特劳—萨马拉管道运输量，哈国每年通过该管道输送不少于1500万吨的原油。在中哈原油管道建成后，俄罗斯表示愿意向中国提供额外管输原油，并通过中哈原油管道进行运输。此举在一定程度上巩固和提高了俄罗斯油气转运国的地位。

近年来随着哈萨克斯坦在国际能源格局中地位的日益提高，为了实现国家利益最大化，哈萨克斯坦开始频繁修改和补充油气行业法律法规，加强国家对油气行业的控制与监管。同时，哈萨克斯坦已不满足于单纯的油气开采，而是力图通过政策调整引导能源相关产业部门的发展。与俄美投资项目的股权不同，中国石油企业往往追求控股权，进而掌握绝大多数油气项目的控股权，这有可能触动对方的政策底线，造成该国对中国不必要的疑虑。尽管如此，在哈国下游油气炼化、石油化学工业等新兴重点发展领域，中国与哈萨克斯坦还是有很大的合作潜力有待挖掘。

二、与土库曼斯坦的油气合作

土库曼斯坦是中亚地区唯一的中立国。自独立以来，土库曼斯坦确定了“能源优先”的经济发展方针，形成了明确的能源发展战略。

首先，为实现国家对油气资源利用管理领域的监督，整合国内能源生产部门，明确国家在能源领域中的主导地位。2005年8月，尼亚佐夫批准《油气资源法》修订案，强化总统对资源开发的绝对控制权，提升油气工业和矿产资源部在对外能源合作中的地位。2007年3月，新总统别尔德穆哈梅多夫签署命令，决定组建总统直属国家碳氢化合物利用管理署，对参与土国境内燃料能源领域项目的所有外国企业和本国各个相关部门的活动进行监督。2012年4月，土国议会通过《关于补充修订〈土库曼斯坦碳氢化合物资源法〉的法律》，进一步强化了该署的职能范围。

其次，扩大油气开采量和出口量。《2020年前油气行业发展战略》规定了土国石油、天然气在21世纪头20年的长期任务。为了提高油气产能，土国颁布了一系列能源法律法规和优惠政策，吸引具备先进设备、管理经验和技术的西方跨国石油企业，一些西方著名的石油企业，如优尼科公司、壳牌公司、美孚公司等，都与土国政府签订了石油和天然气开采的协议。[①]由于天然气出口长期受制于俄罗斯，尼亚佐夫总统1999年颁布《至2010年前社会经济改革战略》，制定了能源出口多元化的战略，力求掌握能源供应主动权。近年来，土库曼斯坦通过巩固传统市场（俄罗斯和伊朗）、扩大新兴市场（中国）、开拓潜在市场（东南方向及欧洲），能源出口多元化逐渐从构想走向现实。

最后，将开发土属里海水域油气资源作为优先方向。在里海油气资源勘探开发方面，土国石油康采恩正按照《土库曼斯坦2030年石油天然气综合体发展纲要》的要求，加速推进里海浅水区北戈图尔杰比5个勘探井和10个出油井的钻探工作；同时，在里海中部和深部区域的系列勘探开发中，进行国际招标，开展国际合作。土库曼斯坦认为开发里海资源以产品分成的形式作为谈判筹码较为有利，明确了“土库曼斯坦油气工业和矿产资源部根据土库曼斯坦内阁主席（即总统本人）的决定代表土库曼斯坦方面与外国公司签订产品分成协议”。[②]

2000年7月，江泽民主席访问土库曼斯坦，中石油与土库曼斯坦石油部签署了石油天然气领域合作备忘录，中国开始进入该国能源领域，在油气田开发、天然气管道建设和运营以及工程技术服务方面展开合作。

（一）油气田开发

土库曼斯坦的陆上资源勘探开发基本不对外国投资者开放，但是为了完成中土签署的天然气购销合同，土库曼斯坦允许中国石油企业在阿姆河右岸独资、南约洛坦天然气田合资进行开发。

1. 古穆达克油田项目

2002年1月，中石油与土库曼斯坦石油康采恩签署《古穆达克油田提

---

①［美］玛莎·布瑞尔·奥卡特：《中亚的第二次机会》，李维建译，时事出版社2007年版，第111页。

② 驻土库曼经商参处：《土库曼斯坦修订〈油气资源法〉》，2005年8月24日，http://tm.mofcom.gov.cn/article/jmxw/200508/20050800298573.shtml。

高采收率技术服务合同》，获得古穆达克油田 100% 的权益，合同期五年。通过一系列技术改造，半年内该油田原油产量迅速回升。

2. 阿姆河右岸天然气勘探开发项目

为了促进能源出口多元化，2006 年 4 月，在尼亚佐夫访华期间，中土两国签署《关于实施中土天然气管道项目和土库曼斯坦向中国出售天然气的总协议》。然而，尼亚佐夫在年底突然逝世，该协议能否落实成为悬念。

为维护在土库曼斯坦天然气出口和过境上的主导权，2007 年 5 月，俄罗斯与哈、土、乌三国达成协议，对中亚—中央天然气管道进行更新改造，并沿此线路铺设新的沿里海天然气管道，作为对中土天然气管道的回应，并试图强化对中亚能源出口线路的控制。此外，俄罗斯还提出以“欧洲价格”购买土库曼斯坦和乌兹别克斯坦的天然气，抢占并围堵中国的天然气来源。事实上，俄土两国对“欧洲价格”的概念存在分歧，俄罗斯以乌克兰、土库曼斯坦以德国的天然气价格作为欧洲平均价格的标准，双方一直未能就天然气价格达成一致。

新总统别尔德穆哈梅多夫继续奉行能源出口多元化政策。2007 年 7 月，别尔德穆哈梅多夫访华，中石油与土库曼斯坦油气资源利用署、天然气康采恩签署了土库曼斯坦阿姆河右岸天然气产品分成合同和中土天然气购销协议，从而使原协议得到了具体落实。根据协议，从 2009 年起的 30 年内，土国将通过中土天然气管道，每年向中国出口 300 亿立方米的天然气，其中，170 亿立方米来自商业购买，130 亿立方米来自中石油在阿姆河右岸勘探开发天然气的产品分成。为确保中土天然气管道项目的原料供应，土国第一次把陆上阿姆河右岸天然气区块交给外国公司开采。8 月，中石油获得别尔德穆哈梅多夫总统颁发的《阿姆河右岸勘探开发许可证》，阿姆河右岸项目正式启动。2008 年，中石油与土天然气康采恩签订天然气购销协议技术协议，进一步扩大阿姆河天然气勘探开发项目的合作范围。

阿姆河天然气勘探开发项目是中国规模最大的境外天然气勘探项目，它位于土库曼斯坦阿姆河右岸巴格德雷合同区，分 A、B 两个区块。经过老井修复和新井开发，A 区块萨曼杰佩气田探明储量大幅增加。B 区块的勘探也取得重大进展，南部、东部和中部勘探获得重要发现。2011 年，中部勘探获得高产油气流，产能建设进入施工阶段。

2008 年 6 月，阿姆河天然气项目第一天然气处理厂（60 亿立方米 / 年产能）开工。2009 年 12 月，阿姆河天然气项目第一天然气处理厂建成，开始通过中国—中亚天然气管道向中国输送合格商品气。2011 年 12 月，阿姆河天然气项目第二天然气处理厂（90 亿立方米 / 年产能）开工。2014 年 6 月，该处理厂建成投运。

3. 复兴气田项目

2008 年 8 月，胡锦涛主席访问土库曼斯坦，中土两国签署《扩大 100 亿立方米天然气合作框架协议》。根据该协议，土库曼斯坦每年将向中国增供 100 亿立方米天然气。该协议的气源地为南约洛坦气田。

2009 年 12 月，根据中石油授权，川庆钻探与土国天然气康采恩签署《南约洛坦气田年产 100 亿立方米商品气产能建设 EPC（总承包）合同》，在南约洛坦气田钻探和建立年 100 亿立方米产能的天然气处理厂。2013 年 9 月，复兴气田第一天然气处理厂竣工投产。

2013 年 9 月，习近平主席访问土库曼斯坦，中石油与土国天然气康采恩签署《关于土库曼斯坦加尔金内什气田 300 亿立方米 / 年商品气产能建设工程设计、采购、施工（EPC）交钥匙合同》和《关于土库曼斯坦增供 250 亿立方米 / 年天然气的购销协议》。根据协议，土库曼斯坦每年向中国增供 250 亿立方米天然气；中石油承建土国加尔金内什气田二期地面工程的钻井、设计、采购、施工（EPC）交钥匙工程，2018 年底建成年产 300 亿立方米商品气处理厂。该项目是近年全球最大的 EPC 总承包项目之一。2014 年 5 月，复兴气田年产 300 亿立方米增供气 EPC 总承包项目开工，生产的天然气将供应中国市场。

（二）天然气管道建设与运营

2007 年 8 月、2008 年 6 月和 2008 年 7 月，中国—中亚天然气管道土库曼斯坦段、乌兹别克斯坦段和哈萨克斯坦段分别开工建设。2007 年 8 月，中石油成立中亚天然气管道有限公司（Trans-Asia Gas Pipeline Company Limited）负责中国—中亚天然气管道项目施工、投资管理、技术开发和运营管理。随后，该公司与哈萨克斯坦、乌兹别克斯坦成立合资公司，分别作为两国境内管道建设和运营的法律主体。

中国—中亚天然气管道是中国第一条跨国天然气管道，也是世界最长的天然气输送管道。管道分 A、B、C、D 四线铺设。A、B 线为同期双线铺设，起点在阿姆河右岸的土乌边境，经乌兹别克斯坦中部和哈萨克斯坦南部，从阿拉山口入境，与西气东输二线相连，全长约 1 万千米，设计输气能力 300 亿立方米 / 年。两线分别于 2009 年 12 月和次年 10 月实现通气投产。C 线起点在土乌边境，经乌、哈，在新疆霍尔果斯入境，与西气东输三线相连，单线长 1830 千米，设计输气能力 250 亿立方米 / 年（包括土库曼斯坦天然气 100 亿立方米 / 年，乌兹别克斯坦 100 亿立方米 / 年，哈萨克斯坦 50 亿立方米 / 年），已于 2014 年 5 月投产。D 线始于土库曼斯坦，经乌、塔、吉进入中国新疆，在乌恰与规划中的西气东输五线相连，全长 1000 千米，设计输气能力 300 亿立方米 / 年。

（三）工程技术服务

土库曼斯坦鼓励外国公司通过油气工程技术服务的方式参与陆上油气开发。过硬的工程质量、良好的业绩和信誉，使中国的钻探、井下作业以及工程技术公司在土库曼斯坦赢得一个又一个大单。新签大型工程承包项目包括中国石油集团川庆钻探工程有限公司承建土库曼斯坦钻井总包项目、中国石油集团工程设计有限责任公司承建南约洛坦 100 亿产能建设项目、中石化胜利石油工程有限公司承建土库曼巴格德亚雷克钻井项目等。[①]

总之，天然气合作是中国与土库曼斯坦油气合作的亮点。目前，土库曼斯坦是中国最主要的天然气进口来源，中国是土库曼斯坦最大的天然气销售市场。根据《BP 世界能源统计年鉴（2016）》，2015 年土库曼斯向中国出口天然气 277 亿立方米，占中国天然气进口总量的 46%，占土库曼斯坦天然气总产量的 38%、总出口量的 73%。

但是，土库曼斯坦对外国油气公司的投资行为有诸多限制，除了风险大、开采难的里海大陆架油气区块可以与投资者签署产品分成合同之外，

---

① 储殷：《“一带一路”投资政治风险研究之土库曼斯坦》，中国网，2015 年 4 月 22 日，http://opinion.china.com.cn/opinion_30_127930.html。

陆上油气区块完全由本国国有企业进行勘探开发。尼亚佐夫总统突然逝世曾给中土的油气合作带来了不确定因素，拟建的中土天然气管道险些夭折。此外，里海是土库曼斯坦油气发展的优先方向。尼亚佐夫在世时曾表示欢迎中国公司参与土属里海水域油气开发。由于里海法律地位没有解决，土库曼斯坦与伊朗、阿塞拜疆存在复杂的边界争议，而且土库曼斯坦的招标政策倾向那些与土国建立合资企业，共同开展高技术作业的西方跨国石油公司，中国目前尚未参与土属里海油气资源的勘探开发。

三、与乌兹别克斯坦的油气合作

乌兹别克斯坦油气对外开放较晚。2000 年，乌国放弃自力更生开发油气资源的策略，积极改善投资环境，健全和完善相关法律法规，允许外国投资者进入该国进行油气开发。为增加油气产量，加快油气田的开发速度，乌国制定了《2005~2020 年的油气增储战略纲要》，加大勘探工作力度，引进外国先进技术和设备，对油气领域的老企业进行技术改造。尽管给予外资各种优惠政策和并采取激励措施，但乌国对油气领域的控制依然严格。乌国对外资开放的勘探区块数量少、储量小、开采难，而开采条件较好、储量较为丰富的勘探区块均为乌油气所掌控。此外，“乌兹别克斯坦的对外合作法律还不够完善，且得不到很好执行，并存在政策不稳定现象”。[①]

2004 年 6 月，胡锦涛主席对乌兹别克斯坦进行国事访问，中石油与乌油气签署了石油和天然气互惠合作的一系列协定，中国开始参与乌国油气领域的勘探开发。目前中国主要涉足油气区块勘探开发、提高老油田采收率以及钻井设备和化学品供应等领域。

（一）油气区块勘探开发

1. 五个陆上勘探区块

2006 年 6 月，中石油与乌油气签署油气勘探协议。在五年的时间里，中石油投资 2 亿多美元，在乌斯秋尔特、布哈拉—希瓦和费尔干纳三个盆地的 5 个陆上勘探区块开展油气勘探作业。如有商业发现，双方将建立各

① 董雅俊：《解读中亚三大产油国能源政策》,《中国石化报》2010 年 4 月 23 日，第 6 版。

占50%股份的合资公司，再签订新的协议。

2. 咸海项目

2005年9月，中石油、乌油气、俄罗斯卢克海外石油公司、马来西亚国家石油公司和韩国国家石油公司（各持20%股份）共同组成咸海财团，[①]对咸海进行勘探和开发。该项目是中国参与中亚地区多边能源合作的有益尝试。2006年8月，咸海财团与乌国政府签署咸海水域油气勘探开发项目产品分成协议，期限为40年。2011年，咸海财团投资总额1.1亿美元，完成协议规定的勘探规划，发现了“西咸海”天然气油田和6个有前景的结构。2013年8月，财团投资3200万美元完成对区块西部的补充勘探。2014~2016年，咸海财团还将投入3000万美元，用于乌属咸海部分的油气勘探。

3. 其他项目

2006年6月，中石油天然气勘探开发公司与乌油气签署合作协议，投资2.6亿美元对勘探乌斯秋尔特、布哈拉—希瓦、费尔干纳地区5个投资区块进行为期五年的勘探。2013年10月，双方注册成立合资新丝绸之路油气公司，对卡拉库里地区霍扎沙亚特、霍扎达夫拉特和东阿拉特3个区块进行开采，预计年产天然气15亿立方米。

2009年6月，中石油勘探开发公司与乌油气签署《关于成立合资公司联合开发卡拉吉达—贡哈纳区块卡拉吉达构造的原则协议》。2013年9月，中石油与乌国政府签署《关于成立合资公司补充勘探和开发卡拉库里投资区块油气田的原则协议》和《关于乌兹别克斯坦白松和苏尔汗区块油气地质勘探和开发可行性研究谅解备忘录》。双方成立合资公司，共同开发卡拉库里区块的3个气田及潜在的油气田，并启动白松和苏尔汗区块进行油气地质勘探和开发的可行性研究。

（二）天然气管道建设与运营

乌兹别克斯坦是中国—中亚天然气管道重要的过境国之一，中国—中

① 2011年5月，马来西亚国家石油公司退出，2013年9月，韩国国家石油集团退出。目前，乌油气占33.4%，中石油和俄罗斯卢克海外公司各占33.3%。

亚天然气管道的 A、B、C、D 四线都通过乌兹别克斯坦。2008 年 4 月，中石油和乌油气在对等原则基础上组建了中乌天然气管道合资企业——亚洲天然气运输公司（Asia Trans Gas），负责中国—中亚天然气管道乌国境内段管道的设计、建设和运营工作。目前，A、B、C 线均已建成通气。2013 年 9 月，中国与乌国政府签署中国—中亚天然气管道 D 线项目政府间协议。

乌兹别克斯坦还是中国—中亚天然气管道的气源国之一。2010 年 6 月，中乌签署《关于天然气购销的框架协议》，乌兹别克斯坦每年通过该管道 C 线向中国供应 100 亿立方米天然气。

（三）提高老油田采收率

乌兹别克斯坦对中国石油企业开采低产油田的经验很感兴趣。2003 年 10 月，中石化胜利油田东胜精工公司与乌油气签订了合作备忘录，组建合资公司，共同提高费尔干纳盆地安集延油区的 7 个老油田的采收率，并在老油区区域内和周围地区进行新油田的勘探和开发。然而，由于乌国大幅提高地下资源使用税税率，导致该项投资回报率降低，2007 年 4 月，东胜精工公司撤出。

2008 年 10 月，中石油与乌油气签署合作协议，合资成立明格布拉克石油公司，共同开发该国低产油田——明格布拉克油田。

（四）钻井设备和化学品供应

中国与乌兹别克斯坦在该领域的合作始于 1997 年。当时，中国只是出口一些石油设备零配件以及提供物探、钻井、测井等油气田工程技术服务。2003 年，中石油全资子公司中国石油技术开发公司（CPTDC）向乌兹别克斯坦售出了 10 台先进的 ZJ50DBS 钻机设备，并在当地设立了钻机服务中心和备件库。2006 年，中国石油技术开发公司在乌兹别克斯坦的库克东玛拉克油田成功完成 6 口高压盐水层钻井。此外，中石油还向乌国企业提供包括钻机、防喷器、井口、水龙带、射孔弹、钻头、破乳剂、螺杆泵等设备、材料、其他化学品等。

总之，与哈萨克斯坦和土库曼斯坦相比，乌兹别克斯坦油气对外开放较晚、合作进程缓慢。满足国内消费需求、增加国内后备储量是乌国对外油气合作的重点。俄罗斯在乌国油气领域占据主导地位。俄气下属海外石油天然气公司和乌油气 2002 年 4 月签署开发沙赫帕赫塔气田的产品分成协议，卢克石油公司与乌油气 2004 年 6 月签订了坎德姆—哈乌扎克—沙德天然气开发项目的产品分成协议。此外，还有美国、日本、瑞士、韩国、马来西亚、印度等十多个国家的数十个石油公司在乌国从事勘探、开采、加工、设备供应、配件生产等经营活动。近年来，韩国国家天然气公司（KOGAS）和国家石油公司（KNOC）、马来西亚国家石油公司以及印度石油天然气公司在乌兹别克斯坦油气领域日益活跃。中国公司不仅要面对俄美欧跨国石油公司的强力排挤，还要面对来自印度、马来西亚、韩国等国国家石油公司的激烈竞争。当前，乌国对中国能源发展的战略意义主要体现在其每年向中国供应的 100 亿立方米天然气和中国—中亚天然气管道过境国两方面。

四、与吉尔吉斯斯坦、塔吉克斯坦的油气合作

吉尔吉斯斯坦和塔吉克斯坦油气储量极少，油气供应长期依赖独联体其他国家。由于探明和可采资源有限，再加上两国安全形势不乐观，尽管政府非常重视传统能源的开发，不断完善国内相关投资法规，努力改善和优化投资环境，但收效不明显。

（一）与吉尔吉斯斯坦的油气勘探和工程技术合作

中国在吉尔吉斯斯坦主要进行油气田开发和提供工程技术服务。1999 年，中国胜利油田下属公司和江汉油田管理局以承包方式为吉国石油企业进行老油井修复和资源勘探开发作业。2002 年 6 月和 8 月，中石化分别获得马利苏—依兹巴斯肯特油田 126 平方千米和阿拉伊盆地 6000 平方千米的勘探许可证。2004 年，中石化从吉尔吉斯斯坦油田开发项目中获得权益油 2.4 万吨。

近年来，中国民营企业积极进入吉国油气领域。2007 年 11 月，中能国际石油集团通过国际招标方式收购该国巴特肯石油天然气股份有限公司 100% 股权，获得巴特肯地区卡乌尔—亚尔古坦油田、南里士坦油田、萨雷卡梅什—萨雷托克油气田的开采权。2013 年，南方石化投资开发阿拉伊油气田项目。2014 年 8 月，华荣能源（原熔盛重工）通过旗下公司以

21.8 亿港元收购新大陆油气（New Continental Oil & Gas Co. Ltd.）全资附属公司吉尔吉斯大陆油气有限公司 60% 的股权，获得该国费尔干纳盆地 4 个油田，包括马里苏Ⅳ、东伊斯巴克特、伊斯巴克特、羌格尔塔什、奇克尔奇克等 5 个采油区块，总面积约 545 平方千米，剩余可采石油储量约 6.38 亿桶。

（二）与塔吉克斯坦的油气勘探和炼化合作

塔吉克斯坦历来被认为是油气资源贫乏的国家。然而，近年来，俄气和加拿大克能石油公司（Tethys Petroleum Limited）等外国勘探公司不断传出在塔吉克斯坦发现数量可观油气层的消息。

2012 年 6 月和 2013 年 5 月，拉赫蒙总统访华，中石油与塔国能源和工业部先后签署深化油气合作备忘录和框架协议，加强在塔国境内油气勘探和开发等领域的合作。2013 年 6 月，中石油、法国道达尔公司（Total）、加拿大克能石油公司与塔国能源和工业部签署伯格达（Bokhtar）区块项目油气合作交割协议。中石油和道达尔分别以 3000 万美元购买该项目 33.335% 的股份，克能石油公司持有余下 33.33% 的股份，3 个公司成立联合作业公司，由中石油和道达尔主导项目作业，共同开发克能石油公司在阿姆达林盆地伯格达区块的油气资源。这标志着中塔油气合作进入实质阶段。

油价下跌对于下游炼化项目来说是个难得的并购机遇。2015 年 6 月 19 日，吉艾科技[①]子公司东营和力投资发展有限公司与塔国能源和水资源部签订《意向备忘录》，中方投资约 3 亿美元在塔吉克斯坦丹格拉自由经济区建设年产 120 万吨的炼油厂，填补塔吉克斯坦成规模炼油厂的空白。该炼油厂主要产品为汽油、柴油和沥青，不仅能满足塔吉克斯坦国内成品油需求，还可以出口到阿富汗等中亚国家，沥青产品则用于中国工程公司在中亚地区的道路、桥梁、隧道和其他工程项目。

（三）与吉、塔的油气管道合作

塔吉克斯坦和吉尔吉斯斯坦都是中国—中亚天然气管道 D 线的过境国。

---

① 吉艾科技本身是石油测井设备专业制造商。2015 年 5 月，吉艾科技以 8 亿元收购天津安浦胜利石油工程技术公司。安浦胜利的市场主要集中在哈萨克斯坦的油服领域，这一收购使其得以进入哈国油服市场。

2013 年 9 月，中国分别与塔吉克斯坦和吉尔吉斯斯坦政府签署中国—中亚天然气管道 D 线项目政府间协议。2014 年 3 月，中亚天然气管道公司和塔吉克斯坦输气公司签署中塔天然气管道有限公司创建协议。5 月，D 线吉尔吉斯斯坦段可研报告获得吉国政府批准。9 月，D 线塔吉克斯坦段开工建设。

由于吉、塔两国油气资源储量小、开采难，加上政局不稳，中国与两国的油气合作晚、成果少。而俄罗斯出于战略考虑，通过签署一系列协议，几乎完全控制两国的能源生产、运输和销售。

总之，经过多年努力，中国与中亚国家的合作渐入佳境。中国石油企业在中亚各国油气开发的地位不断提高，中国已成为中亚各国重要的能源合作伙伴。从中国与中亚各国油气合作的情况看，双方油气合作具有以下几个特点：

第一，中国与中亚的油气合作一直是政府高层合作与国家石油公司合作的重要内容。[①] 尤其是在油气田开发、油气管道建设和运营方面，往往先由双方政府签署合作框架协议或条约，再由各国企业谈判签订相关合同。政府充当企业开拓世界能源市场的先锋。中国与中亚国家油气合作的企业都具有政府背景，中国参与中亚油气合作的企业主要是中石油、中石化和中海油及其下属子公司，中亚国家的合作主体则是各国国有性质的企业，如哈油气、乌油气等。近年来，中国民营企业也逐渐进入中亚油气领域。

第二，中国与中亚各国的油气合作状况不同。中哈和中土的合作时间较早、规模较大，其中中哈主要是石油合作，中土主要是天然气合作；而中国与乌、吉、塔的合作时间较晚，在油气勘探开发方面困难较多，目前中国—中亚天然气管道是合作的重要内容之一。

第三，中国在哈萨克斯坦的油气投资项目绝大多数掌握 50% 以上的控股权，少数甚至达到 100% 控股，而在中亚其他国家多数以合资方式进行油气合作。近年来，中石油在“商业油”和“权益油”的基础上，创新与哈萨克斯坦能源合作模式，通过贷款换石油方式稳定油源。

① 徐小杰：《石油啊，石油——全球油气竞赛和中国的选择》，中国社会科学出版社 2011 年版，第 246 页。

第四，中国与中亚各国的油气合作面临新情况。从各国内部来看，政府控制能源的意愿和行动不断增强，投资环境逐步趋紧，各国积极向多元化经济结构转型，从单纯原材料出口向提高能源附加值转变。

第五，中亚各国奉行平衡务实外交，中亚地区的能源争夺日益激烈。中国石油企业不仅要面对俄美欧地缘和能源博弈，还要应对来自新兴发展中国家石油公司的竞争。在油气田勘探开发方面，欧美资本在哈萨克斯坦占据优势；俄罗斯在乌兹别克斯坦、吉尔吉斯斯坦和塔吉克斯坦保持主导地位；中国在土库曼斯坦天然气出口方面占据优势。而在油气管道方面，俄罗斯保持国际能源过境中心地位。

第三章

中国与中亚国家油气合作的有利条件

经过十多年艰苦努力，中国石油企业在中亚主要资源国打下坚实的基础，赢得东道国政府和民众的信任和支持，在中亚地区激烈的能源竞争中脱颖而出。目前，中国与中亚国家的油气合作“以哈萨克斯坦为重点，合作范围扩及周边中亚国家的合作态势，合作形式包括获得油气资源开采权、修建跨境油气管道、并购中亚国家及外资在中亚的油气田以及油气生产技术服务等多个领域”。[①] 中国与中亚国家油气合作取得的重要成果——中哈原油管道和中国—中亚天然气管道，已经成为中国西部的能源大动脉。

中国之所以在这么短的时间里取得如此显著的合作成果，是因为双方的油气合作具备了天时、地利与人和。“天时”是中国与中亚国家都在致力于振兴本国经济，中国要全面建成小康社会，实现中国梦，而中亚各国要摆脱经济困境，实现国强民富；“地利”是中国与中亚国家地缘相近、互补性的能源合作存在巨大的发展空间；“人和”是中国与中亚各国有着悠久的历史联系和传统的睦邻友好关系，上海合作组织为成员国间的多边能源合作提供平台，“丝绸之路经济带”建设为中国与中亚国家的油气合作提供了新机遇。

第一节　中国与中亚国家油气合作的历史、政治和经济基础

中国与中亚国家是近邻和重要的战略伙伴，双方的油气合作有着良好的基础和巨大的空间。悠久的历史交往和古老的丝绸之路奠定了坚实的历史基础，长期稳定、睦邻友好的国家关系是中国与中亚国家开展油气合作的重要推动力，以渐行渐近、前景广阔的经贸合作为依托，中国与中亚国家的油气合作日益深入。

一、悠久的历史交往和古老的丝绸之路

中国与中亚地区有着两千多年的政治、经济、文化和历史联系。在历

① 庞昌伟：《中国与中亚— 俄罗斯能源合作续写新华章》，《中国石油报》2013 年 9 月 17 日，第 2 版。

史上的大部分时间里，中国与中亚地区通过古老的丝绸之路来往频繁。需要指出的是，中国历朝历代交往的对象并不是某一个具体的中亚国家，而是西域。[①]“丝绸之路”是一个历史概念，指的是自秦汉时代延续至19世纪的陆上和海上两条商道。因早期以丝绸贸易为主，被德国地理学家费迪南·冯·李希霍芬（Ferdinand von Richthofen）称为“丝绸之路”（the Silk Road）。由于本书探讨的主题是中亚国家，若未做特殊说明，下文的“丝绸之路”皆单指陆上丝绸之路。

（一）张骞通西域与古丝绸之路的盛衰

早在张骞通西域之前，中原经河西走廊通往西域、中亚和西亚的贸易即已存在。根据《穆天子传》的记载，周穆王西巡河西，沿途赐赠各部落首领丝绸、金银器皿、药材、车子等物品，而各部落以马、骆驼、玉器等回赠周穆王。由于受道路艰险、沿途兵荒马乱等因素制约，当时的丝绸之路并不畅通。

西汉初年，匈奴经常南下掠夺，扰乱边疆人民的生产和生活。因政治经济实力不足，高祖、惠帝、文帝和景帝都无力反击。经过六七十年的休养生息后，汉武帝决定对匈奴发动战争。为了联合大月氏、乌孙共同抗击匈奴，公元前138年和前119年，汉武帝两次派遣张骞“凿空”西域。张骞两次西域之行都没有达到目的，但增进了汉朝同西域各国的经济文化交流和友好往来。从此，古代东西方交流从小规模、断续的和零星的交流，逐渐发展为大规模、持续的和官民结合的交流。沿着张骞开通的这条道路，各国使者和商人将中原、西域与阿拉伯、波斯湾和地中海紧密地联系在一起。“如果说波斯帝国对中亚的征服，使从中国到欧洲和北非的‘丝绸之路’的中段，即从中亚到地中海东岸的交通线变得更加通达，亚历山大东征又使欧洲与中亚建立了直接联系，那么大月氏的西迁和张骞的出使则使这条交通线向东延伸到中原。至此，‘丝绸之路’已经全线贯通了。”[②]中亚的兴衰开始与丝绸之路牢牢地绑在一起。

---

① 狭义的“西域”主要指玉门关、阳关以西，葱岭以东的地区，而广义的“西域”则泛指通过狭义的西域所能达到的地区，包括亚洲中、西部、印度半岛、欧洲东部和非洲北部的大片区域。

② 郑羽:《中俄美在中亚：合作与竞争（1991~2007）》，社会科学文献出版社2007年版，第7页。

公元前60年，西汉打败匈奴，任命郑吉为西域都护，对今天中亚部分地区进行管辖，西域从此成为中国疆域不可分割的一部分。以西域都护府的设置为标志，丝绸之路逐渐迈入繁荣时代。西汉末年，王莽篡权导致内乱不止，西域重新置于匈奴统治之下，丝绸之路完全中断。

东汉对西域的控制时断时续。经过“三绝三通”，东汉班超、班勇父子再次打通西域。公元97年，班超派遣甘英出使大秦（罗马帝国）。他虽然未能到达大秦，但是此后大秦商人沿着丝绸之路来到东汉首都洛阳。据《后汉书》记载，公元166年，大秦王派使者来到中国。这是中国与欧洲第一次直接接触，是中西交通史上的一件大事。

两汉时期，丝绸之路从长安经河西走廊至敦煌，自敦煌再向西有南北两道：北道由敦煌出玉门关沿天山南麓西行至疏勒（今喀什），然后越过葱岭，向西至大宛（今费尔干纳）、康居（今撒马尔罕）等地；南道由敦煌出阳关过鄯善，沿昆仑山北麓西行至于阗（今和田），然后越过葱岭，西行至大月氏、安息（伊朗）等地。丝绸之路全长约7000多千米，是一条横贯欧亚大陆的商贸通道，也是一条东西方文化交流的主要桥梁。

魏晋南北朝时期，中国陷入长期分裂状态，西域也先后被中国北方鲜卑、前凉、前秦、后凉、柔然、北魏、突厥等多个民族政权所控制。隋唐时期，突厥崛起，势凌中原。隋炀帝任命裴矩主管西域事务，并两次亲赴张掖巡视西域，为唐朝丝绸之路的繁荣奠定了基础。自公元640年起，唐太宗相继征服东、西突厥，设立安西都护府及北庭都护府，控制了西域和中亚的大片地区。唐朝是中国经营西域的鼎盛时期，东西经济贸易往来和思想文化交流得到前所未有的发展。唐末安史之乱后，北方民族政权吐蕃争夺对西域的控制权。公元790年，北庭都护府被吐蕃攻陷，唐朝开始从西域退出。此后，随着中原政治经济文化中心南移，海上丝绸之路开始逐渐取代陆上丝绸之路，成为对外交往的主要通道。

宋元时期，西域重新与中国统一，丝绸之路也因此两度再现繁荣，但是已不以商贸为主，而是以宗教信仰及其他文化交流为主。明朝中期至清末，西域诸强割据，汗国林立，中原衰落的封建王朝开始实行闭关锁国政策。1529年，明朝对西域“闭关绝贡”，放弃了对西域的管辖。尽管中亚的帖木儿和准格尔汗国与中国还保持着密切的联系，但是丝绸之路日渐衰落，逐渐淹没在历史的尘沙中。

尽管古丝绸之路已成为历史，但是作为东西方经济文化交流的桥梁，它是中国与中亚地区经济文化交流的实物载体和历史见证，是中国与中亚各国人民共同创造的古代经济奇迹。它加强了内地与边疆的联系，带动了少数民族和边疆地区的建设，开辟了一条欧亚交往的重要通道，促进了不同国家、民族、宗教和文明之间的沟通与融合。

（二）沙俄与苏联统治割断中国与中亚的历史联系

18 世纪初，沙俄侵入哈萨克草原，开始蚕食中亚地区。19 世纪初，沙俄还侵入作为中国边界的巴尔喀什湖，实际占领大片中国领土。1864 年的《中俄勘分西北界约记》和 1881 年的《中俄伊犁条约》划定了中国与沙俄的西部边界，沙俄从中国割走了 51 万多平方千米领土。同一时期，“南下”的沙俄与从印度“北上”的大英帝国在中亚地区迎头相撞。英国殖民者寇松指出：“阿富汗，里海以南地区，波斯……对我来说是一局正在下的棋盘上的方格，这盘棋的赌注是世界统治。”[①] 在经历了一个世纪的“大博弈”后，双方于 1907 年 8 月签订协约，划分了各自的势力范围和战略利益，沙俄吞并了整个中亚地区。从此，中亚地区失去独立性，被划到沙俄的政治、经济和文化的范畴内，成为沙俄的一部分。中国与中亚地区传统的历史联系就此断裂，中国与中亚的关系转变为中国与沙俄的关系。

苏联时期，中国与中亚的关系从属于中苏关系。由于 20 世纪五六十年代中苏交恶，中国与中亚国家关系受到严重影响，虽相邻而居，但不相来往。“中国与中亚长达一个多世纪的历史联系的断裂，以及中亚在这一个多世纪发生的深刻变化，使中亚不仅在地理上，而且在政治、文化、社会和心理上产生了一定程度的陌生和隔膜，中亚对中国来说变成了遥远和模糊的存在。”[②]

然而，在历史的长河中，这不过是一小段。一旦记忆的尘封开启，深

① 王绳祖：《国际关系史》上册，武汉大学出版社 1983 年版，第 167 页。

② 赵华胜：《中国的中亚外交》，时事出版社 2008 年版，第 33 页。

厚的历史积淀会自然而然地推动历史的重续。苏联解体后，中亚各国纷纷独立。中国与中亚国家恢复了友好交往，被隔断的历史联系重新得以延续。

二、长期稳定、睦邻友好的国家关系

远亲不如近邻。中国与中亚国家是陆地邻国。其中，哈萨克斯坦、吉尔吉斯斯坦和塔吉克斯坦与中国直接接壤，乌兹别克斯坦和土库曼斯坦虽未接壤但也是友好邻邦。在中亚独立的最初阶段，中国先后与中亚国家建立外交关系。中亚国家是中国周边外交中的重要一环，也是中国周边外交的最成功之作。自建交以来，中国与中亚各国都高度重视发展与对方的关系，为开展国际能源合作创造了良好的外部环境。

（一）友好的双边关系

中国是最早承认中亚各国独立并与之建立外交关系的国家之一。中国坚持“和平共处五项基本原则”，支持中亚国家的主权独立和领土完整，不以大欺小，不恃强凌弱，不干涉别国内政，支持中亚国家自主选择适合本国国情的发展道路，对对方核心利益和重大关切予以支持，这受到了中亚国家的普遍欢迎。特别是经过二十多年努力，中国与中亚国家通过平等对话、和平协商的方式解决历史遗留的边界争议问题，以法律形式确认了“世代友好、永不为敌”的睦邻友好合作关系，建立了仅次于同盟关系的战略伙伴关系，政治互信不断深化，将中国与中亚各国的国家关系提升到新的高度。中国同中亚国家关系正处在历史最好水平。

在中亚五国中，中哈关系发展平稳快速，双方建立了国家元首定期互访机制，最先解决边界领土纠纷，最先建立战略伙伴关系，“两国关系没有出现过波折和起伏，双方没有任何重大利益分歧”。[①] 目前，中哈关系正处于历史最好时期，今后还将有更大发展。

（二）频繁的高层往来

自中亚国家独立以来，中国与中亚国家领导人即建立了良好的私人关

①《中哈关系：近、稳、快、实——访中国驻哈萨克斯坦大使乐玉成》，新华网，2013 年 9 月 5 日，http://news.xinhuanet.com/world/2013-09/05/c_117240288.htm。

系，互访不断，为双边关系定下友好基调。1992 年 3 月，乌兹别克斯坦总统卡里莫夫对中国进行国事访问。5 月，吉尔吉斯斯坦总统阿卡耶夫对中国进行正式访问。1993 年 3 月，塔吉克斯坦元首拉赫蒙正式访问中国。10 月，哈萨克斯坦总统纳扎尔巴耶夫对中国进行正式访问。1996 年 7 月，江泽民主席首次对乌兹别克斯坦、吉尔吉斯斯坦和哈萨克斯坦进行国事访问。这也是中国领导人第一次到访中亚国家。1998 年 8 月，土库曼斯坦总统尼亚佐夫对中国进行国事访问。2007 年 7 月，江泽民主席对塔吉克斯坦和土库曼斯坦进行国事访问。至此，中国与中亚五国全部实现首次互访。

中国与中亚国家高层互访频繁，有力地推动了中国与中亚国家的油气合作。访问期间，中国与中亚各国签署了多项涉及能源的政府间合作协议，成为双方开展能源合作的法律基础和重要支柱。从中国与中亚国家的合作过程来看，双方的油气合作都是从政府签订能源合作协议开始并不断向前推进的。

近年来，中国与中亚国家高层会晤更加密集。2013 年是中国周边外交“中亚年”。4 月 6~8 日，哈萨克斯坦总统纳扎尔巴耶夫访华并出席博鳌亚洲论坛 2013 年年会。5 月 19~20 日，塔吉克斯坦总统拉赫蒙对中国进行国事访问。9 月 3~13 日，习近平主席首次访问土库曼斯坦、哈萨克斯坦、乌兹别克斯坦和吉尔吉斯斯坦四国，受到各国元首的高规格接待。访问期间，中国与中亚四国签署了一系列经贸合作协议，多数是能源合作项目。这些能源合作项目的落实将是中国与中亚国家关系发展的新的增长点。

自“丝绸之路经济带”宏大构想提出来之后，作为“丝绸之路经济带”自中国向西延展的首站，中亚各国与中国领导人就双方发展战略的充分对接进行了更加频繁的沟通交流。尤其是纳扎尔巴耶夫总统，他有很深的中国情结，自就任总统以来，他已经先后 17 次来华访问、休假或出席重大国际会议，是中亚地区来华次数最多的国家元首。此外，自 1993 年 3 月首次对华进行正式访问以来，拉赫蒙总统来中国也已有 15 次。

三、渐行渐近、前景广阔的经贸关系

苏联时期，由于按照经济地理进行布局分工，作为原料和初级产品生产基地，中亚国家经济结构比较单一，产业结构不合理，轻工业发展滞后。

近年来，中亚国家经济全面复苏，国民收入不断增长，消费能力不断提高，但国内企业生产无法满足需求。同时，中亚国家油气资源丰富，消费量有限，能源出口是国家经济发展的重要依托。而中国轻工业比较发达，日用消费品物美价廉，经济发展带来了巨大的能源需求，与中亚国家恰好形成了互补，再加上交通便利，交易成本低，中国与中亚国家的经贸合作一直保持强劲的增长态势。其中，能源合作成为双方关系发展的一大亮点。

（一）经贸合作

二十多年来，在双方政府和经济界共同努力下，中国与中亚地区的经贸合作关系不断深入。中国与中亚各国均建立了政府间经贸磋商机制——经贸合作委员会，定期就经济合作的具体问题及时沟通和协调。目前，中国是哈、土第一大贸易合作伙伴国，乌、吉第二大贸易合作伙伴国，塔第三大贸易合作伙伴国。

中国与中亚国家的经贸合作有四大特点：

第一，中国与中亚国家的贸易额平稳快速增长，中国参与中亚经济的程度不断加深。二十多年来，中国与中亚国家的贸易额从 1992 年的 4.6 亿美元增长到 2004 年的 58.4 亿美元，再增长到 2013 年的 502.7 亿美元，年均增长 25%。受国际金融危机影响，2009 年中国与中亚国家的贸易额大幅下降，但很快就恢复到危机前水平并继续快速增长。这表明中国与中亚国家的合作基础深厚、潜力巨大。

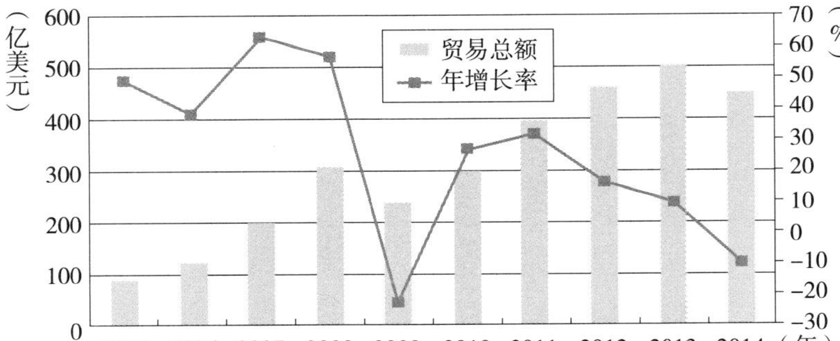

图 3-1　近十年中国与中亚国家贸易总额及年增长率

资料来源：《中国统计年鉴（2015）》。

第二，中国与中亚国家的能源合作是经贸合作的重点，最能体现经济互补性。从中国与中亚国家的贸易结构来看，中亚五国对中国出口商品结构相对单一，能源、矿产品等自然资源和初级加工品在中国与中亚国家的贸易中占有很大比重。尤其是土库曼斯坦，天然气是出口中国的唯一商品。而中国对中亚国家的出口商品较平衡，商品种类很多，既有高新科技产品，也有日用消费品。

第三，由于各国资源潜力和地理位置的差别，中亚各国在与中国的经贸合作中所占的比重不同。在中亚五国中，哈萨克斯坦与中国的经贸合作的领域最广、程度最深。从 2013 年的贸易额看，中哈贸易额占中国与中亚国家总贸易额的一半以上，比其他四国贸易额的总和还多。近年来，中乌贸易额增长很快，但经贸合作比较滞后，不仅远远落后于中哈，甚至还低于中吉的水平。

表 3-1　2013 年中国与中亚各国的贸易结构、贸易额及增速

（单位 / 亿美元）

国家	中国进口		中国出口		贸易总额	增速 /%
	贸易结构	贸易额	贸易结构	贸易额		
哈萨克斯坦	燃料 60%，矿物和金属 23%，化工产品 10%，其他制造业 4%	160.5	机械和交通运输 46%，其他制造业 45%，化工产品 6%，食品 3%	125.5	285.9	11
土库曼斯坦	燃料 50%，农业原材料 29%，化工产品 12%，其他制造业 8%	88.9	机械和交通运输 64%，化工产品 16%，其他制造业 15%，食品 4%	11.4	100.3	–3
吉尔吉斯斯坦	天然气燃料 99%	0.6	机械和交通运输 77%，其他制造业 12%，化工产品 7%，食品 2%	50.8	51.4	0
乌兹别克斯坦	矿物和金属 64%，农业原材料 29%，其他制造业 7%	19.4	其他制造业 45%，机械和交通运输 25%，矿物和金属 15%，化工产品 10%	26.1	45.6	58
塔吉克斯坦	矿物和金属 46%，农业原材料 20%，其他制造业 16%，燃料 8%	0.9	其他制造业 43%，机械和交通运输 39%，化工产品 10%，食品 8%	18.7	19.6	5

资料来源：据《中国统计年鉴（2014）》和辛继召：《产业篇："通"连新丝路》，《21 世纪经济报道》2014 年 11 月 17 日，第 27 版整理。

第四，中国已成为中亚国家重要的出口市场。中亚国家独立后，由于其工业体系陷于瘫痪，对中国日用消费品需求旺盛，所以中国对中亚国家的出口大于进口。但是，从2011年开始，随着中亚通往中国的油气管道相继开通运营，双方贸易情况开始出现逆转，中国对中亚国家的进口开始大于出口。尤其是中土贸易，2013年，贸易总额为100.3亿美元，其中，中国进口88.9亿美元，同比增长2.5%，出口11.4亿美元，同比下降32.9%。油气资源匮乏的吉尔吉斯斯坦和塔吉克斯坦的贸易额则长期出口大于进口，亟待拓展合作空间。2014年，在全球经济复苏缓慢、国际油价持续下跌的情况下，受乌克兰危机导致的一系列连锁博弈反应的影响，哈萨克斯坦出口中国的原油量大幅减少，降幅超过50%，导致中国与中亚国家的进出口贸易再次逆转。

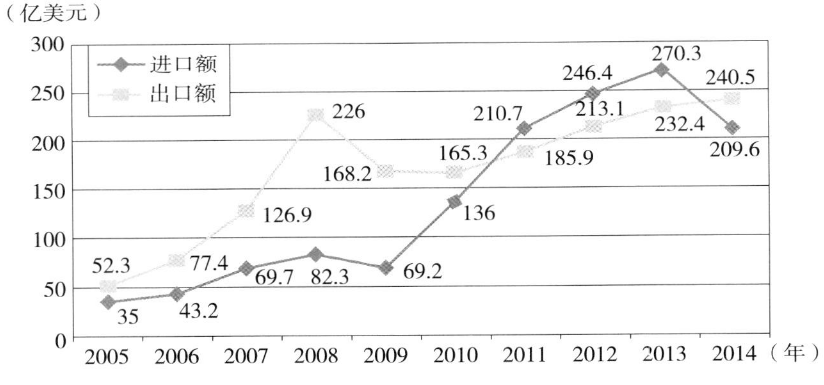

图3-2　2005~2014年中国与中亚国家贸易进出口情况

资料来源：《中国统计年鉴（2015）》。

（二）直接投资

自2003年以来，中国对中亚国家的直接投资快速增长，2005年突破1亿美元，2007年突破3亿美元，2012年突破30亿美元。十年间，中国对中亚国家直接投资从2003年610万美元增加到2012年33.8亿美元，增加了550多倍。目前，中国是乌兹别克斯坦第一大投资来源国，是吉尔吉斯斯坦第二大投资来源国。

中国对中亚地区的直接投资不仅改善了当地的基础设施条件，产生了重要的贸易创造效应，为贸易额的快速增长创造了新的条件，而且这些投资主要流向能源领域，尤其是石油和天然气，为双方油气合作的快速发展奠定了坚实的基础。此外，中国还向中亚国家提供无偿援助、赠款、低息贷款等力所能及的帮助，以缓解这些国家遇到的临时性困难。中国的投资和援助不施加政治条件，不要求任何特权，受到中亚各国的好评和肯定。

但是，受各国经济发展水平、市场开放程度、资源禀赋以及东道国引资政策等因素的影响，中国对中亚国家的直接投资极不平衡。中国在中亚国家中投资最多的是哈萨克斯坦。2012 年中国对哈国直接投资流量达到 29.96 亿美元，占对中亚国家直接投资总额的 88% 以上，排在中国对外直接投资流量第 2 位，仅次于美国。而中国对乌兹别克斯坦和土库曼斯坦直接投资的波动性较大，对塔吉克斯坦和吉尔吉斯斯坦直接投资的稳定性较好，呈逐年上升态势。

表 3~2　中国对中亚国家直接投资流量情况

（单位 / 万美元）

年份	哈萨克斯坦	乌兹别克斯坦	土库曼斯坦	吉尔吉斯斯坦	塔吉克斯坦	总额
2003	294	72	0	244	0	610
2004	231	108	0	533	499	1371
2005	9493	9	0	1374	77	10953
2006	4600	107	–4	2764	698	8165
2007	27992	1315	126	1499	6793	37725
2008	49643	3937	8671	706	2658	65615
2009	6681	493	11968	13691	1667	34500
2010	3606	–463	45051	8247	1542	57983
2011	58160	8825	–38304	14507	2210	45398
2012	299599	–2679	1234	16140	23411	337705
2013	81149	4417	–3243	20339	7233	109895
2014	–4007	18059	19515	10783	18370	62720

资料来源：《中国对外直接投资统计公报》（2003~2014 年）。

总之，作为中亚地区油气市场的“后来者”，中国石油企业在投资机会选择和市场机会开拓上处于不利地位。然而，中国与中亚国家之间源远流长的历史联系、睦邻友好的国家关系和战略互补的经贸往来，为中国与中亚国家的能源合作奠定了坚实的基础，提供了重要的“后发”推动力。当前，中国与中亚国家的能源合作主要采用双边合作模式，有非常明显的“政府主导，企业参与”的特点。随着参与主体的增加和合作领域的深化，在上海合作组织框架下的多边能源合作也正逐步展开。

第二节　上海合作组织搭建能源合作的多边平台

2001 年 6 月 14 日，中国、俄罗斯、哈萨克斯坦、乌兹别克斯坦、塔吉克斯坦和吉尔吉斯斯坦在上海签署《上海合作组织成立宣言》，宣告上海合作组织（the Shanghai Cooperation Organization，以下简称“上合组织”）正式成立。

自诞生以来，在政治、安全、经济和人文合作四个轮子的推动下，上合组织不断发展壮大，成为国际事务中一支举足轻重的政治力量。中国与中亚国家的关系在多边合作框架下不断向前发展，成员国的多边能源合作逐渐提上日程。经过多年共同努力，上合组织成员国间签署了多项能源合作意向或政府间协定，实施了一系列能源合作项目。

一、上合组织为成员国间能源合作创造安全稳定的政治环境

上合组织是第一个、也是唯一一个由中国参与发起的国际组织，它帮助中国加强与中亚国家的政治联系，共同应对严峻的非传统安全威胁，并为中国与中亚国家间的多边能源合作创造安全稳定的政治环境。

首先，政治互信有助于减少能源合作阻力。中国与中亚是有着 3300 多千米共同领土边界的近邻。“冷战”结束后，中国与中亚国家的接触是从边界谈判开始的。为解决苏联遗留下来的边界问题，1996 年 4 月，中、俄、哈、吉和塔五国签署《关于在边境地区加强军事领域信任的协定》，彻底结束了持续多年的军事对峙状态。1997 年 4 月，五国签署《关于在边境地区

相互裁减军事力量的协定》，实现了边境地区的军事互信。随后，中国与中亚国家互谅互让，成功地解决了领土争议并基本完成划界工作。这为双方扩大贸易往来、加强能源合作创造了良好的前提条件。

根据《上海合作组织成立宣言》，上合组织的政治合作宗旨是“加强各成员国之间的相互信任与睦邻友好”。为了贯彻该项宗旨，上合组织成立后，每年一度的元首峰会都加强对地区和世界多极事务的磋商和协调，每次发表的联合公报都表明了成员国在重大国际和地区问题上相互支持和密切合作的共同立场。没有历史遗留问题和重大观点分歧等消极因素的羁绊，在涉及对方核心利益的问题上相互理解、相互支持，这种高水平的政治互信是中国同中亚国家关系的宝贵财富，为成员国间的能源合作提供了和谐友好的政治氛围。

其次，安全合作有利于消除能源合作障碍。随着对中亚能源依赖的增强，维持该地区的稳定、保护在该地区的利益，尤其是能源供应和巨大的投资，对中国来说将变得愈来愈重要。[①]因此，深化上合组织框架下的安全合作，推动地区集体安全机制建设，是中国维护能源安全的应有之义。

中亚地区安全形势十分严峻，宗教极端势力、民族分裂势力、暴力恐怖势力“三股势力”，武器走私和毒品犯罪等严重影响了地区的安全与稳定。成立伊始，上合组织就把安全问题特别是非传统安全问题视为多边合作的重要内容之一。《上海合作组织成立宣言》将“维护和保障地区的和平、安全与稳定，共同打击恐怖主义、分裂主义和极端主义、毒品走私、非法贩运武器和其他跨国犯罪”明确为该组织的安全合作宗旨。

针对地区安全的各种威胁，上合组织成员国陆续签署了一系列与安全合作有关的文件，涵盖信息安全、联合执法、情报共享、打击毒品和犯罪多个领域，为中国与中亚国家多边安全合作奠定了法律基础。随着合作的深入，上合组织建立了一系列有助于成员国间加强协调和磋商的合作机制，如上合组织地区反恐机构执行委员会，上合组织秘书处，禁毒部门高官级定期会晤制度和联络员机制，国防部长、总参谋长和最高法院院长定期会

① Bernardo Mariani. “China's Role and Interests in Central Asia,” *Saferworld*, October 2013, p.16.

晤机制等。自2003年以来，上合组织成员国还举行了多次联合反恐军事演习，不断提升反恐实战能力，对“三股势力”起到一定的震慑作用。成立十多年来，上合组织经受住了各种严峻考验，在执法安全合作领域取得显著成果，目前已经成为中亚地区最活跃的区域性国际组织。

二、推进能源合作是上合组织成员国的共识

能源生产与出口对于中亚各国、能源供给与进口对于中国，都是国民经济发展的重要基础。追求能源的集体安全符合上合组织成员国的利益诉求。因此，推进上合组织的能源合作成为成员国的共识。而且，扩大上合组织内的能源合作具备很多得天独厚的条件。

首先，能源互补优势。上合组织内成员国间的能源互补条件好，既有能源生产国俄罗斯、哈萨克斯坦和乌兹别克斯坦，又有能源消费国中国、塔吉克斯坦和吉尔吉斯斯坦，共同构成了完整的能源生产和消费的互动版图。尤其是俄罗斯，它是一个“能源超级大国”，而中国是世界最大的能源消费国，拥有稳定的能源需求和广阔的能源市场。大部分能源生产国尽管油气资源丰富，但缺乏能源勘探开发所需的资金与技术，而中国拥有充足的资金、劳动力以及油气勘探开发技术等部分优势。

其次，地理位置优势。上合组织成员国中的能源生产国与消费国可以直接对接，不必经过第三国。尤其是中哈原油管道，它是一条直接沟通资源产地和消费市场的内陆管道。中亚地区最具吸引力的能源是天然气。“运输天然气最便宜的方式是通过管道，所以天然气资源地若是接近大型消费市场，那将是一块非常有价值的资产。”[①] 已建成的中哈原油管道、中国—中亚天然气管道既是双方互利共赢、共同发展的集中体现和历史见证，也是双方进一步增进互信、深化合作的坚实基础。筹建中的中俄天然气管道东线和西线将上合组织成员国之间的能源合作推上新的台阶。

再次，地缘政治优势。从地缘政治上看，由于中亚能源西向和南向的

① [英] 戴维·G. 维克托、埃米·M. 贾菲、马克·H. 海斯：《天然气地缘政治——从1970到2040》，王震、王鸿雁等译，石油工业出版社2010年版，第266页。

出口途径都不同程度地存在着动荡的隐患和较大的不确定性，因此，大力加强与东向中国的合作，是希望摆脱俄罗斯控制的中亚国家的不二选择。而且，中国是中亚地区油气资源通向东亚的必经之路，通过与中国相接的铁路公路和油气管道系统，中亚地区的能源资源还可以直抵太平洋沿岸的港口，向日本、韩国等亚太能源消费大国供应油气资源。从长远看，加强与中国的油气合作，对于中亚国家开辟亚太能源市场无疑具有十分重要的意义。

三、上合组织制定和落实多边能源合作项目

上合组织成员国幅员辽阔，人口众多，市场巨大，资源丰富，经济互补性强，加强区域经济合作有助于成员国共同发展。1998 年 7 月，在上海五国元首第三次会晤中，讨论的主题就从加强边境地区信任逐步扩大到政治、安全、外交、经贸、人文等各个领域的全面互利合作。《上海合作组织成立宣言》规定，该组织的宗旨之一是“鼓励成员国在政治、经贸、科技、文化、教育、能源、交通、环保及其他领域开展有效合作”。随着政治、安全合作的全方位推进，上合组织成员国开始把经济合作视为合作的重点，积极加以推动。在今后较长时期内，促进经济发展将是上合组织成员国共同的战略任务。

自上合组织成立后，经贸合作这一主题的讨论从元首层面转向政府首脑（总理）层面。2001 年 9 月，上合组织成员国政府首脑（总理）在哈萨克斯坦阿拉木图举行首次会晤，宣布正式建立每年一次的总理会晤机制，并一致决定启动六国多边经贸合作进程。2003 年 9 月，上合组织成员国政府首脑（总理）第二次会议《多边经贸合作纲要》，规划了经济合作的长远目标和阶段性任务，标志上合组织区域经济合作的开始。2004 年 9 月，上合组织成员国经贸部长第三次会议在莫斯科召开，成立了经贸部长会议高官委员会和 7 个专业工作组，为区域经济合作提供了机制保障。其中，能源工作组 2006 年 8 月召开成立大会，就“措施计划”中能源领域合作项目及各方的建议交换了意见。经多轮磋商，经贸部长会议高官委员会商定了《多边经贸合作纲要》的“措施计划”草案。从草案的落实情况上看，上合组织成员国在油气领域的合作内容非常广泛，主要集中在以下四个方面：一是基础设施建设，比如新 / 改建油气管道；二是油气运输体制问题，比如

天然气运输规范、过境体制和市场准入等；三是油气项目融资问题；四是油气技术领域合作，比如天然气利用的标志、规范和规则等。这些能源项目的落实为进一步加深中国与中亚国家的能源合作提供了良好的平台。

值得一提的是，由于缺乏完善的商业融资机制，成员国的能源项目难以落实。中国政府积极推进金融合作创新，为本地区建立长期稳定的融资平台。一方面，为落实《多边经贸合作纲要》“措施计划”草案中的大型合作项目，从 2004 年起，中国向上合组织成员国先后提供了 271 亿美元的信贷支持。这些贷款有一部分支持了成员国能源产业的发展，对成员国完善能源工业体系和基础设施、优化能源投资环境具有积极意义。比如，乌兹别克斯坦利用 1.97 亿美元进行天然气管道的建设、维修和保养。2014 年 5 月，中国进出口银行与哈萨克斯坦开发银行签约，向哈国提供 10 亿美元上合框架内优惠贷款，用于奇姆肯特炼油厂改造项目。近年来，中国通过丝路基金和中国—欧亚经济合作基金等金融平台，解决上海合作组织成员国投资需求。另一方面，金融领域的合作仍是上合组织成员国合作的短板。为给成员国务实合作提供坚实的融资支撑，推动国际金融体系变革和国际金融秩序重塑，自 2010 年 11 月，温家宝总理在上合组织第九次总理会议提出成立上合组织开发银行倡议以来，中国政府与相关方面一道，努力推进建立上合组织开发银行。

四、建立上合组织“能源俱乐部”

为了建立上合组织成员国能源领域的协调机制，2006 年 6 月，普京在上合组织峰会上提出建立就成员国之间能源合作进行对话的常设机构“能源俱乐部”，协调各成员国的能源开采和运输方案，兼顾油气出口国和进口国的利益。该建议获得大部分成员国支持。

2006 年 9 月，围绕普京的建议，上合组织政府首脑（总理）理事会第五次会议发表《联合公报》，决定由俄罗斯牵头的能源工作组会同上合组织秘书处，尽快研究建立能源俱乐部问题。

2007 年 6 月，在莫斯科召开的上合组织能源部长会议上，一致同意建立上合组织能源俱乐部，并原则上就该机构基本章程达成一致，将其前景定位为“形成地区统一能源空间”（Unified Energy Space）。

近年来，面对世界金融危机和国际油价暴涨暴跌的严峻冲击，上合组织成员国加强能源合作的愿望和要求日益迫切。2011 年 9 月，中国、俄罗斯、吉尔吉斯斯坦、塔吉克斯坦四国能源部长在西安会晤，就能源合作等达成了共识，共同发起《西安倡议》，加快启动上合组织能源俱乐部的组建工作。

然而，从概念提出至今，能源俱乐部仍停留在纸上。由于各成员国的发展水平、文化传统和资源禀赋不同，对能源合作的立场和主张各异——倡议者俄罗斯希望通过上合组织能源俱乐部在中亚地区发挥主导作用，实现控制中亚能源资源及其管道走向的战略目标；哈萨克斯坦将保障能源的稳定和可靠运输作为参与多边能源合作的首要目标；对于依赖油气进口的吉尔吉斯斯坦和塔吉克斯坦而言，上合组织的能源合作首先要保障其油气的稳定进口，还需要其他成员国在其境内协助勘探油气资源；不愿将本国的能源出口管道受控于任何形式的制度化安排的乌兹别克斯坦则主张成立一个在能源政策上进行交流和沟通的能源论坛。目前，各成员国在能源俱乐部的机制和职能方面上持不同立场——成立跨国能源组织，制定共同能源战略，或成立论坛性质的平等对话交流平台，协调各国能源政策。目前，各成员国均倾向使能源俱乐部成为平等对话交流的平台，但在具体协调和统一各国能源政策、共同实施大型基础设施建设和进行投融资方面，各成员国间存在很多争议。

总之，上合组织成员国之间存在巨大的能源合作规模和潜力，推进上合组织内的多边能源合作是成员国经济社会发展的一种战略选择，符合成员国的共同利益和长远利益。目前，上合组织多边能源合作的进程已经起步，并呈现出良好发展态势。但是，这些合作只能称之为“上合组织区域内的能源合作”，难以称作“上合组织层面上（或上合组织框架内）的能源合作”。[①] 上合组织多边能源合作机制尚不成熟，而且面临诸多困难和挑战，都在一定程度上制约了上合组织多边能源合作的顺利开展。毋庸置疑，上合组织多边能源合作需要创新合作模式，开辟更广阔的空间。

---

① 刘乾：《能源俱乐部：对中国意味着什么？》，新浪网，2013 年 8 月 6 日，http://finance.sina.com.cn/china/20130806/180816363452.shtml。

第三节 “丝绸之路经济带”建设提供新机遇

2013年9月，习近平主席首访中亚四国。在纳扎尔巴耶夫大学，他发表《弘扬人民友谊 共创美好未来》的演讲，提出了共同建设“丝绸之路经济带”的合作倡议。在随后召开的上合组织成员国元首理事会第十三次会议上，他发表《弘扬“上海精神”促进共同发展》的讲话，提出成立能源俱乐部，“协调本组织框架内能源合作，建立稳定供求关系，确保能源安全，同时在提高能效和开发新能源等领域开展广泛合作”。① 由此可以看出，能源俱乐部与丝绸之路经济带、上合组织三者之间是密不可分的。共建“丝绸之路经济带”合作倡议的提出为上合组织多边能源合作提供了新机遇。

一、中亚地区在“丝绸之路经济带”建设中的地位

“丝绸之路经济带”是在古丝绸之路基础上提出的一个新的经济发展区域，是“世界上最长、最具有发展潜力的经济大走廊”。其中，中亚地区居于十分重要的战略地位。

（一）地理上的中心位置

“丝绸之路经济带”横跨整个欧亚大陆，覆盖的地理范围② 非常广。根

① 习近平:《弘扬“上海精神”促进共同发展——在上海合作组织成员国元首理事会第十三次会议上的讲话》,《人民日报》2013年9月14日，第2版。

② 国内学者对“丝绸之路经济带”的地理空间有不同界定，部分学者将其分为广义和狭义两种，认为广义的“丝绸之路经济带”覆盖整个欧亚大陆基本没有争议，狭义的“丝绸之路经济带”仅限于中国与中亚五国的部分地域。西北大学卫玲和戴江伟将其分为国家、地域、地形和城市四个层面，参见卫玲、戴江伟:《丝绸之路经济带：超越地理空间的内涵识别及其当代解读》,《兰州大学学报（社会科学版）》2014年第1期；兰州大学郭爱君和毛锦凰将其分为国家、地域和节点三个层面，参见郭爱君、毛锦凰:《丝绸之路经济带：优势产业空间差异与产业空间布局战略研究》,《兰州大学学报（社会科学版）》2014年第1期。而大部分学者认为“丝绸之路经济带”是包括整个欧亚大陆在内的地理区域，但对于“丝绸之路经济带”的结构形态有不同的解释。比较有代表性的是清华大学胡鞍钢教授的“环状”形态结构，即以中国作为东端起点，向西一带划分为功能有所差异的三大层段：一是中亚经济带，涵盖中亚五国；二是环中亚经济带，涵盖中亚、俄罗斯、南亚和西亚；三是亚欧经济带，涵盖环中亚地区、欧洲和北非，参见胡鞍钢、马伟、鄢一龙:《“丝绸之路经济带”：战略内涵、定位和实现路径》,《新疆师范大学学报（哲学社会科学版）》2014年第2期。中国社科院邢广程教授的“带状”结构，认为以中国为出发点，以俄罗斯和中亚地区为桥梁和纽带，以欧洲为落脚点，以北部非洲为延长线，参见邢广程:《“丝绸之路经济带”与欧亚地缘格局》,《光明日报》2014年1月12日，第8版。还有中国社科院李建民教授的“线状”结构，东起中国，通过北、中、南三线穿过中亚、西亚、南亚等地区后，西至欧洲和北非，参见李建民:《丝绸之路经济带、欧亚经济联盟与中俄合作》,《俄罗斯学刊》2014年第5期。

据 2015 年 3 月 28 日，中国官方正式向世界发布《推动共建丝绸之路经济带和 21 世纪海上丝绸之路的愿景与行动》（以下简称“愿景与行动”），它有三个走向：一是从中国经中亚、俄罗斯到达欧洲；二是从中国经中亚、西亚至波斯湾、地中海；三是从中国经东南亚、南亚到印度洋。通过沿线各国的合作，将打通从太平洋到波罗的海的运输大通道，形成连接东亚、西亚和南亚的交通运输网络，促进贸易畅通和投资便利化。

中亚地处欧亚大陆心脏，历来是东进西出和南下北上的必经之地，是古丝绸之路的核心地区，更是“丝绸之路经济带”的战略支点和合作重点。这也是习近平主席选择向中亚国家提出这一合作倡议的关键原因。

（二）经济上的“塌陷地带”

中亚国家西接发达的欧洲经济圈，东邻充满活力的亚太经济圈。然而，由于中亚国家地理环境较闭塞、交通运输不便、自然环境较差，经济发展水平远远落后于东西两端的经济圈，是世界经济两大引擎之间的“塌陷地带”。因此，发展经济与改善生活是这一地区民众的普遍诉求。

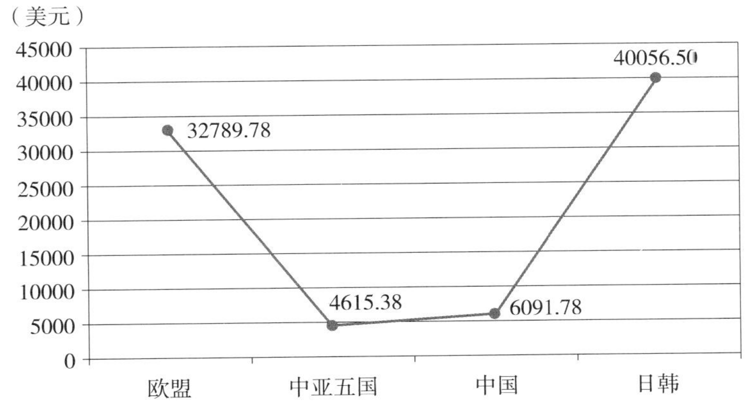

图 3-3　丝绸之路经济带沿线国家（地区）2012 年人均 GDP

资料来源：白永秀、王颂吉：《丝绸之路经济带的纵深背景与地缘战略》,《改革》2014 年第 3 期。

随着中国经济的快速发展，逐步走上正轨的中亚各国希望与中国开展更加紧密广泛的合作，搭中国经济这列“东方快车”以推动本国经济社会发展。复兴丝绸之路既是对历史文化的传承，也是对各国期盼的回应。同时，尽管经济总量排在了世界第二，但中国依然是一个发展中国家，面临诸多挑战。近年来，受国际金融危机和欧洲债务危机等因素的影响，世界经济复苏乏力，中国经济增长也存在下行压力。中国亟须协调沿海开放和向西开放布局，促进中西部地区发展，扩大向欧亚内陆开放。因此，中国同中亚国家一道打造新兴增长区域，将实现中国和中亚国家合作共赢，进而改变整个欧亚大陆的经济版图。

（三）能源上的补给站

中亚地区位于世界能源供应链的中心，毗邻俄罗斯西伯利亚和远东地区、中东海湾地区和北非马格里布等能源富集区，而且靠近世界能源消费市场，周边的亚太地区、南亚次大陆和欧洲地区都是重要的能源消费市场。中亚地区在国际能源格局中的地位十分重要。独立以来，中亚国家普遍实施“能源立国”“能源强国”发展战略，以能源工业发展带动本国经济繁荣。在能源政策的带动下，中亚各国的油气能源产量不断上升。沉寂多年的中亚地区逐渐成为世界关注的焦点。

中国与中亚的油气合作是既是“丝绸之路经济带”建设的先行者，也是“丝绸之路经济带”建设的重要内容。20 世纪 90 年代以来，中国与中亚国家的油气合作为“丝绸之路经济带”建设打下了扎实的基础，为推进“丝绸之路经济带”建设做足了铺垫工作。中哈原油管道和中国—中亚天然气管道已成为“丝绸之路经济带”互联互通的先行典范。

总之，中亚五国地处欧亚大陆的腹地，是连接东西和南北丝路的战略节点，是世界公认的经济“塌陷区”，还是能源与资源的富集区，也是“丝绸之路经济带”建设重要的试验区、示范区和成果展示区。无论从地缘政治角度，还是从地缘经济角度考察，中亚地区对于中国当前和今后都有非常重要的战略意义。

二、“丝绸之路经济带”具有比较优势

苏联解体后，为了改变封闭状态和摆脱对俄罗斯的依赖，中亚国家提出重建丝绸之路的设想和建议。在国际道路联盟（IRF）、亚洲开发银行（ADB）、联合国开发计划署（UNDP）、联合国教科文组织（UNESCO）以及

世界旅游组织（WTO）等国际组织和机构的支持下，1992年12月1日，首列前往中亚国家的国际集装箱专列从连云港发出，第二条亚欧大陆桥[①]（又称“新亚欧大陆桥”）正式开通运营。然而，由于受俄罗斯金融危机和阿富汗内战的影响，再加上中亚各国间复杂的资源、边界和民族纠纷，第二条亚欧大陆桥没有充分发挥沟通沿桥各国的作用。

新世纪，复兴丝绸之路再度引起有关国家和国际组织的重视，各种以“丝绸之路”命名的地缘发展战略不断提出，比如联合国开发计划署的“丝绸之路复兴计划”、[②]欧盟的“欧洲—高加索—亚洲国际运输走廊”、[③]日本的“丝绸之路外交”、[④]美国的《丝绸之路战略法案》[⑤]（Silk Road Strategy Act）、俄罗斯的“新丝绸之路”、[⑥]伊朗的“铁路丝绸之路”[⑦]以及纳扎尔巴耶夫的

---

① 第一条亚欧大陆桥是20世纪70年代由苏联建造的，从俄罗斯东部的哈巴罗夫斯克（伯力）和符拉迪沃斯托克（海参崴）经西伯利亚大铁路到达欧洲各国直至荷兰鹿特丹港。整个大陆桥沟通太平洋和大西洋，经过俄罗斯、哈萨克斯坦、白俄罗斯、波兰、德国和荷兰6个国家，全长9332千米。第二条亚欧大陆桥是20世纪90年代中国与哈萨克斯坦共同打造的，从中国连云港经陇海铁路、兰新铁路和北疆铁路在阿拉山口进入哈萨克斯坦，再经俄罗斯、白俄罗斯、波兰、德国和荷兰，终点为鹿特丹港，全长10800千米。目前，中国和欧盟正在计划第三条亚欧大陆桥的修建，以深圳港为起点，沿途由昆明经缅甸、孟加拉、印度、巴基斯坦、伊朗，从土耳其进入欧洲，最终抵达荷兰鹿特丹港，横贯亚欧20多个国家，全长约15000千米。

② “丝绸之路复兴计划”由联合国开发计划署与中国和中亚四国政府（哈萨克斯坦、乌兹别克斯坦、吉尔吉斯斯坦、塔吉克斯坦）联合发起。2008年2月，包括俄罗斯、伊朗、土耳其、中国在内的19国交通部长和高级官员签署协议，决定从2008年到2014年，投资总额430亿美元，建立6条运输走廊，改善古丝绸之路等欧亚大陆通道的公路、铁路、港口、通关等软硬件条件，重现2000年前丝绸之路的辉煌。

③ “欧洲—高加索—亚洲国际运输走廊”由苏联外长谢瓦尔德纳泽于1990年提出，后被欧盟所采纳。1993年，欧盟正式通过《“欧洲—高加索—亚洲”运输走廊纲要》，建立一条绕过俄罗斯的欧亚替代性运输走廊，改善参加国进入世界市场的条件。

④ 1997年7月，为实现能源来源多元化，日本首相桥本龙太郎提出针对中亚和高加索八国“丝绸之路地区”的“丝绸之路外交”。但受地理条件等因素的限制，日本在中亚的渗透进展缓慢，少有突破。

⑤ 为打破俄罗斯在该地区油气运输上的垄断，解决里海油气外运问题，1999年5月，根据国务院提交的《里海地区能源发展报告》，美国国会通过了《丝绸之路战略法案》。该法案将中亚里海国家与南高加索国家看作一个整体，制定加强这一区域与外界的经济与能源联系的政策。

⑥ 俄罗斯将正在建设中的、从中国经过中亚和俄罗斯到达德国杜伊斯堡的“中欧运输走廊”称为“新丝绸之路”。

⑦ 2011年10月，伊朗在经济合作组织大会上宣布将开始启动将伊朗铁路线通过阿富汗、塔吉克斯坦和吉尔吉斯斯坦三国同中国铁路线连通的计划。因为该计划以铁路连通为主，被称为“丝绸铁路”。

"哈萨克斯坦—新丝绸之路项目"[①]等。然而，由于受"冷战"后的国际形势与中亚各国经济社会转型、政治局势动荡等因素的影响，这些发展战略少有实质性的进展，有的甚至不了了之。

2008年国际金融危机以来，俄罗斯和美国根据自身的战略需求和中亚国家的利益需求，纷纷调整或出台相应战略，竞逐中亚地区秩序的新制高点。2011年7月，美国国务卿希拉里·克林顿在印度召开的美印战略对话会上发表演讲时提出"新丝绸之路"（New Silk Road）计划[②]。美国的"新丝绸之路"计划以阿富汗为核心，打造一条贯通中亚到南亚的国际能源与交通网络，实现"能源南下"和"商品北上"，进而建立一个由亲美的、实行市场经济和世俗政治体制的国家所组成的新地缘政治板块，服务于美国在该地区乃至全球的战略利益。随后，该计划被紧锣密鼓地提上国际议事日程。9月22日，在召开的第66届联合国大会上，希拉里进一步阐述该计划，认为计划的实施将使整个地区经济走向繁荣，中亚、南亚地区趋向稳定。[③]此后，11月召开的阿富汗问题伊斯坦布尔会议、12月召开的阿富汗问题波恩会议，以及2012年5月在芝加哥召开的北约峰会，这一计划都是其中的重要议题之一。

在美国提出"新丝绸之路"计划的同一时间，2011年10月5日，俄罗斯总理普京以总统参选人身份在《消息报》上发表《欧亚大陆新一体化[④]计划——未来诞生于今日》，提出"欧亚联盟应成为推动扩大一体化进程的核心，即通过现有组织（关税同盟和统一经济空间）的不断合并逐渐成立欧亚联盟"，"我们提出强大的超国家联合体模式，它能够成为当代世界多极中的一极，发挥欧洲与亚太地区有效'纽带'的作用。这意味着，必须

---

① 2012年8月，在外国投资者理事会第25次全体会议上，纳扎尔巴耶夫宣布开始实施"新丝绸之路项目"，要将哈萨克斯坦建成为中亚地区最大的过境中心以及欧洲和亚洲间独特的桥梁。

② "Secretary Clinton on India: A Vision for 21st Century." 20 July 2011, http://translations.state.gov/st/english/texttrans/2011/07/20110720165044su0.7134014.html#axzz3PbUXCoRt.

③ Clinton, Hillary Rodham. "Remarks at the New Silk Road Ministerial Meeting." *New York, September* 22 (2011), http://www.state.gov/secretary/20092013clinton/rm/2011/09/173807.htm.

④ 普京设想的欧亚大陆新一体化分四步走：第一步，2010年1月1日，在欧亚经济共同体框架内成立俄、白、哈关税同盟；第二步，2012年1月1日，在关税同盟基础上建立统一经济空间；第三步，2015年1月1日，由统一经济空间发展成为欧亚经济联盟；第四步，在欧亚经济联盟基础上构建一个集政治、经济、军事、人文为一体的超国家联合体——欧亚联盟。

在关税同盟和统一经济空间的基础上过渡到更密切地协调经济和货币政策，建立名副其实的经济联盟”。[①] 普京的“欧亚联盟”战略既是他的竞选大纲，也是他的施政战略。2012 年 5 月普京第三次入主克里姆林宫后，开始在独联体国家中展开密集的外交活动，推动原苏联地区一体化进程，进而实现俄罗斯的强国复兴。经过近两年的准备，2014 年 5 月 29 日，俄罗斯、白俄罗斯和哈萨克斯坦三国总统在阿斯塔纳签署《欧亚经济联盟条约》。2015 年 1 月 1 日，欧亚经济联盟（Eurasian Economic Union）取代欧亚经济共同体（Eurasian Economic Community），一个拥有 1.7 亿人口、4.5 万亿美元 GDP 总值的超国家联盟正式建立。当年 1 月 2 日和 8 月 12 日，亚美尼亚和吉尔吉斯斯坦相继加入该联盟。

随着中国与中亚国家的联系日益密切，中国也逐渐成为中亚地区重要的利益攸关方。与俄美在中亚地区的战略部署相比，中国的“丝绸之路经济带”具备很多的优势。

表 3-3　中俄美三国在中亚地区战略部署比较

区　别	中国“丝绸之路经济带”	俄罗斯“欧亚联盟”	美国“新丝绸之路”计划
时　间	2013 年 9 月	2011 年 10 月	2011 年 7 月
走　向	东西	弧形带	南北
范　围	通过中亚把东亚和欧洲相连，涵盖欧亚大陆	整合苏联空间，涵盖独联体内的俄罗斯、中亚和东欧等地	通过阿富汗把中亚和南亚相连，涵盖中、南亚
目　的	协调东西部经济社会发展，维护中国西部的稳定，实现欧亚互利共赢	恢复俄罗斯在独联体地区传统支配地位，重振俄罗斯大国和强国地位	保证阿富汗稳定，推动地区国家间合作，主导地区发展进程
实　质	尊重中亚国家的选择，实现地区持久和平与共同繁荣	支持亲俄主权，推进独联体地区的一体化进程	推进中亚国家民主进程，建立美国主导的中亚和南亚新秩序
主导权	多元开放、平等参与	俄罗斯	美国
参与者	无排他性	排斥任何大国染指	排斥俄罗斯、伊朗和中国
平　台	上合组织	集体安全条约组织和欧亚经济联盟	纠集日本、欧美、印度等盟友参与或主导联合国机构开展合作

① 左凤荣：《欧亚联盟：普京地缘政治谋划的核心》，《当代世界》2015 年第 4 期。

续表

区　别	中国“丝绸之路经济带”	俄罗斯“欧亚联盟”	美国“新丝绸之路”计划
内　容	政策沟通、道路联通、贸易畅通、货币流通、民心相通	建立统一经济空间、实行统一货币，建立共同能源市场，实现商品和服务、资本和劳动力的自由流动	建设贯穿阿富汗的交通、通信和能源管线以及消除跨境贸易障碍
方　式	灵活务实的串联、疏通该地区各国际组织的经济合作	建立紧密型经济区域一体化组织	打破现有的区域制度安排
现　状	正在积极探索、稳步推进过程中	2015 年 1 月 1 日正式启动	是一个长期愿景，现已提出 30~40 个与此计划相关的项目

从上述比较中不难发现，首先，中国“丝绸之路经济带”合作倡议区别于其他国家丝绸之路战略的一个鲜明特点就是开放包容。俄美的中亚战略制定者本着自身利益最大化的思路构架蓝图，在很大程度上是强调自己的“连”和“通”，而对其他竞争者，却在某种程度上希望“隔”和“断”，目的是一方面实现自身利益最大化，另一方面让竞争者边缘化。[①]俄美两国在中亚的战略计划互相排斥，并都防范中国，但又离不开中国。从美国来看，“新丝绸之路”计划是以削弱俄罗斯和中国为目的的，但在中亚地区安全问题上，尤其是阿富汗问题，不能也无法绕开中俄。从俄罗斯来看，联合中国抗衡美国，但又担心中国势力做大。俄美的中亚战略事实上陷入了两难境地。实际上，中国的“丝绸之路经济带”与美国的“新丝绸之路”计划和俄罗斯的“欧亚经济联盟”在区域上是高度重合的，在实施内容和手段上也有很多相似之处，因此彼此间的竞争不可避免。但是，中国要走出“麦金德悖论”[②]的历史宿命，避免重蹈英国、俄国（苏联），甚至是美国的覆辙，在中亚地区不追求麦金德式的扩张，努力超越传统的地缘政治思维

① 李建民：《丝绸之路经济带、欧亚经济联盟与中俄合作》，《俄罗斯学刊》2014 年第 5 期。

② 历史上，在中亚地区的大国地缘战略角逐中，存在着一个所谓的“麦金德悖论”，具体内容为：从 19 世纪的英国、俄国到 20 世纪的苏联，再到今天的美国，无一不想通过控制欧亚大陆的“心脏地带”获得世界霸权，但因缺乏足够的国力保证这一目标的实现，结果是无一例外地深陷其中并由此转向衰落。建立在“心脏地带”之上的麦金德地缘政治理论是有缺陷的，具体表现为理论上的合理性与实践上的不可行性的悖论。

的束缚，不谋求地区事务主导权，不经营势力范围，欢迎世界各国和国际、地区组织积极参与。

其次，“丝绸之路经济带”不是一场中国自导自演的独角戏，而是一曲沿途各国共同参与的交响乐。没有各国各族人民的共同建设，中国的“丝绸之路经济带”就是一座空中楼阁。“丝绸之路经济带”与古丝绸之路一脉相承，提倡不同发展水平、不同文化传统、不同资源禀赋、不同社会制度国家间开展平等合作，共享发展成果。与中国“亲、诚、惠、容”的外交理念一致，中国的“丝绸之路经济带”顺应时代发展潮流，倡导“共商、共建、共赢”和平等参与、优势互补、合作共赢，不附加政治条件，不预设合作前提，照顾各方合理关切和利益均衡，激发沿线国家经济发展活力和合作潜力，寻求利益契合点和合作最大公约数。“‘丝绸之路经济带’不是‘核心和边缘’的剥削型经济关系，也不是‘依附与被依附’的不平等经济关系，各国都是平等的参与者，是平等互利、合作共赢的‘利益共同体’和‘命运共同体’”。[①] 其中，中国在力所能及的范围内承担更多责任义务，为人类和平发展做出更大的贡献。

此外，与古丝绸之路相比，除了传统的陆路贸易以外，“丝绸之路经济带”还注入了许多新的政治经济内涵。尽管石油和天然气等能源资源是丝绸之路合作的重头戏，但它不仅仅是石油之路，[②] 还是产业投资之路、资金融通之路、开放包容之路、和平合作之路和人文交融之路……因此，更加契合沿线各国在经济发展的利益诉求与区域合作的发展理念，更能获得多数国家和人民的认可与支持。作为古代丝绸之路的历史起点、现代丝绸之路的倡导者和参与者，中国的独特作用是俄美无法替代的。

三、能源合作是“丝绸之路经济带”建设的重要内容

2015 年 3 月，随着“愿景与行动”的正式发布，落实“丝绸之路经济带”有了明确的“路线图”，中国与中亚国家的合作也迎来多重难得机遇。

---

① 李建民：《“丝绸之路经济带”合作模式研究》，《中国党政干部论坛》2014 年第 5 期。

②［美］斯科特·L. 蒙哥马利：《全球能源大趋势》，宋阳、姜文波译，机械工业出版社 2012 年版，第 233 页。

其中，能源合作契合中国与中亚各国经济社会发展需要，是最现实和可行的。双方在经济结构禀赋、社会发展需要、能源互补优势、已有的合作基础和条件等方面的情况，决定了能源合作是“丝绸之路经济带”的重要内容。

（一）符合中亚国家发展的实际需要

中亚各国十分重视本国经济的发展，将发展经济和改善民生作为首要任务，希望通过扩大对外合作实现国家经济发展战略和目标。土库曼斯坦2003年8月通过《2020年以前土库曼政治、经济和文化发展战略》，将建成“一个社会经济发展指标达到世界高水平、居民生活保障程度达到高水准的强国”作为战略目标。2011年12月，乌兹别克斯坦与世界银行合作制定《2030年前经济体制转轨计划》，使乌在本世纪中叶成为中等收入水平的国家。纳扎尔巴耶夫2012年12月发表《哈萨克斯坦2050》国家发展战略，将“跨入世界发达国家前30强”作为未来40年发展的长期目标。吉尔吉斯斯坦2013年1月提出《2013~2017年国家稳定发展战略》，将“建设一个经济快速发展的国家”设为中期发展目标。在2004年《2015年前塔吉克斯坦共和国经济发展纲要》和2007年《塔吉克斯坦共和国截至2015年的国家发展战略规划》的基础上，塔吉克斯坦正在审议新修订的《至2030年塔吉克斯坦国家发展战略》草案，该战略草案以“确保能源独立、走出交通困境、保障粮食安全”为战略目标。若将中亚各国经济发展规划与“丝绸之路经济带”相对接，有助于各国发展战略的顺利实施和战略目标的实现。

近年来，在国际金融危机背景下，中亚资源国普遍存在的能源勘探资金匮乏、能源基础设施建设落后和能源运输系统老化等问题愈加严重，制约了有前景油气田的开发、油气产量的提高和油气出口，并对国家财政收入和国民经济发展造成不利影响。尤其是2014年乌克兰危机爆发以来，国际油价下跌和卢布大幅贬值，给依靠能源出口的哈萨克斯坦、土库曼斯坦和乌兹别克斯坦造成了剧烈冲击。对俄罗斯经济依赖性最大的吉尔吉斯斯坦和塔吉克斯坦也难逃厄运。自2014年下半年开始，中亚各国经济增速大幅放缓。

在“愿景和行动”中，能源方面的合作重点是加大油气资源勘探开发合作，推进能源资源就地就近加工转化合作，加强能源资源深加工技术、装备与工程服务合作，形成能源资源合作上下游一体化产业链；加强能源基础设施互联互通合作，共同维护输油、输气管道等运输通道安全。这些合作内容契合中亚国家当前能源发展的实际需要，受到中亚国家的广泛关注和积极响应。

（二）解决中亚国家面临的现实问题

尽管中国与中亚国家的油气合作已经在更大程度和更大范围内展开，并不断取得新成就，但是存在的困难和问题也不少，尤其是在多边合作方面，中国与中亚国家尚处于起步阶段，发展空间大，亟待加强和提高。“丝绸之路经济带”是一种创新的合作模式，通过政策沟通、设施联通、贸易畅通、资金融通、民心相通，可以很好地解决中国与中亚国家在多边能源合作过程中面临的诸多问题，为中国与中亚国家的能源合作提供更广阔的发展空间。

在政策沟通方面。中亚各国的资源禀赋、发展水平不同，能源政策和利益诉求也各异，因此，就经济发展战略和能源政策进行充分交流不仅是必要的，而且是必需的。本着求同存异的原则，协调多边能源合作规划和措施，将更好地维护本国国家利益和地区共同利益。

在设施联通方面。能源对中亚各国经济发展、社会稳定作用巨大。加快能源基础设施建设，促进能源基础设施互联互通，推动落实能源运输“过境自由、非歧视、不妨害”原则，可以振兴各国能源产业发展，并外溢到经济、社会各领域，为经济社会发展提供新的增长空间。

在贸易畅通方面。从能源产业整体来看，在能源勘探开发、管道运输、冶炼加工等上、中、下游环节开展合作，将充分发挥中国资金、技术优势与中亚各国的能源优势，将把各方利益更紧密地捆绑在一起，从而充实区域能源合作的内涵，为区域能源合作提供动力。

在资金融通方面。能源产业是资金密集型产业。目前，中亚各国的能源发展都面临巨大的资金短缺压力，亚洲开发银行和世界银行已无法满足亚太国家巨大的资金缺口。尤其是国际金融危机和国际油价下跌，导致各国融资困难，金融风险骤增。亚投行和丝绸之路基金为中亚国家资源开发、基础设施、金融合作等与互联互通相关项目提供了有效投融资渠道。目前，除土库曼斯坦之外，中亚四国均已申请并批准加入亚投行。[①]

在民心相通方面。没有各国各族人民的共同建设，中国的“丝绸之路经济带”就是一座空中楼阁。中亚是不同文明、宗教和民族的交汇地，开展丰富多彩、卓有成效的人文合作将增进了解和加深友谊，为能源合作夯实民意和社会基础。

“丝绸之路经济带”是一个涉及面极广的大工程，是一项造福沿途各国人民的大事业。从长远来看，随着“丝绸之路经济带”的不断推进，中国与中亚国家依托便捷的基础设施，扩大能源开采、运输、加工等领域合作，可以保障各自能源进出口安全，进而推动经济社会发展，实现共同繁荣富强。

① 哈萨克斯坦和乌兹别克斯坦于 2014 年 10 月 24 日批准加入亚投行，塔吉克斯坦和吉尔吉斯斯坦分别于 2015 年 1 月 13 日和 4 月 9 日批准加入。

第四章

中国与中亚国家油气合作面临的问题与挑战

油气勘探开发是“高投入、高产出、高风险”的行业，海外油气项目由于涉及跨国因素，所面临的风险更大、挑战更多。尤其是在中亚这类典型的多民族、多宗教、多文化地区，政治、社会、经济、自然等因素都有可能不同程度地作用于投资项目，进而导致不同的风险事件。

十多年来，中国与中亚国家的油气合作稳步发展，然而，必须面对的现实是，中亚地区的国际环境越来越复杂，中国石油企业“走出去”遇到的困难也越来越多。当前，在中亚地区复杂的国际竞争背景下，大国在中亚地区围绕地缘和资源进行的争夺，给中国与中亚国家的油气合作带来了严峻的地缘政治挑战。新世纪，中亚地区的安全与稳定正面临前所未有的严峻挑战，比如“三股势力”、毒品走私、有组织犯罪、贫富分化、水和资源纠纷、边界争端等，都可能在不确定因素的影响下引发政治动荡、社会混乱，影响中国在中亚国家的油气投资。同时，随着新一轮资源民族主义的盛行，中亚各国频繁修改和补充油气行业法律法规，加强对油气行业的控制与监管，以往温和宽松的投资环境和财税政策也为强制性的政策所取代，因法律、税收变动和政府干预违约等问题带来的投资成本和风险在加大。中国与中亚国家的油气合作困难重重、步履维艰。

第一节　俄美以及其他主要政治力量的激烈竞争

中亚国家独立后，重要的地理位置和丰富的油气资源使其具有强烈的吸引力。当今世界，没有另外一个地区像中亚一样，几乎所有大国都在此谋求战略存在。除了处于主导地位的“第一梯队”——俄罗斯和美国两大政治力量之外，影响力不断扩大的“第二梯队”——欧盟、伊朗、土耳其、日本、韩国、印度等外部势力也在积极插手中亚地区事务，通过与中亚开展能源合作，以不同渠道和方式扩张势力，力图影响中亚地区的发展和走势，并借助中亚国家实现各自的战略目标。中亚地区蕴藏的丰富能源种下了“不和的种子”。[①] 中亚国家普遍奉行多元平衡外交策略，这使中国在与其

① Islam, AKM Iftekharul. “The US Role and Policy in Central Asia: Energy and Beyond.” *Arts Faculty Journal* 4 (2012), p.33.

进行油气合作时面临俄罗斯和欧美等国的激烈竞争，增加中国获取油气资源的成本。

一、俄罗斯

俄罗斯是世界上自然资源最丰富的国家。“门捷列夫元素周期表中列出的所有自然界的元素都可以在俄罗斯找到，特别是石油和天然气等碳氢化合物的蕴藏量尤为丰富。”[①] 根据《BP 世界能源统计年鉴（2016）》，2015 年俄罗斯探明石油储量为 140 亿吨，居世界第 4 位、独联体第 1 位；探明天然气储量 32.3 万亿立方米，仅次于伊朗，位居世界第 2 位。作为世界能源生产和出口大国，产量和出口量均居世界前列。能源产业不仅是俄罗斯国民经济赖以发展的重要基础，更是俄罗斯“参与世界经济体系、维护地缘政治影响、改善国际环境的重要手段”。[②]

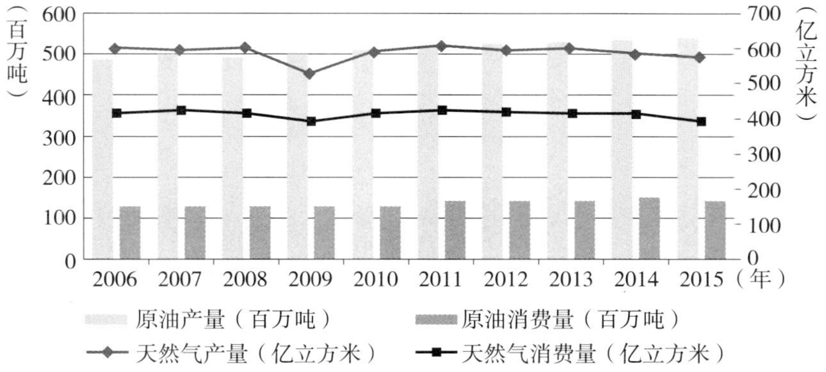

图 4~1　俄罗斯 2006~2015 年油气产量和消费量

资料来源：BP Statistical Review of World Energy, June 2016.

苏联解体后，中亚国家变成俄罗斯的近邻。对俄罗斯来说，中亚地区是具有特殊地缘战略意义的“特殊利益区”，因此极力排除任何外来的政

---

① [日] 木村泛：《普京的能源战略》，王炜译，社会科学文献出版社 2013 年版，第 1 页。

② 冯玉军、丁晓星、李东：《俄罗斯新能源外交及其影响》，《现代国际关系》2002 年第 9 期，第 17 页。

治、经济力量进入该地区；中亚地区的油气资源不仅是俄罗斯影响中亚国家的重要政治和经济杠杆，也是维护俄罗斯在国际能源市场战略地位的重要保障。

（一）俄罗斯与中亚国家的能源合作

由于历史原因，俄罗斯在中亚地区拥有巨大的经济和地缘政治利益，维护这些利益在很大程度上取决于俄罗斯与中亚国家的多边和双边能源合作。[①] 2003 年，普京政府颁布《2020 年前俄罗斯能源战略》，将独联体作为俄罗斯国际能源合作的重点方向。哈萨克斯坦、土库曼斯坦（2005 年 8 月宣布退出独联体）和乌兹别克斯坦是独联体中重要的能源生产国，也是俄罗斯能源战略的重点国家。通过对油气资源和运输管道进行“双控制”，俄罗斯掌握了中亚国家大部分的油气资源与外运方向。

1. 俄罗斯在哈萨克斯坦

哈萨克斯坦是俄罗斯投资最大、项目最多的中亚国家。俄罗斯卢克石油公司和俄气是哈萨克斯坦油气领域相当活跃的外国公司，他们积极参与哈国大型油气田的开发、管道建设以及下游炼化项目。卢克石油公司参与了库尔曼加兹油田、北库姆科尔油田、图卜卡拉干油田、北布扎奇油田和卡拉库杜克油田等十多个大型油田的勘探和开发，在田吉兹、卡拉恰干纳克油田中分别占有 5% 和 15% 的股份。为扩大经俄出口油气能力，2001 年底，里海国际财团管道建成投产。2002 年，俄哈签署协议，对半出资扩建阿特劳—萨马拉管道，于 2016 年将其输油量由 1500 万吨提升至 2500 万吨。此外，俄罗斯与哈萨克斯坦联合建立奥伦堡天然气加工厂，抢占哈国下游市场。

2. 俄罗斯在土库曼斯坦

俄罗斯和与土库曼斯坦的合作主要体现在垄断土国天然气出口上。2003 年 4 月，俄土签署一项天然气合作协议，从 2003 年到 2028 年，土库曼斯坦向俄罗斯出口天然气，从 2004 年的 500 亿立方米增加到 2007 年以

① ［俄］C.З. 日兹宁：《俄罗斯能源外交》，王海运、石泽译审，人民出版社 2006 年版，第 179 页。

后的每年 700 亿至 800 亿立方米。但俄罗斯低买高卖的方式引起土国的不满。为了摆脱俄罗斯控制，土库曼斯坦与中国修建了中国—中亚天然气管道，俄罗斯在土国的优势地位由此被打破。为了挽回不利局面，2007 年 5 月，俄罗斯与哈、土、乌三国达成协议，对中亚—中央天然气管道进行更新改造，并沿此线路铺设新的沿里海天然气管道[①]（Caspian Coastal Pipeline），从而最大限度地提高中亚天然气过境俄罗斯的输送能力。

国际金融危机后，由于欧洲天然气市场需求下降，2010 年 10 月，土俄两国宣布冻结沿里海天然气管道。同时，俄气努力修正购买土国天然气的价格。2015 年 6 月，将土天然气康采恩告到斯德哥尔摩仲裁法院。从 2009 年开始，俄罗斯将每年购买土气降至约 100 亿立方米，2015 年则缩减到 40 亿立方米。2016 年 1 月，“基于正在改变的国际天然气市场格局和俄气出口公司面临的经济财务问题”，俄气单方撕毁 25 年购气合同，宣布终止购买土库曼天然气。

3. 俄罗斯在乌兹别克斯坦

俄罗斯在乌兹别克斯坦的投资仅次于哈萨克斯坦，但控制了乌国油气市场的主导权。俄罗斯卢克石油公司和俄气是乌国油气领域最大的外国投资商。2002 年 12 月，俄乌签署在天然气领域开展战略合作的协定，俄气参与乌斯秋尔特地区 6 个天然气田的开发，并签署了 2003~2012 年长期购买天然气协议，乌兹别克斯坦向俄罗斯供应天然气，从 2003 年的 50 亿立方米增加到 2005 年以后的每年 100 亿立方米。2003 年 4 月，俄气与乌油气签署共同开发乌斯秋尔特油气区的沙赫帕赫塔气田的产品分成协议，双方各拥有所产天然气的 50%。2004 年 6 月，俄罗斯卢克石油公司与乌油气签署布哈拉州“坎德姆—哈乌扎克—沙德—昆格勒特”（Candym-Hauzak-Shady-Kungrad）油气区产品分成协议，协议期限 35 年。2005 年 9 月，俄罗斯卢克石油公司还与乌兹别克斯坦、马来西亚、韩国和中国的油气公司组建跨国财团，按产品分成方式对乌属咸海油气区进行勘探和开发。2016 年 4 月，

---

① 沿里海天然气管道从土库曼斯坦经哈萨克斯坦至俄罗斯，2008 年下半年开工建设，全长 1500 千米，输气量 300 亿立方米 / 年。

俄罗斯卢克公司与乌油气开工建设中亚地区最大的天然气加工企业——坎德姆天然气综合体。

4. 俄罗斯在吉尔吉斯斯坦和塔吉克斯坦

吉尔吉斯斯坦和塔吉克斯坦油气资源匮乏，俄罗斯通过占领两国成品油市场、控制天然气管道和设施，巩固其在中亚地区的势力范围。2013 年 11 月，吉议会批准将国家天然气公司以 1 美元价格卖给俄气，以换取有保障的燃料供应。俄气不仅承担该公司的 3100 万美元债务，并承诺投资约 10 亿美元用于吉国家天然气公司设备技术更新和扩大吉国现有的天然气管道网络。该项目的政治意义大于经济意义，俄罗斯借此扩大在吉尔吉斯斯坦的影响力。

5. 俄罗斯在里海地区

作为里海沿岸国，俄罗斯积极推动里海法律地位以有利于俄罗斯的方式解决，支持俄罗斯石油企业广泛参与里海沿岸国的油气开发，并维护俄罗斯作为里海能源运输主导性过境国的地位。这既满足了自己的能源需求，又促进了里海沿岸国家的能源开发和经济发展；既维护了俄罗斯在全球能源格局中的影响力，又巩固了对里海地区的主导权和控制权。

围绕里海的法律地位问题，俄罗斯与其他沿岸国自 1992 年启动谈判进程。2002 年、2007 年、2010 年和 2013 年，在阿什哈巴德、德黑兰、巴库和阿斯特拉罕分别举行了四次里海沿岸国家首脑会议。目前，尽管各方就里海的法律地位尚未达成一致，但在第四次里海沿岸国家首脑会议上，五国元首签署的政治声明中规定了有关里海国家在海域活动的关键原则，从而“在拟定有关里海法律地位公约上取得了重大进展”。[①]

然而，在里海法律地位尚未确定、里海划界尚未达成共识的情况下，急于出口油气振兴本国经济的哈萨克斯坦、土库曼斯坦和阿塞拜疆与跨国石油公司签署了大笔油气开发协议，积极制造“既成事实”。为了避免在该地区的影响力受损，在油气开发中处于被动，俄罗斯推行务实性与灵活性并存的能源外交政策，与沿岸各国发展良好的能源合作关系。2002 年 5

①《里海沿岸国家元首签署里海法律地位问题政治声明》，中国新闻网，2014 年 9 月 30 日，http://www.chinanews.com/gj/2014/09-30/6646521.shtml。

月，俄哈签署划分里海油气资源的双边划界协议，通过紧密合作共同受益的方式解决了里海赫瓦雷、中央区块和库尔曼加兹三块油田的归属和开发问题，为其他里海沿岸国家解决划界问题提供了范例。土库曼斯坦本来一直坚持将里海分成几部分，主张不仅要划分海底，而且要划分水面和生物资源。然而，在与俄罗斯进行互访并且结成经济合作“特惠伙伴”关系之后，土库曼斯坦开始赞同俄罗斯在里海问题上的立场，并与俄罗斯合作勘探开发里海油气资源。2002 年 5 月，卢克海外石油公司、俄罗斯国家石油公司（Rosneft）和伊德拉（Itara）公司共同组建了扎利特财团（Zhalite Consortium），三者分别持有 26%、37%、37% 的股份，对土属里海大陆架第 27~30 号油气田进行勘探开发。2009 年 4 月，俄罗斯伊德拉公司又获得土属里海大陆架第 21 号区块的勘探开发权。

俄罗斯反对非里海沿岸国染指里海油气开发，但在无法阻止西方资本进入里海国家油气资源领域的情况下，转而争取在有西方跨国石油公司参与的里海油气开采和管道项目中保有一定的股份。比如，俄罗斯持有卡拉恰干纳克石油财团 13.5% 的股份、里海国际财团管道 31% 的股份。

俄罗斯积极加强与里海沿岸国的能源合作，甚至希望仿效石油输出国组织（Organization of Petroleum Exporting Countries），在里海地区建立区域经济合作区或者能源合作组织，提高其左右世界能源市场的能力。2008 年 10 月 13 日，在俄罗斯南部阿斯特拉罕市，里海沿岸国家举行了为期两天的第一届政府间经济会议，商议筹建“里海经济合作组织”，开发里海地区能源。由于土库曼斯坦的反对，最终未通过决议。

此外，俄罗斯注重利用欧亚经济共同体、上合组织等国际组织加强与中亚国家的能源合作。特别是欧亚经济共同体，在俄罗斯的推动下，统一能源市场的建设进入实质性合作阶段。2001 年 11 月，一体化委员会设立了能源政策委员会及其下属的 4 个专家工作小组。2003 年 2 月，欧亚经济共同体制定并批准了《欧亚经济共同体成员国能源合作纲要》和《2003~2005 年成员国为建立共同能源市场的共同行动计划》两项文件，在能源合作的基本目标、任务、原则、合作的主要方向和实施机制等方面制定了共同的能源政策，并投入大量资金集中解决管道老化问题。在上合组织中，俄罗斯通过《多边经贸合作纲要》“措施计划”草案在能源基础设施、能源运输体制、能源项目融资和能源技术合作四个方面与其他成员国进行合作，并提出了建立“能源俱乐部”的设想。

（二）俄罗斯对中国参与中亚油气开发的态度

俄罗斯是中亚能源出口管道的控制者，而中国是中亚能源出口多元化的开辟者，二者在中亚地区能源问题上必然存在矛盾。再加上“对中国的发展和崛起担心”①，俄罗斯对中国与中亚国家的油气合作项目异常敏感。在哈萨克斯坦和土库曼斯坦分别与中国签署修建油气管道的协议后，普京与哈、乌、土签署了改建和新建油气管道项目的协议，力图扩大中亚油气管道的运力。他还提出以“欧洲价格”购买土库曼斯坦和乌兹别克斯坦的天然气，抢占并围堵中国的天然气来源。此外，俄罗斯还暗中鼓励印度进入中亚能源市场，以平衡中国在中亚地区的影响。

对上合组织内的能源合作，俄罗斯态度消极。为了抵制美国在中亚地区的不断推进，普京 2006 年 6 月提出在上合组织框架内建立“能源俱乐部”的建议。但是，俄罗斯更倚重欧亚经济共同体推进独联体地区经济一体化进程，不希望上合组织分散和削弱俄罗斯与中亚国家在欧亚经济共同体内的能源合作进程，致使上合组织至今尚未建立起一个为成员国所接受的多边能源合作框架和机制。

二、美国

美国能源资源储量丰富。根据《BP 世界能源统计年鉴（2016）》，2015 年美国探明石油储量为 66 亿吨，居世界第 9 位；探明天然气储量 10.4 万亿立方米，居世界第 5 位。“二战”后，美国宏观经济持续增长，国内能源需求不断攀升，成为世界第一大能源消费国。尽管能源产量稳步增长，但国内供给不足，对外依赖日趋严重。经历 20 世纪 70 年代两次石油危机的重创后，自尼克松总统后的历届政府都把减少能源对外依存度、实现“能源独立”作为基本施政纲领之一。一方面，加快国内能源资源开发，增加石

---

① 左凤荣：《重振俄罗斯——普京的对外战略与外交政策》，商务印书馆 2008 年版，第 375 页。

油战略储备，优化能源消费结构，最大限度地减少能源市场波动对国民经济发展造成的负面影响；另一方面，美国政府将能源安全列入国家对外政策的优先考虑范围之内，不仅大力推进能源多元化战略，在全球争夺油气资源、操控世界油气市场，还将主导主要能源产地和供应线作为美国实现世界霸权的基础和重要手段。

新世纪，美国经济发展放缓，能源消费呈现平稳趋势。近年来，由于在水平钻井、3D 地震成像、微地震波压裂成像以及大型水力压裂（MHF）等关键技术上取得突破并大范围使用，美国从过去无法开采的油气层中获得了大量页岩油气，本土能源生产总量大幅上升，能源对外依存度自 2005 年达到 60% 的峰值后持续下降，2009 年更是取代俄罗斯成为世界第一大天然气生产国。根据美国能源信息署和国际能源署的预测，美国将有能力在 2022 年成为天然气净出口国，并在 2035 年实现“能源独立”。可以肯定地说，这场被誉为“一百年来石油工业最重大的事件”的“页岩气革命”，不仅改变了美国的能源结构和能源战略，而且将改写国际能源格局、重塑能源政治版图。今天的美国已处于接近能源完全自给的状态。摆脱了能源短缺的制约和束缚，“独步天下”的美国正努力把历史上的最大短板转化为其地缘博弈的工具、争雄天下的利器和打败对手的武器，着手全球战略调整，加快战略重心东移，向一切竞争对手和潜在挑战者发起“能源攻势”。

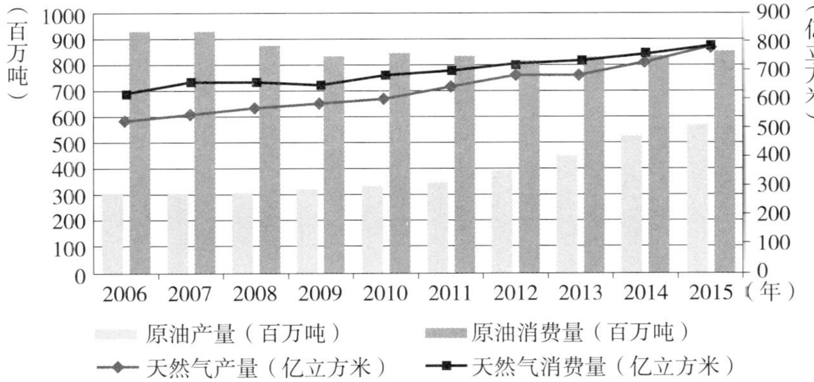

图 4~2　美国 2006~2015 年油气产量和消费量

资料来源：BP Statistical Review of World Energy, June 2016.

虽然相距甚远，但在美国的“大棋局”中，中亚地区是“世界不稳定弧”中的重要一环，是美国主导欧亚大棋局实现领导世界的重要舞台。苏联解体后，美国较早承认了中亚国家的独立。丰富的油气资源是美国重点关注的对象和实现其战略目标的方式。1992 年底，美国组建“里海大陆石油国际财团”，积极开展对中亚地区的能源投资活动。1993 年，在美国政府的推动下，雪佛龙、埃克森—美孚、德士古和阿莫科等跨国石油公司凭借资金和技术优势纷纷抢滩中亚地区，获取一些大型油田的勘探开采权，并迅速发展成为该地区最主要的外来投资主体。由于与俄罗斯在管道运输问题上的谈判纠纷不断，在美国的支持下，一些跨国石油公司寻求摆脱单纯依靠俄罗斯掌控的苏联时期的油气管道来运输油气资源的困境，在中亚地区的能源合作开始从勘探开采扩展到油气管道建设。随着美国在中亚地区能源利益的扩大，1995 年，克林顿政府成立跨部门的里海能源工作小组，专门负责处理该地区的能源外交事务。自此，美国“不仅对开发这个地区的资源感兴趣，而且要阻止俄罗斯单独主导这个地区的地缘政治空间。”①

（一）美国与中亚国家的能源合作

由于国内对中亚里海地区油气资源的需求并不大，所以美国对该地区油气资源的关注和竞争主要是“为我所控”，而非“为我所用”。美国控制中亚—里海地区油气资源的战略可以分为两个部分：一是鼓励本国石油公司在中亚里海地区抢滩布局，主导关键性油气区块的开发；二是力推新的油气管道路线，打破俄罗斯的垄断。

1. 美国在哈萨克斯坦

目前，美国的油气项目主要集中在哈萨克斯坦。1993 年 4 月，美国雪佛龙公司与哈油气签署有限期至 2033 年的产品分成合同，并成立哈国最大的油气生产公司——田吉兹—雪佛龙公司，其中，美国的雪佛龙公司、埃克森—美孚公司分别拥有该公司 50% 和 25% 的股份，由此拉开了美国参与

① [美] 兹比格纽·布热津斯基：《大棋局：美国的首要地位及其地缘战略》，中国国际问题研究所译，上海人民出版社 2007 年版，第 115 页。

中亚地区能源开发的序幕。1997 年 10 月，阿吉普国际财团与哈萨克斯坦政府签署为期 40 年的产品分成协议，其中，美国埃克森—美孚公司和康菲公司分别拥有卡沙甘油田 16.67% 和 8.33% 的股份。11 月，卡拉恰干纳克石油财团与哈萨克斯坦签署有限期至 2037 年的产品分成合同，其中，美国雪佛龙公司获得卡拉恰干纳克油田 18% 的股份。在里海国际财团管道项目中，雪佛龙公司拥有 15% 的股份。

2. 美国在土库曼斯坦

美国政府鼓励石油企业介入土库曼斯坦的油气勘探开发。1993 年，美国与土库曼斯坦签订《双边贸易协定》，为美国石油公司进入土库曼斯坦能源领域奠定法律基础。但是，由于土库曼斯坦一直反对西方公司参与该国的油气开发，直到 2010 年 8 月，美国雪佛龙公司、康菲石油公司及 TX 石油公司才获得土属里海附近第 9、20 两个油气田区块的开发竞标权。

为了打破中亚国家油气管道被俄罗斯控制的局面，掌握该地区油气开采和运输的主动权，美国支持尼亚佐夫构建多元化能源出口体系的努力，推动修建土库曼斯坦—阿富汗—巴基斯坦—印度天然气管道。然而，这条梦想与政治交织的管道一路坎坷、一波三折。

TAPI 管道项目由来已久。早在 1993 年，阿根廷的 Bridas 公司就提出了一个被称为“中亚天然气管道”的项目。1996 年 8 月，美国优尼科公司组建了中亚天然气管道有限公司（Central Asia Gas Pipeline Ltd）实施该项目。后来，阿富汗当地局势恶化，该项目被冻结，但引起了美国政府的注意。

小布什任总统后，与阿富汗塔利班政权进行秘密谈判，以承认塔利班并为其提供援助为条件，换取塔利班允许美国石油公司在阿富汗修建能源管道。阿富汗战争爆发后，该项目再次被冻结。阿富汗战争结束后，小布什任命曾在美国优尼科公司任职的扎尔梅·哈利勒扎德为美国驻阿富汗大使，积极落实该管道项目。2002 年 5 月，在美国的斡旋下，土库曼斯坦、阿富汗和巴基斯坦三国初步达成土库曼斯坦—阿富汗—巴基斯坦管道（Turkmenistan-Afghanistan-Pakistan，TAP 管道）框架协议。然而，2003 年俄罗斯与土库曼斯坦签署天然气购买协议，几乎买断土库曼斯坦的天然气，再加上阿富汗局势持续恶化，该项目第三次被冻结。

在小布什第二届任期，局势又发生了重大变化。2005年，美国在中亚“颜色革命”中取得了一些成果，但也失去了重要的地缘政治支轴——乌兹别克斯坦，当年7月，乌兹别克斯坦要求美军撤出汗纳巴德空军基地。美国开始调整其南亚和中亚政策，试图以阿富汗为中心，推动中亚与南亚的区域合作，打造一个“大中亚”地区。[①]“大中亚”战略的主要目标有三个，即安全合作、经济合作以及政治和民主改革。其中一个重要内容就是TAP管道，它将中亚能源引向南边，确保阿富汗、巴基斯坦以及印度的能源需求。

时隔几年后，TAP管道又出现转机。俄罗斯与土库曼斯坦因为天然气价格出现矛盾，印度在美国的压力下放弃伊朗—巴基斯坦—印度管道[②]（Iran-Pakistan-India，IPI管道）项目，表示参与TAP管道项目（由于印度的参与，TAP管道从此改称“TAPI管道”）。2008年4月，土库曼斯坦、阿富汗、巴基斯坦和印度四国在伊斯兰堡签署关于修建TAPI管道的框架协议，计划于2015年开始输送天然气。该管道起自土库曼斯坦东部道列塔巴德气田，经阿富汗坎大哈和巴基斯坦中部城市木尔坦，最终达到印度西北部的法兹卡，全长1814千米，输气能力为330亿立方米/年，其中阿富汗约50亿立方米/年，巴基斯坦和印度各约140亿立方米/年。

奥巴马上台后，美国开始调整全球战略。随着美军和北约撤出阿富汗日期的临近，为了避免中亚、南亚地区的战略利益被俄罗斯、中国和伊朗所蚕食，奥巴马在“大中亚计划”的基础上加快对南亚和中亚进行地缘政

① 2005年夏，美国霍普金斯大学弗雷德里克·斯塔尔教授在《外交》杂志上发表《美国与大中亚：合作与发展伙伴关系计划（GCAP）》一文，建议美国利用中亚和南亚各国经济发展的互补性，形成一个以美国为主导，以阿富汗为中心，有中亚五国和印度、巴基斯坦等国参与的“大中亚地区合作与发展伙伴计划”，即“大中亚计划”。参见Starr, S. Frederick. “A Partnership for Central Asia.” *Foreign Affairs* 84 (2005), pp. 164-178.

② 1993年，伊朗就建设一条自伊朗经巴基斯坦至印度天然气输气管道与印度进行接触和谈判。但因巴基斯坦同印度两国之间紧张的政治关系，伊朗和印度双方所接受的气价相差甚远，以及美国的强力反对，该项目被迫拖延。尽管印度退出，但是伊朗和巴基斯坦坚持于2010年3月签署修建伊朗—巴基斯坦（Iran-Pakistan，IP）管道协议。IP天然气管道从伊朗西部港口阿沙鲁耶，经过阿巴斯港后在伊巴边境南部进入巴基斯坦，经胡兹达尔最终抵达讷瓦布沙阿，全长超过1600千米。其中，伊朗境内段长900多千米，已于2011年基本完成；巴基斯坦境内段长750千米，2013年3月正式动工。

治整合和经济融合。除了选择拉拢印度平衡俄罗斯、中国和伊斯兰的影响，美国推动中亚和南亚的经济融合，实施了一系列包括公路、铁路和电网等基础设施建设，降低贸易壁垒，地区水资源共享和油气管道等在内的项目。TAPI 管道被奥巴马政府列为“新丝绸之路”的主要项目，多次公开表示支持。近年来，在美国的推动下，这项规划已久的项目开始逐步落实。2011 年 11 月、2012 年 5 月和 2013 年 7 月，土库曼斯坦分别与巴基斯坦、印度和阿富汗签署天然气供销协议。2015 年 12 月，TAPI 管道土库曼斯坦段正式开工建设。但是，这条梦想与政治交织的管道仍存在很多障碍，阿富汗局势的稳定和印巴两国关系的改善看起来还很遥远。

3. 美国在里海地区

围绕里海法律地位问题，美国展开积极外交活动，支持哈萨克斯坦、阿塞拜疆和土库曼斯坦等沿岸国将“里海”界定为“海”，对其进行彻底划分的主张，为本国石油公司进入里海地区开发能源铺平道路。美国里海能源工作小组不仅为哈萨克斯坦和阿塞拜疆谋划同俄罗斯谈判的策略，还以断绝对俄投资为要挟向叶利钦政府施加压力，迫使俄罗斯做出重大让步，同意先就里海沿岸 45 海里进行划分，其他部分由各国共享。

1994 年 9 月，美欧 11 家跨国石油公司与阿塞拜疆签署了一份“世纪合同”，拉开了里海油气资源开发的序幕。为打破俄罗斯在里海地区油气运输上的垄断，解决里海油气外运问题，美国国务院 1997 年 4 月向国会提交一份《里海地区能源发展报告》。根据此报告，1999 年 5 月，美国国会通过了《丝绸之路战略法案》，将中亚里海国家与南高加索国家看作一个整体，制定加强这一区域与外界的经济与能源联系的政策。1999 年 11 月，在欧安组织伊斯坦布尔峰会期间，克林顿推动阿塞拜疆、格鲁吉亚和土耳其三国签署了修建巴库—第比利斯—杰伊汉输油管道[①]（Baku-Tbilisi-Ceyhan，BTC 管道）协议。克林顿还拉拢哈萨克斯坦签署支持 BTC 管道的《伊斯坦布尔宣言》。

① BTC 管道将阿塞拜疆 ACG 油田的原油经格鲁吉亚第比利斯运送至土耳其地中海沿岸港口杰伊汉，全长 1768 千米，输油能力 5000 万吨 / 年，2006 年 7 月开始输油。

小布什政府与石油的深厚渊源，决定了美国将确保能源安全作为政府一项重要任务。2001 年 5 月，以副总统切尼为首的国家能源政策研究组（National Energy Policy Development）提交一份《国家能源政策》报告，建议"总统将能源安全问题作为美国贸易和外交政策的优先议题"，[①] 并把中亚—里海地区确定为美国能源多元化战略的重点地区之一。"9·11" 事件后，美国以反恐为名大规模进驻中亚，为实现美国在中亚的能源利益创造了条件。在里海的东西两岸，小布什政府开展了一系列推动中亚能源出口多元化的举措。在里海的西岸，在颇具争议的 BTC 管道不具备可行性的情况下，小布什依然拉世界银行提供巨额贷款，于 2002 年 9 月动工建设 BTC 管道。2004 年 10 月，与 BTC 管道并行的巴库—第比利斯—埃尔祖鲁姆天然气管道[②]（Baku-Tbilisi-Erzurum，BTE 管道）开工。2006 年 7 月和 2007 年 7 月，BTC 管道和 BTE 管道分别投入运行。虽然 BTC 和 BTE 管道经济价值有限，但打破了俄罗斯在里海油气外运中的垄断地位，为进一步发展中亚与西方的经济、政治联系提供了一个理想的地缘战略平台。[③] 在里海的东岸，美国支持欧洲与哈萨克斯坦和土库曼斯坦关于铺设跨里海油气管道所做出的努力。然而，俄罗斯和伊朗以里海法律地位未决和生态环境保护为由，表示强烈反对。最终，哈萨克斯坦没能加入 BTC 管道，土库曼斯坦也没能落实 TCGP 管道。

（二）美国对中国参与中亚油气开发的态度

近年来，能源问题在中美关系中的重要性持续上升。作为当今世界唯一超级大国，美国在世界能源安全格局中居于优势地位，对全球能源格局具有巨大的战略控制能力；作为正在崛起的新兴经济体，中国在世界能源安全格局中处于上升地位。但与美国相比，中国明显处于劣势地位。随着中国实力的增强，美国加紧战略重心东移，防范和遏制中国的崛起。在能

---

① National Energy Policy Development Group: "National Energy Policy", May 2001.

② BTE 管道将阿塞拜疆沙赫德尼兹项目一期所产天然气经格鲁吉亚第比利斯输送到土耳其东部城市埃尔祖鲁姆，然后再输往欧洲，全长 700 千米，输气能力 70 亿立方米 / 年，2007 年 7 月建成通气。

③ Hill, Fiona. "A Not-So-Grand Strategy: US Policy in the Caucasus and Central Asia Since 1991." *Retrieved December* 5 (2001), http://www.brookings.edu/research/articles/2001/02/foreignpolicy-hill.

源领域，美国对中国的戒心也日益增强，不时将能源问题政治化，将能源视为中国挑战美国战略利益和霸权地位的一个重要方面（美国国内一些政客和学者将中国在伊朗、苏丹等一些政治受美国孤立的资源国进行战略性投资视为别有目的），频频对中国施压。破坏中国与中亚国家的经济联系是美国维护霸权、遏制中国的重要途径之一。“控制了石油，也就控制住了潜在竞争对手发展经济的关键。”[①] 对于中国石油企业在中亚地区的能源竞购和战略投资，美国政府常常基于地缘政治战略考虑，凭借本国跨国石油公司的资金和技术优势从中作梗，在中亚地区油气开发项目中排挤中国石油企业，挫败中国的能源竞购。

新世纪，随着在页岩开采技术上取得革命性突破，美国对海外能源的依存度不断减低，更积极地挥舞“能源大棒”对付中国。近年来，美国在中亚地区的能源战略中针对中国的意味和色彩越来越浓。在油气管道方向上，“新丝绸之路”计划中的TAPI管道有“一石多鸟”之效，其中就隐含着跟中国抢夺天然气气源、拉拢印度牵制中国崛起、将巴基斯坦拉向美国一边的战略意图。同时，美国还倚重第三方力量，推动欧盟、土耳其、日本和印度也参与其中，遥相呼应，互相配合。

三、其他主要政治力量的“多重竞赛”

除了俄罗斯和美国两大政治力量之外，伊朗、土耳其、欧盟、日本、韩国和印度等外部势力也基于地缘和资源双重战略考虑，积极参与中亚地区能源开发。对于中亚国家来说，这些国家或区域性国际组织都是作为利益相关者的次要行为体，是制衡美、俄、中的一个平衡力量，因此，并不排斥它们参与该地区的竞争。

（一）伊朗

伊朗拥有丰富的油气资源。根据《BP世界能源统计年鉴（2016）》，2015年伊朗探明石油储量为217亿吨，居世界第4位；探明天然气储量34

① [美]威廉·恩道尔：《石油战争：石油政治决定世界新秩序》，赵刚等译，知识产权出版社2008年版，中文版“前言”第3页。

万亿立方米，居世界第 1 位。能源经济在伊朗国民经济中占有举足轻重的地位。以油价 100 美元为计算依据，石油收入占该国政府预算的 37%，占全部外汇收入的 90% 左右。然而，由于长期遭受西方经济制裁，伊朗油气资源得不到充分开发和利用，特别是天然气资源，一直在低位徘徊，年产量远低于美国和俄罗斯（仅为美国的 1/4、俄罗斯的 1/3），无法充分反映该国真实储藏潜力。尽管如此，能源是伊朗外交的一张重要“王牌”。为增加“国际话语权”，伊朗一方面支持本国能源企业加强与近邻开展能源合作，扩大其在能源市场的影响；另一方面与中国、俄罗斯扩大在能源方面的合作，对冲美国和西方的国际制裁和封锁。

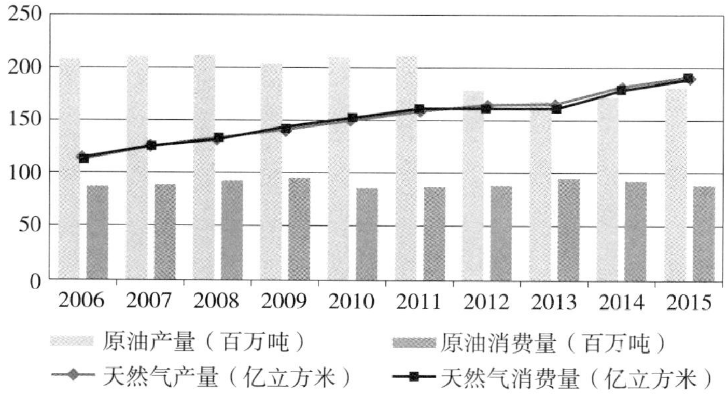

图 4~3　伊朗 2006~2015 年油气产量和消费量

资料来源：BP Statistical Review of World Energy, June 2016.

历史上，中亚是波斯帝国的属地，与伊朗在民族、宗教、文化等方面有着割不断的历史联系。苏联解体后，伊朗推行务实多边外交，通过中西亚经济合作组织（Economic Cooperation Organization）、伊斯兰会议组织（Organization of the Islamic Conference）、里海沿岸国家首脑峰会以及上合组织等多边机制，开展与中亚国家的全方位合作，扩大自己的国际活动空间，谋求成为中亚地区的领导力量之一。此外，为了打破美欧的制裁和封锁，伊朗积极与中亚伊斯兰教国家开展油气合作，影响中亚里海地区油气出口格局，提升自身在该地区的话语权。

1. 伊朗与中亚国家的油气合作

伊朗是里海沿岸国之一，与哈萨克斯坦隔里海相望，与土库曼斯坦相邻。1992 年初，伊朗曾倡议成立里海国家地区合作组织（Caspian Sea Cooperation Organization），就里海地区的能源开发事宜建立多边磋商机制。由于没有得到沿岸国家的响应，伊朗转而寻求与哈萨克斯坦和土库曼斯坦进行双边合作。

在中亚地区的能源输出路线中，通过伊朗由波斯湾运往世界各地的“南线方案”是最为经济、便捷的油气管道线路，对中亚国家有极大的吸引力。伊朗首先在土库曼斯坦取得突破。1997 年 12 月和 2010 年 1 月，科尔佩杰—库尔特—库伊管道和多夫列塔巴德—汉格兰管道相继开通，土库曼斯坦每年向伊朗出口 200 亿立方米天然气。这两条管道虽未解决土库曼斯坦的出口瓶颈，但满足了土库曼斯坦能源出口多元化的需要，伊朗也借此深化了与土库曼斯坦的关系，在中亚地区油气出口格局中占有一席之地。

伊朗还与哈萨克斯坦、土库曼斯坦和俄罗斯达成“串油”方案——将哈、土和俄三国原油经里海通过油轮运到涅卡港（Neka），再通过涅卡—德黑兰的输油管道转运至德黑兰炼油厂进行加工，同时，伊朗在波斯湾以等量原油抵换，供哈、土和俄出口。尽管受运力所限交换数量不大，但伊朗在里海石油出口方向上开辟了一条新通道。伊朗还积极与哈萨克斯坦和土库曼斯坦推动修建土库曼斯坦—伊朗—土耳其—欧洲天然气管道和哈萨克斯坦—土库曼斯坦—伊朗输油管道，但因为美国的强烈反对均无法实现。

凭借储量丰富的天然气资源，伊朗试图拉拢中亚国家增加其在世界能源市场中的份额，争取更多的话语权和定价权。2001 年 5 月，在俄罗斯和伊朗的推动下，天然气出口国论坛（Gas Exporting Countries Forum）首届会议在伊朗首都德黑兰举行，就天然气开采量配额、贸易流向和定价机制等方面进行协商。该论坛成员国拥有大约全球 79% 的天然气储量和几乎一半的天然气出口量，对天然气资源的控制并不逊色于欧佩克对石油资源的控制。

此外，伊朗通过主导中西亚经济合作组织，逐步把包括中亚所有国家在内的十多个伊斯兰国家联合起来，以地区经济一体化推动与中亚国家的能源合作。

2. 伊朗对中国参与中亚油气开发的态度

伊朗是能源大国，参与中亚地区的能源合作不以获取油气资源为目的，与中国在中亚地区的油气开发没有根本利害冲突。而且，由于欧美长期的封锁和遏制，伊朗在中亚地区的影响遭到削弱，在中亚地区乃至全球能源格局的地位受到制约。因此，伊朗更愿意与中国搞好关系，打破美国的封锁，“对冲”美国的遏制。近来，随着国际社会取消对伊朗的制裁，伊朗参与中亚以及里海地区外交和经济事务的积极性不断提高，中国与伊朗在中亚地区开展能源合作的空间更加广泛。

（二）土耳其

拥有“新钻国家”美誉的土耳其是全球第十八大经济体，近十多年来，经济建设取得显著成就。随着自身的发展和自信心的增强，大国意识觉醒的土耳其开始描绘民族复兴的百年梦想。2011~2012 年，埃尔多安政府相继提出了三个层次雄心勃勃的“土耳其梦”（Turkey dream）——“2023 百年愿景”（建国 100 周年时的计划）、2053 展望（奥斯曼—突厥人征服伊斯坦布尔 600 周年时的展望）和 2071 千年目标（开启安纳托利亚征服运动的曼齐克特战役胜利 1000 周年时的目标）。其中，为实现“2023 百年愿景”，土耳其年均能源消费将在 2023 年前再翻一番。[①] 然而，能源短缺是制约其经济持续发展的最大瓶颈。土耳其矿产资源丰富，但油气资源匮乏，对外依赖严重，近 75% 的能源消费依赖进口，其中油气资源在能源消费结构中的比重始终处于高位。[②] 目前，凭借横跨欧亚、沟通东西的得天独厚的地理位置，土耳其不仅获得充足的能源供应，提高能源进口多元化水平，获得丰厚的过境费，而且在能源消费国与生产国之间的能源博弈中两面逢源，为其构建“东西能源枢纽”提供了重要契机。尤其是 2014 年乌克兰危机后，土耳其能源战略地位显著提升，成为俄欧实现各自能源战略不可或缺的伙伴。

---

①《土总统：为了“2023 目标”土耳其需新增能源投资 1200 亿美元》，新华网，2015 年 1 月 21 日，http://news.xinhuanet.com/world/2015-01/21/c_1114071086.htm。

② Gareth Winrow. “Realization of Turkey’s Energy Aspirations Pipe Dreams or Real Projects?” *Brookings Policy Paper*, No.4, 2014, pp.3-5.

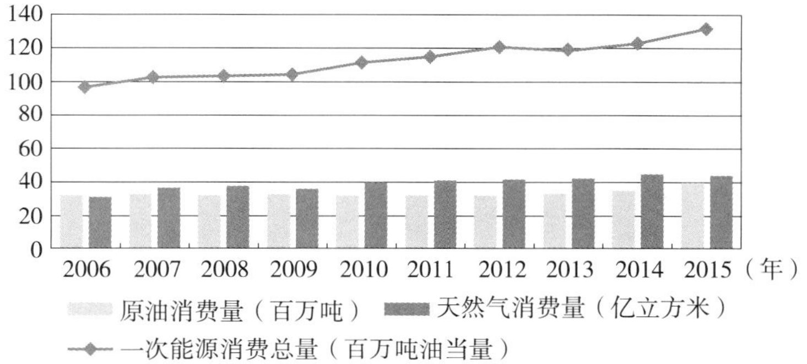

图 4~4　土耳其 2006~2015 年一次能源消费量

资料来源：BP Statistical Review of World Energy, June 2016.

和伊朗一样，土耳其也曾在历史上统治过中亚地区，与中亚地区的哈萨克斯坦、乌兹别克斯坦、吉尔吉斯斯坦和土库曼斯坦在语言、种族和文化等方面有密切联系。苏联解体后，土耳其第一个承认哈萨克斯坦、乌兹别克斯坦、吉尔吉斯斯坦独立。作为奥斯曼帝国的政治遗产，在现代化和世俗化方面取得不少成就的土耳其“把自己看作是一个松散的突厥语大家庭的潜在领袖”，[①] 利用与突厥语国家的亲缘关系和中亚国家“去俄罗斯化”的有利时机，积极开展与中亚国家的全方位合作关系，力图在中亚地区发挥一个地区大国的作用。同时，土耳其地处欧亚结合部，特殊的地缘位置使土耳其成为连接西方与中亚地区的重要桥梁。一方面，土耳其是北约成员国，并正在谋求加入欧盟，对于急需与外界建立联系的中亚国家很有吸引力。另一方面，有“伊斯兰主义恐惧症”的西方国家也积极支持亲西方的土耳其在中亚地区发挥作用，这大大提高了土耳其在中亚的战略地位。此外，中亚—里海地区丰富的油气资源是土耳其介入中亚的不竭动力。[②] 为了获取充足的能源供应，减少对俄罗斯的能源依赖，土耳其特别关心中亚地区的能源开发和政策取向，将中亚地区视为其“外交战略的轴心”，“不仅要获得中亚的油气资源满足国内需求，还要把自己打造成连接欧亚的能源

① [美] 兹比格纽·布热津斯基：《大棋局：美国的首要地位及其地缘战略》，中国国际问题研究所译，上海人民出版社 2007 年版，第 113 页。

② 苏春雨：《土耳其中亚战略与“丝绸之路经济带”建设》，《亚非纵横》2015 年第 1 期。

输送枢纽”[①]。

1. 土耳其与中亚国家的油气合作

中亚国家独立后，土耳其积极争取在中亚地区能源开发和运输方面获取最大经济利益。1992 年 7 月，土耳其与哈萨克斯坦签署了油气勘探开发的合作备忘录。1994 年 6 月，土哈签署总价值达 490 亿美元的石油合作协议，规定土耳其在未来 36 年中将获得哈萨克斯坦 21.6 亿桶石油和 2089 亿立方米天然气。

在西方国家支持下，土耳其借助紧邻欧盟能源消费市场和中东、中亚能源生产基地的优势，积极推行“东西能源走廊”战略，将自己打造成欧亚能源运输枢纽。出于遏制和孤立伊朗的考虑，美欧视土耳其为能源进口多元化战略的重要中转枢纽，中亚地区一些新建的运输管道大多经过土耳其，比如已运营的 BTC、BTE 管道，在建的跨安纳托利亚天然气管道、跨亚得里亚海天然气管道，以及流产的纳布科天然气管道等。乌克兰危机后，俄罗斯视土耳其为替代乌克兰的最佳选择，不仅大幅下调供应土耳其的天然气价格（提供 6% 的优惠，以后还会更高），而且放弃南溪（South Stream）天然气管道[②]，转向扩大蓝溪（Blue Stream）天然气管道[③]建设。土耳其因此身价暴涨。然而，跨里海天然气管道受到俄罗斯、伊朗的阻拦，经过伊朗的土库曼斯坦—伊朗—土耳其—欧洲天然气管道遭到美国的反对，中亚国家的油气资源至今仍无法经过土耳其运抵欧洲。

近年来，为强化能源枢纽的地位，土耳其积极介入里海法律地位问题争端，调停阿塞拜疆与土库曼斯坦之间的矛盾。同时，土耳其积极拉拢土

---

① Thomas Wheeler. “Turkey’s Role and Interests in Central Asia”. *Saferworld*, October 2013, p.8.

② 南溪管道绕过乌克兰，从俄罗斯经黑海海底到达保加利亚，上岸后分为两条支线，西北方向经塞尔维亚、匈牙利、斯洛文尼亚至奥地利，西南方向经希腊和地中海通往意大利。管道全长 2500 千米，年运输能力为 630 亿立方米。2012 年 12 月开工，2016 年投入商业运营。

③ 蓝溪天然气管道由俄罗斯天然气工业股份公司和意大利国家能源控股公司联合修建，从俄罗斯塔夫罗波尔边疆区的伊扎比利诺耶穿过黑海海底，在土耳其的港口城市萨姆松（Samsun）上岸，最终到达土耳其首都安卡拉。管道全长 1213 千米，其中海底管道 396 千米长、2150 米深，是世界上最深的输气管道。该管道 2000 年 2 月开工建设，2011 年 8 月竣工运行，年输气量 160 亿立方米。2014 年 12 月，普京访问土耳其，俄气与土耳其石油管道公司（BOTAS）签署协议，扩大蓝溪项目建设，将年输气量提高到 630 亿立方米，其中 140 亿立方米供应土耳其，490 亿立方米经土耳其运往欧洲。

库曼斯坦，寻求跨里海油气管道的突破口。2014 年 11 月，土耳其总统埃尔多安访问土库曼斯坦，双方就跨里海天然气管道达成框架协议。2015 年 3 月，别尔德穆哈梅多夫对土耳其进行国事访问。两国签署多项协议加强能源合作，并将土库曼斯坦天然气入欧的计划推上了新台阶。5 月，土库曼斯坦、阿塞拜疆、土耳其能源部负责人与欧盟委员会代表在阿什哈巴德举行四方会谈，讨论了能源进出口多元化和相关基础设施等问题。四国共同成立一个工作组，计划于 2019 年开始从土库曼斯坦进口天然气。

2. 土耳其对中国参与中亚油气合作的态度

土耳其是中亚地区能源大棋局中不容忽视的重要行为体之一。随着中国与中亚国家能源合作的深入，中国在中亚地区影响力也不断提升。双方分别从亚洲东西两端扩散，最终将在中亚地区发生碰撞，显现出零和竞争态势。土耳其不希望中国成为中亚的霸主[①]，在多个领域同中国展开竞争。尤其是能源领域，在与美欧相继成功修建 BTC 和 BTE 管道之后，土耳其还觊觎里海东岸哈萨克斯坦和土库曼斯坦的油气资源，极力推动两国通过 BTC 和 BTE 管道向欧洲供应油气。由于中亚地区油气储量有限，未来中土在中亚油气供应总量和出口价格上会产生冲突。目前，土库曼斯坦对中国的天然气出口价格仅为欧洲的一半，如果向西通向欧洲的天然气管道建好，势必影响中亚各国对中国的供应总量和出口价格。

（三）欧盟

作为世界主要能源消费体，欧盟的能源储量和产量非常有限。根据《BP 世界能源统计年鉴（2016）》，2015 年欧盟探明石油储量为 7 亿吨，产量为 71.7 百万吨，而消费量为 600.2 百万吨；天然气储量 1.3 万亿立方米，产量为 1201 亿立方米，而消费量为 4021 亿立方米。尽管两次石油危机后欧盟在替代能源和节能提效方面取得积极成效，但巨大的能源需求与有限的能源储产量之间的矛盾一直无法解决。随着经济社会的发展，欧盟的能源进口量逐年增高，对外依存度高达 53%，每天要为进口能源花费超过 10

① Candar, Cengiz, and Graham E. Fuller. "Grand Geopolitics for a New Turkey." *Mediterranean Quarterly* 12.1 (2001).p.36.

亿欧元。

新世纪，欧盟能源消费总体保持平稳，预计未来也不会有太大增长。由于经济结构调整，欧盟石油消费呈下降趋势，但石油生产下降速度更快；天然气消费量持续增加，而产量却出现减产甚至停滞。因此，能源安全仍然是制约欧盟经济发展的重要因素。当前，在能源安全和气候变化双重挑战下，欧盟对内一方面大力优化能源消费结构，加快新能源技术开发与利用，促进成员国能源需求多样化；另一方面建立内部统一协调机制，加强能源市场一体化建设。2015 年 2 月初，欧盟委员会宣布正式启动欧洲能源联盟①（European Energy Union）建设进程，旨在建立欧洲单一能源市场，为欧盟消费者提供安全、可持续、有竞争力和价廉的能源供给。对外，能源外交已经成为欧盟共同外交与安全政策的重要组成部分。欧盟积极开展全

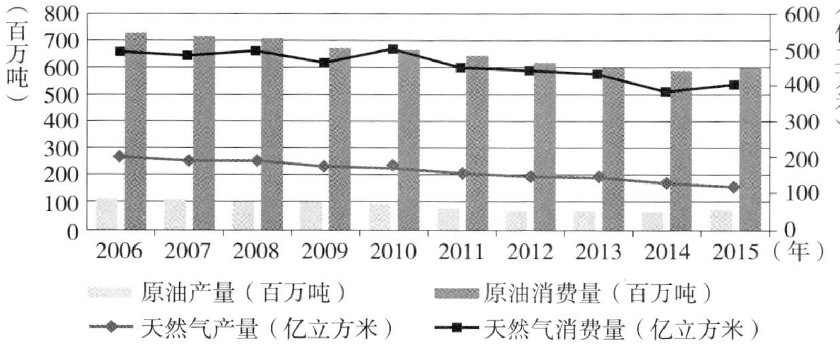

图 4~5　欧盟 2006~2015 年油气产量和消费量

资料来源：BP Statistical Review of World Energy, June 2016.

---

① 早在 1990 年欧盟就提出建立单一能源市场，并于 1992 年出台相关指令性文件。此后，为了走出能源安全的困境，欧盟一直向共同能源战略的方向不断努力。2006 年和 2009 年的俄乌天然气危机推动欧盟加快实现欧盟共同能源战略的步伐。2014 年乌克兰危机的爆发不仅给欧洲的能源安全蒙上了阴影，欧美的经济制裁更将本已岌岌可危的欧俄能源关系推向更危险的境地。为了改变欧洲长期以来能源对外依存度过高、进口渠道单一的局面，2015 年 4 月，法国总统奥朗德与波兰总理图斯克提出一项关于成立欧盟能源联盟的共同倡议。2015 年 2 月，欧洲能源联盟正式成立。25 日，欧洲能源联盟第一份战略框架出台。根据欧盟成员国达成的共识，欧洲能源联盟遵循五大原则：确保能源供应安全；建立完全一体化、具有竞争力的内部能源市场；降低能源需求，提高能源效率；加强利用再生资源；加强研究、创新以发展绿色技术。这是自欧洲煤钢共同体成立以来最宏大的欧洲能源项目。

方位多元化的能源外交，稳定中东地区能源供应，保持与俄罗斯的能源对话，开拓中亚和非洲新油气来源。

俄罗斯是欧盟的“能源库”。长期以来，欧盟的能源进口严重依赖俄罗斯。尤其是匈牙利、斯洛伐克等中东欧国家，天然气几乎全部从俄罗斯进口。2006 年俄乌爆发斗气风波，欧盟对从俄罗斯进口天然气的不安全感加深，双方能源关系由战略互信走向战略互疑。欧盟先后出台一系列文件，采取一系列实质性行动减少对俄罗斯能源的依赖。围绕实现能源进口多元化这一目标，欧盟提出两个计划和一个倡议：欧洲国际石油和天然气运输（Interstate Oil and Gas Transport to Europe）计划、欧洲—高加索—亚洲交通走廊（Transport Corridor Europe–Caucasus–Asia）计划和巴库倡议（Baku Initiative），将目光转向油气资源丰富的中东、中亚和非洲地区。

由于缺乏地理与文化的历史联系，又受欧俄关系的牵制，欧盟最初并非中亚地区事务的积极参与者。中亚国家独立后，欧盟主要通过塔西斯计划（Technical Assistance in CIS）帮助中亚国家缓解独立之初所面临的经济困境。1995 年，欧盟与中亚国家签署“伙伴与合作关系协定”（Partnership and Cooperation Agreement），试图把中亚国家纳入欧洲价值观的影响范围之内，在中亚地区追求“能源、安全与价值观取向之间的平衡关系”①。“9·11”事件后，中亚地区在欧盟对外政策中的地位显著上升。而且，随着欧盟不断东扩，特别是 2007 年罗马尼亚和保加利亚加入欧盟，原来远在天边的中亚—里海地区已成为欧盟的新的东方边界，欧盟与中亚里海各国的共同的政治、安全和经济利益在不断扩大。

目前，欧盟 1/3 的天然气来自俄罗斯。为了摆脱对俄罗斯天然气的依赖，欧盟全面提升中亚地区在能源战略中的地位，加紧在中亚—里海地区能源领域的争夺。2007 年 6 月，在德国的推动下，欧盟制定了首份中亚战略文件——《欧盟与中亚：新伙伴关系战略》。新文件不再将民主、人权与发展援助、能源政策直接挂钩，首次明确了中亚地区在保障欧盟能源安全

① Boonstra, Jos, and Senior Researcher FRIDE. “The EU’s Interests in Central Asia: Integrating Energy, Security and Values into coherent policy.” *EDC2020*21 (2011), p.4.

和实现能源进口多元化中的重要作用。这标志着欧盟与中亚国家关系的一次突破[①]。2014 年，随着乌克兰危机的加剧，欧盟与俄罗斯的紧张关系进一步加剧，双方的能源博弈也随之进入高潮。为确保能源供应安全，欧盟加快中亚天然气运达欧洲的步伐，频繁出台多项针对中亚地区的能源政策。2015 年 6 月，欧洲理事会出台《欧盟与中亚关系》文件，再次肯定 2007 年战略文件的有效性，并为推动欧盟与中亚国家在各领域的务实合作进行了详细阐述。10 月，欧洲议会出台《欧盟中亚战略实施与评估报告草案》，进一步明确未来欧盟的中亚政策。

1. 欧盟与中亚国家的油气合作

中亚国家独立后，受里海“淘金热”的影响，欧洲各国的油气公司开始纷纷进入中亚地区，与俄美一同竞争该地区的油气资源。如英国 BP、荷兰皇家壳牌、意大利埃尼公司（ENI）和法国道达尔等，几乎欧盟成员国所有大型跨国石油公司都已渗透到中亚地区，并对部分油气资源形成有效控制。欧盟也由此开始关注中亚—里海地区的能源。

“断气”危机后，为绕开俄罗斯开拓中亚的能源市场，欧盟积极筹建连接欧洲和中亚地区的南方天然气走廊（Southern Gas Corridor）。该走廊包括纳布科天然气管道[②]（Nabucco Gas Pipeline，NGP）、跨亚得里亚海天然气管道[③]（Trans-Adriatic Pipeline，TAP）和跨安纳托利亚管道[④]（Trans-Anatolia Pipeline，TANAP）、土耳其—希腊—意大利互联管道、白溪天然气管道（格

---

① Nargis Kassenova, A View from the Region. Melvin, Neil. “Engaging Central Asia: the European Union’s New Strategy in the Heart of Eurasia.” *CEPS Paperback Series* 4 (2008), pp. 122-123.

② 纳布科天然气管道东起土耳其东部边境重镇埃尔祖鲁姆，西至奥地利，途经土耳其、保加利亚、罗马尼亚、匈牙利，全长 3300 千米，输气量为 310 亿立方米 / 年（一期工程为 80 亿至 100 亿立方米 / 年），气源地为阿塞拜疆、伊朗、伊拉克和土库曼斯坦等国。计划 2011 年动工，2014 年供气，2019 年完工。2013 年 6 月，受俄罗斯蓝溪项目的冲击，该管道停止建设。

③ 跨亚得里海天然气管道将阿塞拜疆沙赫德尼兹气田二期所产天然气从土耳其与希腊边境接入，经希腊、阿尔巴尼亚，跨越亚得里亚海至意大利南部，最终通往西欧。全长 800 千米，输气量为 100 亿 ~200 亿立方米 / 年，2015 年开工建设，预计 2019 年建成。

④ 跨安纳托利亚管道将阿塞拜疆沙赫德尼兹气田二期所产天然气经土耳其运往希腊和保加利亚边境。全长 1700 千米，第一阶段运输能力为每年 160 亿立方米，以后逐步提高到 200 亿立方米 / 年（二期）和 240 亿立方米 / 年（三期）。其中，一期 60 亿立方米所产天然气供给土耳其，其余将输送到欧洲。2014 年 9 月开工，2017 年建成投产。

鲁吉亚—乌克兰）和 AGRI（船运）等多条管道。在美国的支持下，欧盟在里海西岸阿塞拜疆取得一系列重大突破，BTC 管道和 BTE 管道已向欧洲供应油气；跨安纳托利亚管道 2014 年 9 月正式启动建设，而 TAP 管道也于 2015 年 5 月开工。南方天然气走廊已逐步落到实处。

但是，欧盟“去俄罗斯化”之路并不好走，与“邻居的邻居”——中亚地区的能源合作并不具备得天独厚的优势，且因受俄罗斯牵制和破坏而屡遭挫折。自 2002 年就已启动的纳布科天然气管道起起落落，最终于 2013 年 6 月宣告失败；跨里海天然气管道也迟迟没有下文，欧盟对中亚国家的能源只能隔里海兴叹。能源供应安全问题仍是欧盟挥不去的阴影。①

2. 欧盟对中国参与中亚油气合作的态度

中国和欧盟在国际能源格局和全球能源市场中都具有举足轻重的地位。欧盟是仅次于中国、美国的第三大能源消费市场，2015 年欧盟一次能源消费总量为 1630.9 百万吨油当量，占到世界总消费量的 12.4%。作为能源消费国，中国与欧盟在中亚地区能源运输管道、能源安全视角和对外能源战略等方面存在的竞争与矛盾，因西方秉承的“零和博弈”思维②而被放大。欧盟将中国与中亚国家的能源合作政治化，宣传“中国能源威胁论”，抨击中国“新重商主义”，还将中亚各国的独裁、任人唯亲、腐败归罪于中国③。欧盟甚至担心中国成为中亚地区的“新霸主”，“中亚国家从过度依赖俄罗斯转向过度依赖中国，进而损害欧盟对中亚能源的竞争力”。④

（四）日本

众所周知，日本是个岛国，国土面积狭小，资源严重匮乏。战后四十余年，日本在创造“东洋奇迹”的同时，能源的对外依存度也居高不下。日

① Correlje, Aad, and Coby Van der Linde. “Energy Supply Security and Geopolitics: A European Perspective.” *Energy Policy* 34.5 (2006), pp.532-543.

② Chow, Edward C., and Leigh E. Hendrix. “Central Asia’s Pipelines: Field of Dreams and Reality.” (2010), p.40.

③ Petersen, Alexandros, and Katinka Barysch. *Russia, China and the Geopolitics of Energy in Central Asia*. Centre for European Reform, 2011, p. 61.

④ Alexandros Petersen and Katinka Barysch. “Russia, China and Geopolitics of Energy in Central Asia.”, CER Report, November 2011, p. 28.

本对中东地区的石油进口依存度超过 80%，大大高于其他发达国家，受国际能源形势变化影响的可能性极大。1973 年第一次石油危机时，日本的能源自给率仅为 9.2%。强烈的危机意识促使日本加快实施能源进口渠道多元化战略，并通过产业调整、节能增效等政策抑制能源消费增长，通过技术革新、开发新能源提高能源自给率。经过不懈的努力，到 2010 年，包括核能在内的能源自给率上升到 19.9%。然而，2011 年日本大地震及福岛核泄漏事故导致核电大幅停产，日本能源自给率又骤降至 6.3%，在经济合作与发展组织国家（OECD）中位列倒数第 2 位。

尽管震后能源消费总量持续下降，但日本仍是世界重要的能源消费大国和能源进口大国。根据《世界能源统计年鉴（2016）》，2015 年日本一次能源消费量为 448.5 百万吨油当量，占世界一次能源消费总量的 3.4%，是世界第六大能源消费国。新世纪以来，中东地区持续动荡。日本政府对内建立健全石油储备、加速节能技术开发利用，推广普及新能源；对外扶植并鼓励本国国际石油资本进行海外能源合作，积极开展能源外交，稳定中东石油供应，推动东亚能源安全合作，“援助开发”俄罗斯、中亚等能源“新贵”。

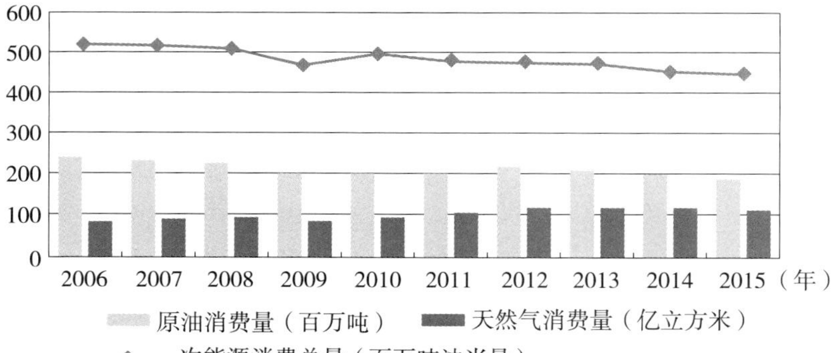

图 4~6 日本 2006~2015 年一次能源消费量

资料来源：BP Statistical Review of World Energy, June 2016.

为了缓解对中东能源的依赖，日本对拥有丰富油气资源的中亚地区很早就表示出浓厚的兴趣。建交之初，日本三菱公司和国际石油开发株式会社（INPEX）曾对中亚地区的能源勘探、开采和运输进行考察和论证，对从土库曼修建穿越哈萨克斯坦和中国塔里木盆地的长7000多千米的天然气管道进行可行性研究，并积极寻找在中亚各国进行投资的机会。1993年日本通商产业省发布《能源白皮书》，建议修建穿越中国连接中亚和日本的石油和天然气管道，并鼓励日本石油公司到中亚地区进行投资。但由于地理上远离中亚、历史和人文联系微弱、经济和贸易合作水平较低以及日本没有美国那样的地缘政治影响力等原因，日本在中亚的油气合作成果有限。然而，日本不愿看到中国在中亚地区势力做大，也积极参与中亚地区的油气开发和深加工，着力将中亚地区打造成为日本未来能源进口的新基地。

1. 日本与中亚国家的油气合作

20世纪90年代中期以后，随着经济实力的增强，日本"大国意识"开始抬头。为建立"亚太新秩序"，日本加大对中亚的重视程度。1997年7月，日本首相桥本龙太郎发表《今后中国外交政策的理想状态》的演说，倡议"开展欧亚大陆外交"，针对中亚和高加索八国"丝绸之路地区"，提出以增进政治互信和加强能源合作为主要内容的"丝绸之路外交"新战略。随后，日本利用官方发展援助（ODA），通过国际协力机构、日本信托基金、世界银行、亚洲开发银行等，向中亚国家提供了大量的优惠贷款和无偿援助。此举为日本赢得了中亚各国政府和民众的好感。对于与日本进行的能源合作，中亚国家民众也基本持欢迎态度。

在此背景下，日本发挥资金和技术优势，在中亚地区的油气开发和深加工领域取得一定成果。日本提供贷款在乌兹别克斯坦实施了布哈拉炼油厂、舒尔坦天然气化工综合体建设项目，并对费尔干纳炼油厂进行现代化改造，使乌兹别克斯坦油气加工能力大大提高。同时，日本采取与西方跨国石油公司合作开发的方式，积极参加中亚国家公开招标的油气田开发项目和管道修建项目。目前，日本拥有BTC管道5.9%的股份，其中伊藤忠石油勘探公司（Itochu）拥有3.4%，日本国际石油开发株式会社（Inpex）拥有2.5%；在里海南部3个油田产品分成协议中拥有13.93%的股份，其中伊藤忠石油勘探公司拥有10%，日本国际石油开发株式会社拥有3.93%；日本国际石油开发株式会社作为阿吉普国际财团的股东之一，拥有哈萨克斯坦卡沙甘油田 8.33% 的权益。

"9·11"事件后，日本在中亚地区的外交又前进了一大步。2001 年上合组织成立后，日本认为上合组织是一种"竞争性的区域框架"，"担心上合组织在欧亚腹地发展成一个由中、俄主导的排他性地区集团"。[①] 2002 年，小泉纯一郎在博鳌亚洲论坛上呼吁与"丝绸之路"地区的中亚国家进行能源合作，并于 7 月开展了"日本丝绸之路能源计划"，派遣政、官、企、学界人士前往中亚，了解中亚各国发展需求，探索能源合作点。为了牵制中国，平衡中国和俄罗斯在中亚地区的影响力，日本外相川口顺子倡议与中亚国家就相互间的经济与安全合作建立长期对话机制。2004 年 8 月底，川口顺子访问哈、乌、吉、塔中亚四国，启动"日本＋中亚"对话机制，"标志着日本同中亚国家的交往联系开始朝着常态化、多边化与全方位化方向不断发展"。[②] 2006 年 8 月，小泉纯一郎访问哈萨克斯坦和乌兹别克斯坦。这是历史上日本首相首次正式访问中亚国家。尽管访问结果象征意义大于实际成果，但反映出中亚地区在日本外交中的战略地位大大提高。

与中亚地区其他能源竞争对手相比，日本在中亚地区的油气合作有很多客观限制因素。受地理条件所限，日本与中亚各国包括能源在内的贸易都需要经过其他国家。然而，最近的跨境能源合作在东北亚难以展开，"二战"曾受日本侵略的亚洲国家，尤其是中韩，对日本始终保持警惕。为寻求突破，日本积极帮助中亚国家打造一条经阿富汗直到印度洋的"南方线路"。2006 年 6 月，第二次"日本＋中亚"外长会议制订了一项地区合作行动计划，日本投资修建一条连接塔吉克斯坦和阿富汗的南向公路和油气管道，将中亚通过阿富汗与南亚相连，解决能源运输瓶颈。

2011 年 3 月福岛核泄漏事件以后，日本调整能源政策，降低对核能的依赖，增加了化石能源的需求，也因此加大与中亚国家的能源合作力度。近年来，通过频繁的首脑互访，日本与中亚国家的油气合作不断深入。2013 年 9 月，别尔德穆哈梅多夫访问日本，两国签署一揽子协议，包括在

① Yuasa, Takeshi. *Japan's Multilateral Approach Toward Central Asia.* na, 2009, p.78.

② 王疆婷：《日本的中亚政策演变及其原因》，《国际论坛》2014 年第 1 期。

基扬雷镇建设天然气化工综合体，设计年产能 38.6 万聚乙烯、8.1 万吨聚丙烯；马雷市年产 40 万吨合成氨、64 万吨尿素生产厂；土库曼纳巴特 50 万吨硫酸生产厂。[①] 2015 年 10 月，时隔九年后，日本首相安倍晋三访问中亚五国，展开“俯瞰地球仪外交”。此次安倍之行，在低油价背景下，侧重在高附加值的天然气石化领域，通过由其主导的“技术换资源”框架与中亚各国进行合作。

2. 日本对中国参与中亚油气合作的态度

长期以来，除了在铀矿资源勘探开发方面与哈萨克斯坦和乌兹别克斯坦不断深化合作外，日本在中亚地区激烈的能源竞争中并未取得突出成绩。然而，日本日益重视中亚地区，积极介入该地区并升级其中亚政策。从地缘政治层面来看，日本在中亚地区的日益活跃有强烈的与中国竞争的动机。通过“在接近中国西部的地区保持存在”[②]，不仅可以获取地缘政治和经济利益，还可以牵制上合组织，平衡中国在中亚地区的影响力。从经济层面来看，“日本参与中亚能源竞争不是为了获取能源本身，而是可以在其中影响价格波动以及管线建设等，这种做法无疑增加了中国能源进口的成本。”[③]

（五）韩国

韩国能源资源储量少且难开发，高度依赖中东地区能源供给。自 20 世纪 60 年代初实施工业化战略以来，韩国经济的快速发展带动能源消耗量大增。根据《世界能源统计年鉴（2016）》，2015 年韩国一次能源消费量为 276.9 百万吨油当量，占世界一次能源消费总量的 2.1%。目前，韩国已是紧随中日的亚洲第三大能源消费国和世界第十大能源消费国。为保障能源供应安全与价格稳定，历届政府都将维护国家能源安全看作是与外交、贸易、军备相提并论的、关系韩国经济生死存亡的重大事项。国内能源的匮乏使

---

① 驻土库曼经商参处：《世界上第一个大型天然气化工综合体在土库曼斯坦奠基》2014 年 8 月 29 日，http://tm.mofcom.gov.cn/article/ztdy/201408/20140800715251.shtml。

② Townsend, Jacob, and Amy King. “Sino-Japanese Competition for Central Asian Energy: China’s game to Win.” *China and Eurasia Forum Quarterly*. Vol. 5. No. 4. 2007, p.24.

③ 王疆婷：《日本的中亚政策演变及其原因》，《国际论坛》2014 年第 1 期。

韩国极其重视海外资源开发和国际能源合作。从 1977 年启动强化海外资源开发工作以来，韩国支持具有政府背景的韩国电力、大韩矿业振兴公社和海洋研究院等企业和机构在菲律宾、哈萨克斯坦、约旦等四十多个国家参与油气勘探、开发、并购项目，初步形成了海外油气资源生产基地和保障基地群。同时，韩国积极倡导、参与和推动区域能源合作。从 2003 年开始，韩国一些政府智库、能源企业和社团就不断在公共场合提出“东北亚能源合作”设想[①]。不过，这些设想目前均未落到实处。

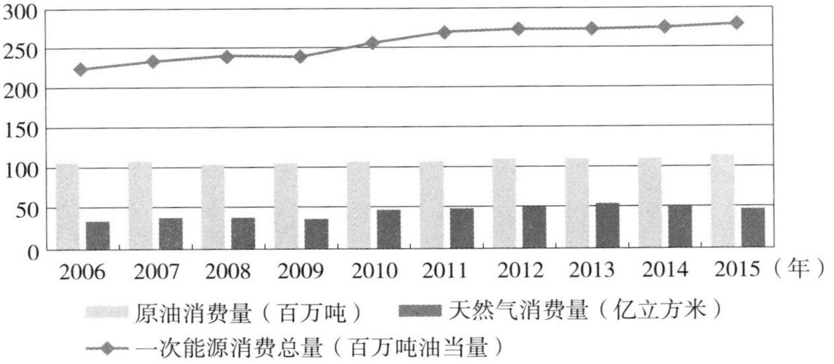

图 4~7 韩国 2006~2015 年一次能源消费量

资料来源：BP Statistical Review of World Energy, June 2016.

为降低对中东能源的依赖，韩国更加关注油气资源丰富的中亚地区。自卢武铉政府开始，历届政府积极开拓韩国与中亚国家政府间的能源合作渠道，为发掘新的合作项目做出了积极努力。

1. 韩国与中亚国家的油气合作

资源丰富的哈萨克斯坦是韩国中亚能源外交的重点。2004 年 9 月，卢武铉访问哈萨克斯坦，韩国石油公司和哈油气签署《共同开发石油协定》，联合开发里海沿岸和田吉兹油田，并取得田吉兹油田 60% 的股权。2005 年

① 这些设想可分为两类，一类是组建中日韩能源消费国联盟。由于三国都高度依赖中东地区，在能源采购方面处于劣势，被迫承受不合理的“亚洲溢价”，三国加强合作和政策协调，可以增加谈判筹码，提高议价能力。另一类是东北亚区域内能源合作，在管道运输上互相提供便利，降低油气长距离运输费用。

5月，卢武铉访问乌兹别克斯坦，就参与咸海油田勘探项目签订了国际财团合作协议。这标志韩国在中亚能源领域迈出了重要的第一步。一直以来，韩国与中亚各国的关系都以双边关系为主。2006年11月，国务会议通过了“开拓中亚市场的综合措施”，提出了“长期确保稳定的能源资源供应”这一目标。2007年11月，首届“韩国—中亚”论坛在首尔召开，这“意味着韩国拥有了把中亚整体作为对象的多边合作机制”。①

李明博政府注意到“亚洲正成为牵引世界经济增长的动力”，提出“新亚洲合作外交”构想，②加强韩国与世界各国特别是亚洲国家的合作。其中，能源领域合作是亚洲经济合作的重要内容之一。李明博任命总理为能源外交的负责人，并把中东地区定为第一对象，中亚地区列为第二对象。他视哈萨克斯坦、乌兹别克斯坦和土库曼斯坦为“战略性合作对象国”，力图将中亚地区丰富的油气资源与韩国的资本和科技相结合，建立互惠合作的互补关系。2009年5月，李明博首次访问乌兹别克斯坦和哈萨克斯坦。访问期间签署的一系列能源合作协议提升了双边能源合作关系，并将“新亚洲合作外交”构想扩展到中亚地区。

加强与中亚国家的油气合作也是朴槿惠“欧亚倡议”③（Eurasia Initiative）中的重要内容之一。2014年6月，朴槿惠对乌、哈和土三国进行国事访问。与李明博政府仅限于单纯的资源开发不同，朴槿惠政府更多的是就地加工，提升产品附加值，与中亚国家“共享”资源带来的收益。因此，她此次出访满载而归，为韩国带回数百亿美元的经贸大单——韩国将参与乌兹别克斯坦坎德姆天然气田的开发与天然气处理厂的建设；土库曼斯坦天然气康采恩与LG集团、现代集团签署总价值40亿美元的天然气处理厂建设合同。

① 朴英爱：《中、日、韩中亚合作战略研究》，《现代日本经济》2010年第5期。

② 2009年3月8日，李明博在访问印度尼西亚期间提出，韩国要从过去偏重美、中、俄、日周边四强国家的外交政策拓宽到东南亚等整个亚洲地区，从过去以经济为中心的合作和交流延展到安全、环境、能源、文化等多方面领域。又称“雅加达构想”。

③ 2013年10月，朴槿惠出席在韩国首尔举行的“欧亚时代的全球合作会议”，提出“欧亚倡议”。它包括“丝绸之路快线”“欧亚能源网”和“欧亚经济统合”三方面内容，旨在通过与欧亚地区国家的经济合作，扩大韩国的对外贸易，带动朝鲜开放门户，消除朝鲜半岛的紧张局势。

2. 韩国对中国参与中亚油气合作的态度

作为“后来者”，加之受地理条件所限，韩国在中亚地区的影响力比较有限。但是，“通过在中亚地区能源领域的多样化投资，韩国也迅速崛起为中亚地区重要的经济参与者。”[①] 在哈萨克斯坦，韩国进行了 8 个勘探项目、7 个生产项目和 1 个开发项目，结束了 1 个项目；在乌兹别克斯坦，韩国进行了 5 个勘探项目、1 个开发和生产项目，结束了 1 个项目；在土库曼斯坦，韩国未参加油气田勘探开发项目，主要从事下游领域的油气精炼或处理成套设备的建设。[②]

与日本不同的是，韩国的中亚战略经济性较强，参与中亚地区油气开发更强调商业利益，更注重区域合作。从卢武铉经李明博到朴槿惠三任总统均倡导合作，力图通过建立贯通朝鲜半岛、俄罗斯、中国和中亚直到欧洲的交通网络和能源网络，将欧亚大陆整合成一个共同经济体。针对中、日、韩三国在能源领域棘手的同构竞争问题和“亚洲溢价”问题，韩国主张建立东北亚能源对话机制，倡导构建一体化的东北亚能源市场，实现多边框架下的国际能源合作。此外，韩国还对修建从中亚过境中国跨越黄海的海底油气管道具有浓厚兴趣。

（六）印度

南亚的印度并不是一个资源大国。除了煤炭储量比较丰富之外，石油和天然气资源较为稀缺。新世纪以来，印度经济快速增长，能源消耗也与日俱增。2015 年，在跃居世界第七大经济体的同时，印度超过俄罗斯，成为继中国、美国和欧盟之后的世界第四大能源消费国。根据《世界能源统计年鉴（2016）》，2015 年印度一次能源消费量为 700.5 百万吨油当量，比上年增长 5.2%，占世界一次能源消费总量的 5.3%。储量和产量低、消耗大导致印度的能源对外依存度不断上升。2015 年印度能源对外依存度高达 80%，其中 79% 的石油、42% 的天然气需要从海外进口，特别是中东和非

① Fumagalli, Matteo. “South Korea’s Engagement in Central Asia from the End of the Cold War to the ‘New Asia Initiative.’.” *Journal of Northeast Asian History* (2012), p.90.

② 金胤静：《中国和韩国的中亚能源合作与外交比较研究》，华东师范大学国际关系与地区发展研究院（博士学位论文），2015 年，第 126 页。

洲地区。当前，随着人口的快速增长和经济向制造业转型[①]，印度正逐渐取代中国，成为世界能源需求增长中心。根据国际能源署的预测，在未来25年内，印度贡献的能源增量将会超过其他任何国家。尽管印度尽量实现自力更生，但油气进口是不可逆转的趋势。因此，开辟多元化能源进口渠道、加强与俄美及周边国际能源合作，进而获得充足的能源供应已经成为印度能源外交的重中之重。

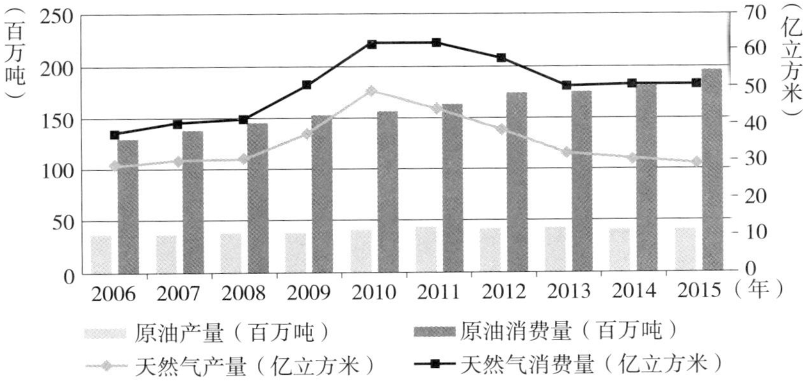

图 4-8　印度 2006~2015 年油气产量和消费量

资料来源：BP Statistical Review of World Energy, June 2016.

历史上，南亚与中亚之间有着悠久的历史、文化、宗教联系，古老的丝绸之路曾经连接了这两个地区。苏联解体后，独立后的中亚国家继承了苏联与印度的友好关系。中亚在印度对外政策中占特殊地位，[②]是其大国战略中重要的一环。作为一个政治崛起的大国，通过与中亚各国加强合作，印度不仅要成为南亚次大陆的主导者，而且要成为世界事务的有力塑造

① 2014年9月26日，莫迪政府推出“印度制造”计划（Make in India Campaign），将汽车、化工、制药、纺织、信息技术、港口、航空、旅游、铁路、可再生能源、采矿、电子等25个行业列为发展重点，通过吸引外资等手段大力发展制造业，到2022年将制造业占国民生产总值的比例从现在的15%提升至25%，将印度打造成未来的世界制造中心。

②［哈］卡·托卡耶夫：《中亚之鹰的外交战略》，塞力克·纳雷索夫译，新华出版社2002年版，第123页。

者。[①] 尤其是政治对手——巴基斯坦积极参与中亚事务，刺激印度加强与中亚各国的关系，以压缩巴基斯坦在该地区的“战略纵深”。此外，印度虽不与中亚国家直接接壤，但一直把中亚国家视为与自己安全利益息息相关的“延伸的邻国”（Extended Neighbor）。在印控克什米尔地区，恐怖活动和暴力冲突“不仅涉及到在克什米尔居住的400万穆斯林，而且影响到居住在印度其他地区的一亿三千万穆斯林的和平与安全”。[②]

和中国一样，“印度对能源的需求政治不断增长，从中亚获得石油和天然气是印度关注的重点”。[③] 尽管有意参与中亚油气资源的开发，但由于双方地理上不接壤，存在交通和过境运输等问题，印度竞争不过中国；[④] 再加上中亚地区复杂的地缘政治斗争，印度在中亚地区的油气合作比较依赖俄美大国的支持。

1. 印度与中亚国家的油气合作

20世纪90年代末以来，为了减少对中东地区能源的依赖，印度将中亚地区视为维护国家能源安全的首选地区。[⑤] 然而，管道建设是印度绕不开的一个关键问题。由于印巴关系紧张，印度一直无法通过巴基斯坦获得中亚地区的油气供应。

“9·11”事件为印度强化在中亚地区的影响提供了机遇。2002年6月5日，瓦杰帕伊总理提出，要在印度和中亚之间建立“基于友谊与合作的新丝绸之路”（A New Silk Road of Friendship and Cooperation）。在美国的推动下，2008年4月，印度正式加入TAPI管道项目。2010年12月，土库曼斯坦、阿富汗、巴基斯坦和印度四国在伊斯兰堡签署关于修建TAPI管道的框架协议，标志着中亚和南亚地区的能源合作进入实质性阶段。对于印度来说，TAPI管道不仅有助于填补其国内巨大的能源供应缺口，而且可以借机挤入中亚地区能源棋局。然而，TAPI管道是个棘手的项目，最大的问题仍是安

① Blank, Stephen. “India’s Rising Profile in Central Asia.” *Comparative Strategy* 22.2 (2003): 139.

② Roy, Meena Singh. “India’s Interests in Central Asia.” *Strategic Analysis* 24.12 (2001): 227.

③ Patnaik, Ajay. “Central Asia’s Security: the Asian Dimension.” *India and Emerging Asia* (2005): 228.

④ Patnaik, Ajay. “New Geopolitics and India in Central Asia.” *History Research*, July (2012), p.435.

⑤ Campbell, Ivan, “India’s Role and Interests in Central Asia.” *Saferworld*, October (2013), p.3.

全保障问题，该管道有 735 千米在阿富汗境内。随着 2016 年美国和北约从阿富汗彻底撤军，TAPI 管道项目面临诸多不可预测的风险。

为绕过巴基斯坦，强化印度与中亚各国的联系，印度积极启动一项搁置已久的陆上交通计划——“欧亚南北走廊”（又称“北—南国际运输走廊”，North South Transportation Corridor）。早在 2000 年 9 月，在圣彼得堡举行的第二次国际欧亚运输会议上，印度和俄罗斯、伊朗三国即达成框架协议，通过轮船、铁路和公路等方式，拟建一条从印度西海岸港口孟买出发经伊朗在阿拉伯海的阿巴斯港（Port of Bandar Abbas）和恰赫巴哈尔港（Chabahar Port，新称“恰巴哈尔港”）连接中亚、俄罗斯和欧洲地区的货运大通道。与现有的通过苏伊士运河的海上路线相比，这条运输走廊可以大大缩减从印度进入欧洲的运输时间，从目前的 45~60 天，缩减到 25~30 天。[①] 而且，通过这条走廊，印度能够打开直接进入资源丰富的中亚地区的大门。然而，由于政治和资金问题，各方没有就实际运作问题达成共识。尤其是印度放弃 IPI 管道项目后，伊朗态度转为消极，致使该计划一直进展缓慢。

近年来，伴随美军和北约从阿富汗撤军，这条运输走廊更凸显商业价值。2012 年 1 月，包括中亚五国在内的 16 个国家在新德里举行研讨会，敲定正式启动该项目的有关细节问题。随着国际社会解除对伊朗的制裁，这一项目逐步落到实处。2016 年 5 月，印度总理纳伦德拉·莫迪访问伊朗，双方签署《恰巴哈尔港项目谅解备忘录》，印度将投资 5 亿美元开发伊朗东南部的恰巴哈尔港，计划 2016 年底完工。这一协议的签署“具有重要的里程碑意义”。恰巴哈尔港是欧亚南北走廊的关键环节之一，它位于伊朗锡斯坦—俾路支斯坦省南端，与中巴经济走廊南段起点瓜达尔港（Gwadar Port）的直线距离仅 72 千米。该港口“不仅能帮助印度绕开巴基斯坦直接深入中亚地区，而且也有利于印度制衡中方在该地区日益上升的影响力。”[②]

①《“北南”运输走廊成印度与欧亚大陆纽带》，俄罗斯之声，2012 年 6 月 3 日，http://sputnik-news.cn/radiovr.com.cn/2012_06_03/76879802/。

②《印度和伊朗达成“历史性”港口协议 称其他国家亦可加入》，新华网，2015 年 5 月 25 日，http://news.xinhuanet.com/world/2016-05/25/c_129012793.htm。

为促进地区间更广泛的接触，在美国的帮助下，印度与中亚国家建立印度—中亚对话机制。2012 年 6 月，首次印度—中亚对话在吉尔吉斯斯坦举行。在这一非官方平台上，印度总理辛格高调宣布“连接中亚”[①]（Connect Central Asia）政策，进一步加强与中亚国家在政治、安全、经济和文化等方面的联系。不过，由于印度团结进步联盟政府缺乏热情以及措施不得力，该计划最终搁浅。

此外，针对中国近年来提出的“一带一路”合作倡议（the Belt and Road Initiative），印度从南、北两个方向加强了反制部署。从南向来看，莫迪政府相继提出“季风计划”[②]（Project Mausam）、“香料之路”（Spice Route）和“棉花之路”（Cotton Route）等应对战略，试图利用历史、文化和地理优势加强与环印度洋国家和地区的贸易和共同开发，从而削弱和化解“21 世纪海上丝绸之路”对周边国家的吸引力。从北向来看，莫迪政府强化与中亚国家的经济联系与合作，应对“丝绸之路经济带”给印度的中亚战略和政策所带来的挑战。2015 年 7 月 6 日，莫迪启程访问中亚五国。这是印度领导人首次一次性访问中亚五国。能源合作和能源通道建设被视作莫迪此次中亚之行的第一诉求。莫迪访哈期间，印哈 2009 年合资开发的里海萨特巴耶夫油田正式投产。在印度与土库曼斯坦两国发表的联合声明中，TAPI 管道项目被称为两国经贸发展的“支柱”。在会谈中，别尔德穆哈梅多夫还表示将考虑与印度在欧亚南北走廊建设方面开展合作。

然而，受自身实力和地理空间所限，印度的中亚政策收效甚微，未能建立起一种真正具有重大战略价值的合作关系。虽然与印度利益有吻合之

---

① K.M. Seethi. “India’s Connect Central Asia’s Policy.” December 13, 2013, http://thediplomat.com/2013/12/indias-connect-central-asia-policy/。

② 该计划最初是一项试图扩大印度在环印度洋地区文化影响力的文化项目。它由印度文化部秘书拉文达·辛格（Ravindra Singh）在 2014 年 6 月 21 日卡塔尔多哈举行的联合国教科文组织第 38 届世界遗产委员会会议上提出。在《季风计划：海上航路与文化景观》（Project Mausam: Maritime Routes and Cultural Landscapes）一文中，拉文达·辛格向印度洋沿岸国家发出了加强在文化遗产保护与开发方面合作的倡议。9 月 16 日，拉文达·辛格和原外交部秘书苏贾塔·辛格（Sujatha Singh）召开“季风计划”特别会议，明确阐述“季风计划”并赋予其外交战略意涵。2015 年 3 月，莫迪出访塞舌尔、毛里求斯和斯里兰卡三国，推销该国的“季风计划”，反制中国的“一带一路”。然而，该计划目前尚缺乏具体内容及战略设想，仍是一个较模糊的概念。

处，但是美国更看重维护中亚国家的独立性。[①]而且，印度在中亚地区缺乏一个以印度为核心又包含各中亚国家的区域性经济合作组织，"议程控制能力及塑造规范的权力"[②]较弱。因此，印度的中亚政策对中国的影响是有限的。不容忽视的是，尽管目前印度在中亚的实力不如中国，但作为西方遏制中国的"棋子"，印度未来的潜力不容小觑。

2. 印度对中国参与中亚油气开发的态度

作为新兴经济体国家，印度与中国在能源消费上有诸多类似之处，比如对外依存度不断上升，以煤炭为主、向油气领域倾斜以及消费增长快等。在中亚地区，印度也与中国有大致相同的能源利益和战略诉求。因此，两国在中亚能源市场存在同构竞争问题。中印的能源竞争不仅不可避免，而且将贯穿于两国的崛起过程中。作为能源消费大国，中印本应在能源领域加强合作，争取更多的话语权，但实际上两国在中亚能源公司兼并与收购以及能源项目投标中的恶性竞争时有发生。这种竞争往往导致油气区块或企业并购的竞标价格被对方人为抬高，增加了油气生产成本，损害了各自的国家利益。最典型的例子就是 2005 年中石油收购哈萨克斯坦 PK 公司，因印度石油公司搅局而多支付 10 亿美元。同样，2013 年 9 月，中石油击败印度石油天然气公司维德什（Videsh）子公司，获得哈萨克斯坦卡沙甘油田 8.33% 的股份。对此，《印度斯坦时报》就曾发文质疑中国与哈萨克斯坦在卡沙甘油田项目中的合作，是"抢了印度的合同"。[③]这种恶性竞争反过来强化两国因战争阴影、边界争议、西藏问题、巴基斯坦问题等问题而产生的猜忌和敌意，破坏双方友好关系的大局。

除了这些主要大国之外，沙特、科威特、阿联酋、卡塔尔和阿曼等海湾阿拉伯国家也积极插手中亚地区事务。然而，相较于上述国家或区域性国际组织，这些海湾国家对中亚地区的影响力有限。

---

① Schaffer, Teresita C., and Vibhuti Haté. "India's' Look West' Policy: Why Central Asia Matters." South Asia Monitor 110 (2007):5.

② 周明：《冷战后印度中亚政策研究》，中共中央党校国际战略研究所（博士学位论文），2012 年，第 132~135 页。

③ 杨晨曦：《"一带一路"区域能源合作中的大国因素及应对策略》，《新视野》2014 年第 4 期。

总之，重要的地理位置和丰富的油气资源使得中亚地区成为主要政治力量和国际资本激烈争夺的舞台。围绕中亚地区的能源资源开发和油气管道走向，各种政治力量展开了尖锐复杂的较量。目前，俄罗斯仍是中亚能源领域的主导力量，但在欧美等国的强力冲击下不断地被削弱。出于地缘战略和经济利益考虑，俄美都力图削弱中国在中亚地区日益增强的影响力。除伊朗以外，土耳其、欧盟、日本、韩国和印度等消费国都把中亚视为本国能源多元化战略的重点地区，都是中国强有力的竞争者。目前，各主要政治力量在中亚能源领域的竞争中的位置只是暂时的、相对的，各方力量的此消彼长将会长期持续。未来，一旦跨里海天然气管道和 TAPI 管道建成，中国将面对中亚地区北部来自俄罗斯的抵制，西部来自美国支持下的欧盟和土耳其的争夺，南部来自美国推动下的印度和日本的竞争，大国在中亚地区的能源博弈将会更加激烈。

四、中亚地区的安全与稳定存在不确定性

“冷战”后，民主政治、民族、宗教问题成为当代国际政治中重要而敏感的因素。[①] 中亚恰是世界宗教、民族、文明的交汇地区。新世纪，中亚地区的安全与稳定正面临前所未有的严峻挑战，比如“三股势力”、毒品走私、有组织犯罪、贫富分化、水和资源纠纷、边界争端等，尤其是日益猖獗的宗教极端势力、前景不明的阿富汗局势和亟待解决的领导人继承问题，给中国石油企业在中亚地区的投资带来变数和风险。

（一）日益猖獗的中亚宗教极端势力

伊斯兰教在中亚地区已有一千多年的传播史，是该地区最流行、信奉人口最多且覆盖面最广的一大宗教。苏联时期，由于中央政府的宗教政策，各类宗教基本停止了活动。苏联解体后，中亚地区意识形态出现真空，经济危机和社会动荡导致人们对政府极为不满，伊斯兰激进主义趁机流入，与中亚地区费尔干纳谷地宗教极端势力相结合，产生了一大批伊斯兰激进

① 张辛雨：《中国与中亚能源合作开发研究》，吉林大学东北亚研究院（博士学位论文），2012 年，第 91 页。

组织，比如乌兹别克斯坦伊斯兰运动（IMU，又称“乌伊运”）、伊斯兰解放党（HUT，又称“伊扎布特”）和伊斯兰复兴党（IRPT）等。90 年代中期，宗教极端势力开始向世俗国家政权发起挑战，通过恐怖袭击、劫持人质、制造爆炸事件等暴力手段，破坏国家和地区稳定。

“9·11”事件后，美国发动反恐战争并进驻中亚地区，中亚宗教极端势力曾一度“销声匿迹”。然而，他们并没有被根除，而是化整为零，重新组合，伺机反扑。新世纪，“颜色革命”和“阿拉伯之春”之后，中亚各国进入新的不稳定期，宗教极端势力策划的暴力恐怖活动与日俱增。

中亚宗教极端势力猖獗，深层次的根源在于各国严重的失业、贫富分化、分配不公，行政腐败、贪污受贿。受此影响，中国石油企业大规模投资并未实质上转化为当地居民手中的财富，容易成为资源民族主义、宗教极端主义袭击的目标。近年来，针对中国企业和人员的袭击、绑架、持枪抢劫、入室偷盗事件时有发生，威胁中国石油企业和劳务人员的生命和财产安全。

（二）前景不明的阿富汗局势

2014 年 4 月 5 日，阿富汗举行第三届总统大选，迎来 2001 年以来首次权力交接。9 月 29 日，加尼和阿卜杜拉分别就任总统和政府长官，组建民族团结政府。次日，新政府与美国及北约分别签署《双边安全协定》和《驻军地位协定》。根据协定，从 2015 年 1 月 1 日起，北约和美军部队将不再承担作战任务，转而向阿富汗安全部队提供训练和支援。至此，阿富汗政治进程中的两大悬念都已得解。然而，阿富汗和平与重建工作依然任重道远。

阿富汗与中亚国家毗邻，北部与土库曼斯坦、乌兹别克斯坦和塔吉克斯坦三国接壤。历史上，阿富汗与中亚地区在民族、宗教、文化传统等方面有着非常密切的联系。阿富汗局势恶化无疑会外溢到中亚地区，成为中亚地区安全与稳定的又一潜在威胁。宗教极端组织和恐怖分子为了产生“立竿见影”的破坏力来实现政治诉求，把目光瞄准了油气资源和跨国能源运输管道。中国奉行不干涉内政原则，在中亚没有军事存在，像中哈原油管道和中国—中亚天然气管道这样的旗舰能源项目很可能成为潜在攻击目标。此外，中国出资在中亚各国建设的炼油厂、桥梁、隧道等也面临类似风险。

2014年秋，土库曼斯坦边境遭遇来自阿富汗恐怖分子的袭扰，阿土边境告急。9月7日，俄罗斯中东研究所所长叶夫根尼·萨塔诺夫斯基在俄罗斯《军工信使》周报刊发一篇题为“伊斯兰国对土库曼感兴趣”、副标题为“阿富汗伊斯兰武装分子向北进攻可能影响对东西两个方向的天然气布局”的文章指出，阿富汗伊斯兰武装分子意图在阿土边界建立一个行动走廊，利用土库曼斯坦“能够被扣做人质的平民、粮食基地、道路、大量的民用和军用车辆和武器以及附近超级储量的大气田——复兴气田，以发动‘中亚之春’”[①]。复兴气田是土库曼斯坦最大的天然气田，也是中土天然气合作重要气源地。如果为恐怖分子所掌控，对土库曼斯坦和中国来说都是灾难。此外，中哈油气管道靠近动荡不安的费尔干纳谷地，而中国—中亚天然气管道也处在人烟稀少、交通不便之地，为了防范恐怖分子针对油气管道的袭击，中国石油企业不得不增派安保人员日夜巡逻，这无疑加重了企业的成本开支。

（三）亟待解决的领导人继承问题

独立以后，中亚各国开始主权国家建设和新旧社会转型的探索。在当时特定的环境下，中亚各国最终确立了“具有俄罗斯—中亚特色的仿西方的政治模式”[②]——总统集权制。它经受了独立之初的严峻考验，保证了过渡时期国内的安定和团结，为过渡时期的经济发展创造了稳定的社会环境，避免了社会动荡甚至是流血冲突。但它也存在诸多的弊病，比如贪污腐败、官僚主义和缺乏法治等，还在社会重建过程中催生了一些尾大不掉的家族势力，在国家政治经济生活中占据显要地位。

国家权力交接是中亚国家政治稳定的薄弱环节。[③]目前，除了吉尔吉斯斯坦和土库曼斯坦完成新老领导人交替外，哈萨克斯坦、乌兹别克斯坦和

①《伊斯兰极端势力对中亚能源安全的影响》，废言网，2015年3月6日，http://www.piffle365.com/plus/view.php?aid=25730。

② 杨恕：《转型中的中亚和中国》，北京大学出版社2005年版，第92页。

③ Weitz, Richard. “Averting a new great game in central Asia.” *Washington Quarterly* 29.3 (2006), p.165.

塔吉克斯坦三国将进入权力交接期，领导人继承问题成为绕不开的话题。作为对区域内地缘政治形势有重大影响的两个地区大国，哈萨克斯坦和乌兹别克斯坦的政权交接将是中亚地区的重大政治事件，两国政局如何发展对中亚地区的未来走势非常关键。在战略上，哈萨克斯坦偏重俄罗斯，而乌兹别克斯坦偏重美国，两国领导人继承问题很可能将引发俄美在中亚地区新一轮争夺和对抗。

总之，中亚地区的安全表面上平静，实际上暗流涌动，存在诸多严重威胁。中亚宗教极端势力、阿富汗政局走势和领导人继承问题都不是孤立存在的，而是相互联系、相互影响的。而中国在中亚的油气投资主要靠当地政府提供安全保障，一旦中亚国家陷入动荡，中国石油企业在当地的投资项目将有可能遭到破坏，中国劳务人员的人身和财产安全将受到威胁。

第二节　中亚各国的投资环境趋紧

良好的投资环境和稳定的投资政策有助于油气合作项目顺利实施，并取得效益。苏联解体后，作为“欧亚能源版图上的独立参与者”①，中亚各国纷纷确立“资源立国”和“油气富国”的经济发展战略，出台一系列鼓励和优惠政策，积极吸引外国投资，有力地推动了各国油气产业的快速发展。然而，中亚国家在开放市场的同时，对本国的经济安全忧虑较重，仍然保持较高强度的政府监管，尤其是重要的战略性行业，比如油气资源，始终保持国家控制。此外，市场化改革不深入和法律政策多变，也给中国与中亚国家的油气合作带来诸多风险。

一、市场化改革不深入

独立之初，中亚五国把市场经济作为发展方向，开始由计划经济体制向市场经济体制、由公有制向私有制转型的过程。中亚各国都完成了从计

① Petersen, Alexandros, and Katinka Barysch. *Russia, China and the Geopolitics of Energy in Central Asia*. Centre for European Reform, 2011, p.60.

划经济向市场经济的过渡，在私有化和自由化方面取得显著进展。目前，吉尔吉斯斯坦（1998 年）、塔吉克斯坦（2012 年）和哈萨克斯坦（2015 年）都是世界贸易组织成员方，剩下的乌兹别克斯坦已成立加入世贸工作组，土库曼斯坦也公开表示有兴趣加入。然而，各国的市场化实现程度有所不同：吉尔吉斯斯坦与俄罗斯一样，采用激进的改革模式，但也付出沉重的代价；哈萨克斯坦和塔吉克斯坦选择渐进式改革，虽然社会阵痛小，但国家保留大量的计划经济色彩；土库曼斯坦和乌兹别克斯坦只进行“有限改革”，总统高度集权，易滋生严重的贪污腐败、权力寻租和经济犯罪。

石油天然气是重要的战略资源，是中亚国家经济的支柱产业。基于对油气工业的高度依赖，中亚国家对油气资源实行了高度垄断的政策。再加上中亚各国特殊“总统集权制”的政治体制，中亚国家的对外能源政策和决策，往往建立在非正式的关系网络基础上，“更多的是基于政治考虑而非纯粹的商业行为，因此具有很大的不确定性”[①]。在油气项目或区块招标、转让和运营中，政府的态度是外国石油公司投资的成败和接管后能否顺利运营的决定性因素。

随着世界主要资源国纷纷开展私有化，释放油气行业活力，中亚各国政府也积极推进私有化进程，但是步伐缓慢，效果不明显。2016 年 2 月，美国传统基金会（Heritage Foundation）和《华尔街日报》发布的经济自由度指数（IEF）报告显示，在 178 个国家和地区中，哈萨克斯坦（63.6 分，第 68 位）属于经济比较自由国家；而乌兹别克斯坦（46.0 分，第 166 位）和土库曼斯坦（41.9 分，第 174 位）属于经济“受压制”国家。

此外，除了哈萨克斯坦通过吸引外资和增强国家生产能力，在一定程度上缓解了荷兰病（Dutch Disease）外，土库曼斯坦和乌兹别克斯坦已逐渐陷入“资源诅咒”（Resource Curse）泥沼，权力寻租、索贿受贿和贪污腐败等问题严重破坏了经济稳定，恶化了投资环境，阻碍了合法投资。2016 年 1 月 27 日，透明国际（Transparency International）公布的《2015 年清廉指数》报告显示，在 168 个国家和地区中，哈萨克斯坦（第 123 位）在中亚国

① 季志业：《俄罗斯、中亚“油气政治”与中国》，黑龙江人民出版社 2008 年版，第 119 页。

家中排名最高，乌兹别克斯坦（第 153 位）和土库曼斯坦（第 154 位）虽摘掉后十名的帽子，但已排在东欧和中亚区的末尾。

这种政治生态使得中国石油企业较注重同政府打交道，与社区和民众脱节。“这些中亚国家的统治精英既利用职位谋取利益，又与中国的国有企业家们保持政治联系，这激起了国内人民的强烈不满，增大了中国投资项目的风险。”①

二、投资政策和法律体系不完善、不连续

独立初期，中亚各国普遍存在资金不足的问题，因此实行改革开放，提供优惠的合作条件和合作模式吸引外资成为发展经济的重要途径。哈萨克斯坦是最早确立“资源立国”战略的中亚国家。20 世纪 90 年代，世界油气价格低迷，为了吸引外资，哈萨克斯坦与外国投资者签署产品分成合同，对原油及石油加工品出口免征关税，甚至低价转让油气田勘探开发权。这些鼓励和优惠政策使得哈萨克斯坦成为中亚地区吸引外资最多的国家。2005~2014 年间哈萨克斯坦共吸引外资 2076 亿美元。

中亚各国在苏联遗留的法律基础之上，制定和颁布了一系列油气行业法律法规，规范油气开发利用活动。以哈萨克斯坦为例，该国先后制定了《石油法》《投资法》和《地下资源与地下资源利用法》等法律，初步建立起一整套“清晰、透明以及符合国际通行规则”的能源法律体系，有力地推动该国油气产业的快速发展。

新世纪，国际油价屡创新高，受世界范围内能源生产国有化的影响，中亚各国在“资源民族主义”思潮推动下，开始频繁修改和补充油气行业法律法规，不断完善油气资源财税体系，加强政府对油气行业的控制与监管，最大程度保护其在战略资源方面的国家利益，以往温和宽松的外资投资环境和财税政策也为强制性的政策所取代。同时，中亚国家已不满足于单纯的能源开采，而是力图通过政策引导能源相关产业的发展。

以哈萨克斯坦为例，近 20 年来，该国油气行业的财税政策持续收紧。

---

① “China’s Central Asia Problem,” International Crisis Group, 27 Feb 2013, p.14.

2009 年 1 月，哈国出台新的税收政策，连续三年对石油、天然气的开采税征收办法做出大的调整，取消矿区使用费，征收矿产资源开采税和油气出口收益税，并改变超额利润税计税方法等。当年中国石油在哈萨克斯坦主要项目的综合税负从 2008 年旧税制时的 30.21% 大幅提高到 43.67%，极大压缩了海外经营的利润空间。[①]2010 年哈国政府恢复征收原油及其产品的出口关税，税率为 20 美元 / 吨，2011 年提高到 40 美元 / 吨，2013 年 4 月提高到 60 美元 / 吨，2014 年 3 月又增至 80 美元 / 吨。[②] 这在事实上提高了项目的综合税负，导致外国投资者投资项目的收益日益恶化。

哈萨克斯坦多次修改和补充法律，不断加强对本国资源的控制力。2004 年、2005 年、2007 年和 2010 年对《地下资源与地下资源利用法》进行了多次修订。新修订的油气法规突出了“最大限度保护本国利益”的原则，比如明确规定国家拥有优先收购权；增加“哈萨克斯坦含量”[③] 的相关规定；政府有权废除地下资源利用领域的相关合同；引入“集权”[④] 的概念，加大对外国公司并购哈国境内资源类资产的限制力度；保障哈油气在招标区块中所占股份；取消“产品分成协议”、特许经营合同等合作方式；增加环保要求（规定禁止放空、燃烧伴生气；在未对伴生气和天然气有效利用的情况下，禁止开采油气）等。这些变更让很多石油公司措手不及，被迫调整经营战略。而且，这种过度追求本国利益的做法也影响外国石油公司的投资决策和信心。

哈萨克斯坦还加强了对以前所签油气合同的监管力度，对逃税和不遵守该国法律的矿区开发企业采取相当严格的措施，甚至出现多例毁约的情况。“因资源使用者未履行合同中的财务义务及违规作业等，2010 年，油气部解

---

① 鲁东侯、李岩：《中国与中亚：能源合作进入新时代》，《中国石化报》2015 年 10 月 23 日，第 8 版。

② 王海燕：《中国与中亚五国油气合作：现状与前景》，孙力、吴宏伟主编：《中亚国家发展报告（2014）·丝绸之路经济带专辑》，社会科学文献出版社 2014 年版，第 229 页。

③“哈萨克斯坦含量”指的是在采购商品和服务当中，当地生产的产品和提供的服务所占的比例；在雇用人员上，当地员工所占的比例。

④ 外国公司在该国拥有油气项目中的股权如果大到可以独立做出地下资源利用、作业和经营决定的程度，即被认为是“集权”。

除了28个资源使用合同，2011年油气部又解除了8个资源使用合同。”[①] 自2010年起，哈国还开始对未按照合同条款完成“哈萨克斯坦含量”的企业征收罚款，2011年哈国油气部首次征收罚款金额1.8亿坚戈，2012年3.5亿坚戈，其中包括田吉兹雪佛龙公司和北里海运营公司等。2015年9月，阿克纠宾州检察院以违反地下资源和地下资源使用法为由，对中石油阿克纠宾油气股份有限公司判处30亿坚戈的违规罚款。12月，田吉兹雪佛龙公司因其压缩机停工导致天然气燃烧造成生态污染被哈国能源部油气综合体生态调节、监督和国家检查委员会阿特劳州生态局告上法庭，阿特劳州特别地区间经济法院判处该公司缴纳包括环境损失费在内共计1.24亿坚戈的罚款。

政府的这些干预措施限制了中国石油企业在哈国投资规模的扩大。目前，中国石油企业在哈萨克斯坦油气领域所占份额已接近该国政府所设定的底线。同时，这些法律变更无一例外增加了中国石油企业的成本支出，比如社会责任支出、环保支出和税费支出等。

表4-1 2015年中国企业在哈油气市场参与度

中国企业	中方占比（%）
中石油阿克托别股份公司	97.47
曼吉斯套油气股份公司	50
皮特罗哈萨克斯坦 库姆科利 列索尔吉斯股份公司	67
哈德合资石油有限责任公司	50
图尔加伊皮特罗列乌姆股份公司	50
布扎奇 奥别列依亭克 LTD	100
卡拉张 巴斯木纳依福分公司	50
库阿特阿姆隆木纳依合资有限责任公司	100
中石油—阿依当木纳依股份公司	100
萨张库拉克有限责任公司	100
潜力石油有限责任公司	100
普利卡斯皮昂 皮特罗列乌姆有限责任公司	100
萨吉兹 皮特罗列乌姆有限责任公司	100
艾姆巴维德石油有限责任公司	100

① 明海会：《哈萨克斯坦天然气工业综述及中哈合作建议》，《新疆石油地质》2013年第4期。

续表

中 国 企 业	中方占比（%）
阿达伊 皮特罗列乌姆有限责任公司	50
哈国家油气勘探股份公司	11
阿克托别哈油有限责任公司	25
卡拉库杜克石油有限责任公司	100
阿尔曼合资有限责任公司	100
扎木巴伊有限责任公司	25
朗喀斯切尔 皮特罗列乌姆股份公司	87
叶米尔石油有限责任公司	100

资料来源：驻哈萨克经商参处：《中俄哈构筑石油三角关系》2015 年 11 月 20 日，http://kz.mofcom.gov.cn/article/ztdy/201511/20151101191241.shtml。

总之，能源是战略性资源，是中亚国家经济社会发展的支柱，因此，能源合作并非简单的商业行为，而更多地表现为政府行为。中亚地区特殊的威权政治体制，导致权力寻租、索贿受贿和贪污腐败现象严重，恶化了投资环境。此外，政府干预、法律变更、政策收紧等因素也增加了中国石油企业的投资风险。

第五章

扩大中国与中亚国家油气合作的对策

作为世界第一大能源消费国，中国与能源资源丰富又有地缘优势的中亚国家开展能源合作，是中国优化能源结构和确保能源安全的现实选择和必由之路。近年来，中国与中亚国家的油气合作呈上升态势。“中亚已成为中国境外油气供应重要来源、勘探开发合作战略目标区、丝绸之路经济带建设关键地区。”[①] 中国与中亚国家合作修建的跨境油气管道将沿线各国人民的战略利益融合在一起。

当前，中国与中亚各国都处于经济发展的关键时期，都需要利用能源实现宏伟的国家发展目标，因此，加深能源领域的合作是双方的共同需要，符合双方的共同利益。作为发展中的国家和地区，中国和中亚国家要抓住难得机遇，深化能源领域的互利合作，提高能源合作的战略水平。

面对日益增长的能源需求，中国应进一步提高中亚地区在中国能源发展战略中的地位，在尊重中亚国家经济发展战略和能源政策新变化的基础上，推动上合组织框架下统一能源空间的建设，最大限度地处理好中亚地区的各种利益关系，最充分、最广泛地调动一切积极因素，实现中国与中亚国家能源利益的最大化。

第一节　在上合组织框架内建立统一能源空间

自 1997 年以来，在政府的推动下，中国与中亚国家的双边能源合作取得了显著的成果。但是，受中亚各国政治体制、发展战略和能源政策等消极方面的影响，双边能源合作得不到强有力的制度保障，相对脆弱，不利于维护各自的能源安全。鉴于最高的安全应当是“各国都合作、都参与、都遵守规则”的制度安排，推进在上合组织框架下的多边能源合作，无疑是保障各成员国能源安全以及经济可持续、稳定发展的必然选择。[②]

多年以来，上合组织内部成员国一直尝试建立该组织框架下的多边能源合作机制。但从上合组织内成员国能源合作所拥有的优势和潜力来看，

① 潘继平:《丝绸之路经济带油气合作前景聚焦》,《中国国土资源报》2014 年 11 月 27 日，第 6 版。

② 韩立华:《上海合作组织框架下多边能源合作的条件与前景》,《国际石油经济》2006 年第 6 期。

目前的合作进展缓慢，成果不多。各成员国均从自身能源战略和国家利益出发，对建立多边能源合作机制的诉求不一、立场各异，加深了建立这种合作机制的难度。2006 年就已提出的“能源俱乐部”至今无法落实到位，多边能源合作机制一直无法实现。世界金融危机和国际油价暴涨暴跌，给中国和中亚国家都带来了无法挽回的经济损失。因此，在上合组织框架内建立统一能源空间刻不容缓。

一、建立统一能源空间面临的问题

从长远来看，在上合组织框架下协调成员国间的能源合作，对于维护地区安全与稳定、保障成员国的能源安全和拓展成员国的国家利益都具有十分重要的意义。但是，建立统一能源空间的道路并不平坦。这也是上合组织至今尚未建立起一个多边能源合作框架和机制的重要原因之所在。

首先，由于经济状况、资源禀赋、能源战略和外交政策各不相同，中亚各国间的差异和分歧制约着能源合作的发展。哈、土和乌三国依靠能源出口，经济发展速度较快，而吉、塔能源相对贫乏，经济发展速度较慢。中亚各国普遍存在基础设施陈旧老化、交通联系不够顺畅、过境贸易手续繁杂和资金技术严重匮乏等问题，限制成员国间多边能源合作项目的落实。由于独立时间不长，中亚各国极为珍视国家主权，对涉及政治和经济权益的让渡异常谨慎[①]，导致多边能源合作进展缓慢。中亚地区存在一些长期没有解决的问题，比如水资源分配、领土和边界争端、里海法律地位和划界、地区领袖地位以及民族关系等问题，破坏了国家间友好合作的基础和大局。中亚各国对能源安全的利益诉求也不一致，对上合组织的未来能源合作有不同的主张。此外，中亚各国还对俄罗斯控制能源运输管道心存不满，对中国扩展能源利益心存疑虑。

其次，中俄两国的竞争和分歧也影响上合组织多边能源合作的发展。俄罗斯在中亚地区拥有一系列重要战略利益，抱有很深的“后院意识”，不容

① Koolaee, Elaheh, and Mandana Tishehyar. “An Outlook on Energy Cooperation Approaches in the Shanghai Cooperation Organization (SCO) Region.” *Geopolitics Quarterly*, Vo.8, No 4, Winter 2013, p.68.

他人染指，对中亚地区的能源开发和出口实施“双控制”，极力维护其在中亚地区能源领域的主导地位。而中国与中亚国家建立友好关系，开展能源合作，开辟通往中国的能源管道，客观上提高了中国在中亚地区的影响力，被俄罗斯视为对其主导地位的威胁和挑战。二者在中亚地区能源领域客观上存在竞争和矛盾。一位前哈萨克外交官曾将上海合作组织中的中俄关系比作“猫鼬和眼镜蛇共舞”。①有国外学者甚至认为，“一旦美国在中亚地区的影响力下降，中俄之间将会上演一场‘新的大博弈’”②。此外，尽管“能源俱乐部”的建议是俄罗斯最先提出的，但是此后普京的态度一直消极，反而积极推动欧亚经济联盟建立统一能源市场来平衡中国在中亚地区的影响。而且，“能源俱乐部的建立并不能通盘解决中俄和中亚能源合作中的所有矛盾。”③

再次，在欧美等外部势力的强势介入下，中亚地区的政治局势和能源格局更加复杂多变。为了摆脱对俄罗斯油气出口的依赖，并应对各政治力量在该地区的能源博弈，中亚国家普遍推行“大国平衡”外交，谋求油气经济利益最大化。西方国家拥有雄厚的资金、技术和丰富的运营能力，对中亚国家的吸引力更大。中亚国家与区域外国家进行能源合作，会分流供应给中国的油气资源，提高油气供应价格，威胁中国的能源进口安全，或使中国处于不利的竞争局面。

最后，为了加强与国际社会的交流合作，中亚各国纷纷成立或加入一系列多边经济合作组织或机制，如上合组织、欧亚经济共同体、中西亚经济合作组织、中亚区域经济合作组织等。这些组织和机制各具特色，以不同的方式满足中亚各国不同方面的需要。但是，多个合作机制并存、成员国多重身份以及部分功能交叉重叠等问题也加大了政策协调难度，导致能源合作效率低下，并增加合作的交易成本。④

---

① “China’s Central Asia Problem,” International Crisis Group, 27 Feb 2013, p5.

② Pop, Irina Ionela. “China’s Energy Strategy in Central Asia: Interactions with Russia, India and Japan.” *UNISCI Discussion Papers* 24 (2010), p.220.

③ 杨宇、刘毅、金凤君：《能源地缘政治视角下中国与中亚—俄罗斯国际能源合作模式》，《地理研究》2015 年第 2 期。

④ Koolaee, Elaheh, and Mandana Tishehyar. “An Outlook on Energy Cooperation Approaches in the Shanghai Cooperation Organization (SCO) Region.” pp.54–55.

二、建立统一能源空间的对策

建立统一能源空间是一个系统的复杂工程，尽管面临诸多主客观条件的限制和域内外政治力量的挑战，存在一定的难度和变数，但是已得到有关国家的重视并艰难起步。根据上合组织的实际状况和中国自身的战略需要，在上合组织框架内建立统一能源空间可从以下几个方面着手。

（一）与“丝绸之路经济带”相配合，处理好上合组织成员国能源合作过程中存在的问题

“丝绸之路经济带”建设与上合组织发展相辅相成，并不矛盾。上合组织是深耕中亚关系的战略性平台，也是构建“丝绸之路经济带”的重要载体。[①] 与上合组织相比，“丝绸之路经济带”覆盖的范围更广，合作的方式更灵活。它不是要取代或覆盖上合组织，而是在上合组织的基础上，串联、疏通与俄罗斯和中亚国家的关系，加强组织内包括能源等领域的合作。此外，“丝绸之路经济带”合作倡议下的政策沟通、道路联通、贸易畅通、货币流通和民心相通，能够很好地处理上合组织成员国内部存在的各种问题和矛盾，为能源合作建立更紧密的经济联系，促进更深入的互利合作，开辟更广阔的发展空间。两者都有利于推动中国与中亚国家的双边和多边能源合作。

中亚各国都十分重视本国经济的发展，普遍希望通过扩大对外合作来应对世界金融危机，实现国家经济发展战略和目标。因此，以能源合作为突破口，将中亚各国经济发展规划与“丝绸之路经济带”相对接，有助于各国发展战略的顺利实施和战略目标的实现。如果“丝绸之路经济带”被认为只是中国解决自己外交和经济问题的手段，那它发展的空间会受到限制。[②] 目前，共建“丝绸之路经济带”的共识均纳入中国同中亚五国签署的联合宣言和发展规划等政治文件中。中国还同塔吉克斯坦、哈萨克斯坦、吉尔吉斯斯坦先后签署共建“丝绸之路经济带”双边合作协议，“丝绸之路经济带”已与哈萨克斯坦的“光明之路”、土库曼斯坦的“强盛幸福时代”、

---

① 俞正樑：《积极进取 引领亚洲 全球再平衡——2014 年中国外交》，《国际观察》2015 年第 1 期。

② 赵华胜：《形象建设：中国深入中亚的必经之路》，《新疆师范大学学报（哲学社会科学版）》2015 年第 4 期。

乌兹别克斯坦“福利与繁荣年”规划、塔吉克斯坦的“能源交通粮食”三大兴国战略以及吉尔吉斯斯坦“国家稳定发展战略”实现了对接。

（二）重视与俄罗斯的能源对话与合作，通过中俄能源合作为上合组织其他成员国间开展能源合作提供有力的范式

由于历史、地理和经济等联系，俄罗斯在中亚能源领域仍居于主导地位。① 目前，中亚 50% 的石油和 70% 的天然气出口仍由俄罗斯控制。② 没有俄罗斯的合作，统一能源空间无法建立。中国要关注与俄罗斯的关系及其在中亚的能源利益，不能因与中亚国家合作而损害与俄罗斯的关系，但也不能为避免与俄罗斯的中亚能源利益发生直接碰撞而放弃与中亚国家的合作。中国可以借用上合组织这个多边合作机制，灵活把握分寸，通过利益共享、交换、补偿等方式化解俄罗斯的阻力。正如罗伯特·基欧汉所言，“在一个日益相互依赖的世界政治经济中，国际机制可能对那些希望解决共同问题和追求互补的目标，而又不愿将自己从属于一个等级控制体系的各国政府来说，变得越来越有用。” ③

需要指出的是，中国不谋求地区事务主导权，不经营势力范围。中俄在中亚地区能源领域的竞争不是政治性、战略性的，而是经济全球化背景下按照市场规律进行的市场竞争，不会超过两国在中亚地区的共同利益。加强上合组织框架内的能源对话与合作有利于两国矛盾的化解，有利于两国共同利益的维护。事实上，中俄在能源领域也不完全是竞争关系，两国有巨大的合作潜力有待挖掘。

首先，俄罗斯与中亚一样，是中国开展对外能源合作的重要市场，是中国能源外交的重点战略区域。中国既是中亚国家的买家，也是俄罗斯的买家。由于欧盟坚持能源进口多元化立场，俄罗斯面临未来欧洲能源市场份额萎缩的危险。2014 年初，俄罗斯能源部发布《2035 年前俄罗斯能源战略草案》。该草案称：“欧洲和独联体国家能源市场仍然是俄罗斯能源的主

① Oliphant, Craig. “Russia’s Role and Interests in Central Asia.” (2014), p.6.

② Michael Ratner: “Europe’s Energy Security: Options and Challenges to Natural Gas Supply Diversification”, March 15, 2013, http://www.naturegaseurope.com/the-gas-triangle-china-russia-europe.

③［美］罗伯特·基欧汉：《霸权之后：世界政治经济中的合作与纷争》，苏长和、信强、何曜译，上海人民出版社 2012 年版，第 63 页。

要市场，但是 2015 年之后出口量将下降，到 2035 年这些市场的出口量将降至 2010 年的 95%。”[①] 因此，俄罗斯加快寻求新的能源出口市场和修建新的油气管道，积极开拓亚太能源市场。其中，市场潜力巨大的中国是俄罗斯的优先合作伙伴。

近年来，中俄油气合作取得了一系列重大进展和实质性突破。2009 年 4 月，中俄签署东西伯利亚—太平洋石油管道[②]（The Eastern Siberia–Pacific Ocean Oil Pipeline，ESPO 管道）中国支线建设的政府间协议，在 2011~2030 年间，俄罗斯每年通过 ESPO 管道中国支线向中国提供 1500 万吨石油。在此之前，中国从俄罗斯进口石油一直靠铁路运输。

2013 年是中俄能源合作的“突破”年。9 月，中石油与俄气签署《俄罗斯通过东线管道向中国供应天然气的框架协议》，与俄罗斯诺瓦泰克（Novatek）公司签署《关于收购亚马尔液化天然气股份公司股份的股份收购协议》。这两个协议标志中国开始通过并购、参股控股方式对俄油气资源进行直接投资和间接投资。

2014 年的乌克兰危机加速了俄罗斯能源战略的调整。欧美制裁波及俄罗斯的能源领域，俄罗斯国家石油公司、俄气和诺瓦泰克公司等能源企业遭受制裁、南溪天然气管道建设被迫关闭、一些能源合作项目面临搁置或停止的风险等。在与西方国家关系紧张的情况下，开辟东部亚太市场成为俄罗斯能源部门的当务之急。俄罗斯与中国更加靠近，对中国的战略需求增大。

2014 年 5 月，普京对中国进行国事访问。中石油与俄气结束长达 10 年的天然气谈判，签署为期 30 年、价值 4000 亿美元的《中俄东线供气购销

① 国家能源局：《俄罗斯能源部发布 2035 年前能源战略草案》2014 年 2 月 19 日，http://www.nea.gov.cn/2014-02/19/c_133126038.htm。

② ESPO 管道是当代俄罗斯最大的项目之一，可将俄罗斯原油出口到亚太市场。管道西起泰舍特，东至俄罗斯太平洋沿岸的科济米诺湾，横穿阿穆尔州、犹太自治州、哈巴罗夫斯克边疆区和滨海边疆区，全长 4130 多千米。一期从泰舍特至斯科沃罗季诺，全长 2694 千米，2004 年 12 月开工，2009 年 3 月完工，输油能力 3000 万吨 / 年；二期从斯科沃罗季诺到科济米诺港，全长 2100 千米，2010 年 1 月开工，2012 年 12 月全线贯通，输油能力达 5000 万吨 / 年。ESPO 管道中国支线从斯科沃罗季诺分输站由黑龙江漠河入境到达大庆。管道全长 999 千米，其中俄罗斯境内 72 千米，2009 年 4 月开工，中国境内 927 千米，2009 年 5 月开工。中国支线于 2010 年 9 月建成，从 2011 年 1 月 1 日开始向中国输油。

合同》。根据合同，从 2018 年开始，俄罗斯每年向中国供应 380 亿立方米天然气，以后输气量逐年增加，最终达到 600 亿立方米。9 月 1 日，普京启动中俄天然气管道东线[①]（Power of Siberia Pipeline，又称“西伯利亚力量”）俄境内段的建造工程。2015 年 6 月 29 日，中俄东线天然气管道中国境内段开工建设。

同年 10 月，中石油与俄气签署《关于沿西线管道从俄罗斯向中国供应天然气的框架协议》，规定未来 30 年俄罗斯通过中俄天然气管道西线[②]（Altai，又称“阿尔泰”）对华供气 300 亿立方米 / 年。西线开通后，中国将成为俄罗斯最大的天然气买家。对俄罗斯而言，两笔“大单”有助于经济恢复增长。同月，中石油还与俄罗斯国家石油公司达成合作开发万科油田的意向，签署了《关于万科油田油田项目合作的框架协议》。

其次，中俄在中亚地区的能源领域也有巨大的合作空间。在西方国家的支持下，中亚国家“去俄罗斯化”“能源出口多元化”的步伐加快，俄罗斯在中亚能源地缘政治格局的主导地位不断遭到冲击。尽管俄罗斯采取多项措施回击和补救，但中亚各国追求油气出口多元化的决心和中亚地区油气管道多元化的趋势无法阻挡。管道不只流油气，也流政治。控制了管道也就控制了油气，更控制了该地区。所以，在联手抵制欧美通过油气管道在中亚地区进行渗透和扩张方面，中俄两国的合作是共赢的，对双方都有利。在具体的合作项目方面，双方也有很多潜力可以开发。

目前，哈能源已成为中俄利益密切交织的关键点。俄罗斯、中国和哈国经常被称为“能源三角”，该同盟的每一方都在极力进入能源合作框架。[③]比如，中俄共同参与哈萨克斯坦多项油气项目，并通过中哈原油管道进行

---

① 中俄天然气管道东线以东西伯利亚的伊尔库茨克州科维克金气田（Kovykta）和萨哈共和国恰扬金气田（Chaynda）为气源地，经中国黑龙江省黑河市中俄边境进入中国，分别途经黑龙江、吉林、内蒙古、辽宁、河北、天津、山东、江苏、上海等九省区市，终于上海市。全长 4000 千米，其中，俄罗斯境内段全长 2680 千米，中国境内段拟新建管道 3170 千米，并行利用已建管道 1800 千米，并配套建设地下储气库。计划于 2018 年建成投产。

② 中俄天然气管道西线从俄罗斯境内通往中国，从新疆乌恰入境。由于中国经济增速放缓和大宗商品价格回落，双方在价格方面出现分歧，中俄天然气管道西线被搁置。

③ 驻哈萨克经商参处：《中俄哈构筑石油三角关系》2015 年 11 月 20 日，http://kz.mofcom.gov.cn/article/ztdy/201511/20151101191241.shtml。

能源合作。2013 年 6 月，中石油与俄罗斯国家石油公司签署 25 年内供应 3.65 亿吨石油的合同；10 月，中石化与俄罗斯国家石油公司签署价值 850 亿美元的协议，在未来十年内每年向中国增加供油 1000 万吨。为履行这两项合同，从 2014 年 1 月 1 日起，俄罗斯将过境哈萨克斯坦向中国出口原油 700 万吨 / 年，今后将扩大到 1000 万吨 / 年。此外，根据 2013 年中俄签订的政府间协议，俄罗斯通过 ESPO 管道的斯科沃洪基诺—漠河段向中国每年增加 500 万吨的石油出口，由于中国漠河—大庆段石油管道铺设尚未完工，俄罗斯国家石油和中石油签订了临时变更石油供应站点的协议，在中国完成相关基础设施建设之前，俄罗斯将通过哈萨克斯坦向中国出口石油。这提高了中哈原油管道的运输效率，节省了成本支出。

表 5-1　中俄在哈萨克斯坦油气合作项目

<table>
<tr><th>经营公司</th><th colspan="2">占　股</th><th>油　田</th><th>签约时间</th><th>签约年限</th></tr>
<tr><td rowspan="3">图尔盖石油股份公司</td><td colspan="2">卢克石油公司（50%）</td><td rowspan="3">克孜洛尔达州库姆克尔油田</td><td rowspan="3">1996 年</td><td rowspan="3">25 年</td></tr>
<tr><td rowspan="2">哈石油公司（50%）</td><td>哈石油公司（33.3%）</td></tr>
<tr><td>中石油（66.7%）</td></tr>
<tr><td rowspan="3">布扎奇经营有限公司</td><td colspan="2">中石油（50%）</td><td rowspan="3">曼吉斯套州北布扎奇油田</td><td rowspan="3">1997 年</td><td rowspan="3">25 年</td></tr>
<tr><td rowspan="2">布扎奇纳尔逊石油公司（50%）</td><td>中石化（25%）</td></tr>
<tr><td>卢克石油公司（25%）</td></tr>
<tr><td rowspan="3">阿克托别石油有限公司</td><td colspan="2">哈国家石油公司（50%）</td><td rowspan="3">阿克秋宾州阿里别克莫拉—科扎赛油田</td><td rowspan="3">1999 年</td><td rowspan="3">25 年</td></tr>
<tr><td colspan="2">卢克石油公司（25%）</td></tr>
<tr><td colspan="2">中石化（25%）</td></tr>
<tr><td rowspan="2">卡拉库杜克石油公司</td><td colspan="2">卢克石油公司（50%）</td><td rowspan="2">卡拉库杜克油田</td><td rowspan="2">1995 年</td><td rowspan="2">25 年</td></tr>
<tr><td colspan="2">中石化（50%）</td></tr>
<tr><td rowspan="3">阿尔曼石油股份有限公司</td><td colspan="2">荷兰皇家壳牌公司（50%）</td><td rowspan="3">曼吉斯套州阿尔曼油田</td><td rowspan="3">1994 年</td><td rowspan="3">30 年</td></tr>
<tr><td colspan="2">卢克石油公司（25%）</td></tr>
<tr><td colspan="2">中石化（25%）</td></tr>
</table>

资料来源：[俄] 阿列克佩罗夫：《俄罗斯石油：过去、现在与未来》，石泽译，人民出版社 2012 年版，第 407~408 页。

（三）正确处理丝绸之路经济带与欧亚经济联盟在能源领域的关系

2015 年以来，在欧亚经济共同体的基础上，欧亚经济联盟将成员国间的能源合作进一步推向深入。在签订成立联盟条约时，欧亚经济联盟就明确了首要任务是协调能源政策，逐步形成电力、天然气、石油和石油产品共同市场，在此框架下确保能源在联盟成员国境内自由流通，共同发展基础设施建设并实行统一税率政策。根据成员国达成的协定，欧亚经济联盟计划在2018年1月1日之前形成共同天然气、石油和石油产品市场的概念，2018~2024年落实具体措施，到2025年1月1日之前所有国际协定生效并开始共同市场运作。[①]

然而，俄罗斯的欧亚经济一体化也面临诸多困难。首先，“俄罗斯对中亚的政策存在两对难以克服的矛盾，即俄罗斯主导中亚的目标与其有限的经济实力相矛盾，俄罗斯控制中亚国家的意图与中亚国家摆脱俄罗斯控制的意图相矛盾。”[②]独立以来，中亚国家积极推行“去俄罗斯化”政策，对俄罗斯主导的欧亚一体化始终保持高度警惕。哈萨克斯坦在中俄之间寻求“大国平衡”，一方面推动欧亚经济联盟内部制度建设，另一方面加快与“丝绸之路经济带”战略对接；吉尔吉斯斯坦是欧亚经济联盟的第五个成员国，但是带着“一系列条件”[③]加入的；塔吉克斯坦对欧亚经济联盟心存疑虑，一直尚未决定是否加入；土库曼斯坦奉行中立政策，根本就没有加入欧亚经济联盟的计划；乌兹别克斯坦基于历史和现实考虑，始终拒绝加入欧亚经济联盟。在较长一段时间内，欧亚经济联盟难以进行大规模扩员。

其次，欧亚经济联盟启动之年，成员国经济都陷入衰退，可谓出师不利。中亚国家对俄罗斯的经济依赖程度较高。乌克兰危机爆发后，俄美对峙和制裁以及国际油价下跌，俄罗斯经济遭受重创，无论是能源出口大国哈萨克斯坦、土库曼斯坦和乌兹别克斯坦，还是劳动力输出国吉尔吉斯斯坦和塔吉克斯坦，都受到俄罗斯经济下滑的冲击，整个联盟的发展进程受

---

① 驻哈萨克经商参处：《欧亚经济联盟将形成共同能源市场》2015年11月16日，http://kz.mofcom.gov.cn/article/ddgk/h/201511/20151101165158.shtml。

② 郑羽：《中俄美在中亚：合作与竞争（1991~2007）》，社会科学文献出版社2007年版，第89页。

③ 为使减轻入盟对吉尔吉斯斯坦经济的冲击，吉国与欧亚经济联盟达成了一些过渡规定，比如对吉国166种商品实行与欧亚经济联盟不同的关税税率、一些技术规程对吉国有6个月到36个月不等的过渡期，将比什凯克的多尔多伊批发市场、玛蒂娜市场和南部的卡拉苏市场列为自由贸易区等。

阻。根据俄罗斯官方统计数据，2015 年俄罗斯经济萎缩 3.7%，坠入深度衰退，创 2009 年以来最差表现。受此影响，2015 年欧亚经济联盟成员国相互贸易同比下降 25.8%，仅为 454 亿美元。其中，俄白相互贸易额 259.3 亿美元（占比 57.1%），同比下降 26.2%；俄哈相互贸易额 151.8 亿美元（占比 33.5%），同比下降 26.0 %。[①] 为了提振经济度过危机，成员国纷纷与外部加强合作。

最后，俄乌危机也给普京刚刚建立的欧亚经济联盟蒙上了沉重的阴影。在普京所设想的一个基于共同历史和基础设施的原苏联国家联合体中，乌克兰的地位是举足轻重的。失去了乌克兰，欧亚联盟是不完整的。乌克兰危机不仅改变了普京倡导的原苏联地区经济一体化蓝图，而且还阻断了欧亚经济联盟的发展空间。[②] 此外，“少了乌克兰的俄罗斯仍可争取帝国地位，但所建立的将基本是个亚洲帝国，并且更有可能被卷入与觉醒了的中亚人的冲突而付出沉重代价。”[③] 由于与乌克兰有很多相似的国情，比如领土争端、民族问题等，俄罗斯兼并克里米亚的行动在中亚地区产生了负面效应，增加了中亚各国政治精英和普通民众的顾虑。因此，对于一些独联体国家领导人来说，联盟只能始于经济联盟并止于经济联盟，难以向政治联盟和统一货币及财政政策的方向发展。[④] 未来，随着接受西方教育的“新生代”政治精英接替老辈领导人，中亚国家的外交政策很可能转向西方，而不是俄罗斯。为应对上述问题和挑战，普京开始把战略重心转向亚洲地区，寻求与中国支持与合作。

中俄两国在中亚地区不仅存在竞争，更拥有诸多共同利益，需要战略上互相沟通、协作。欧亚经济联盟与丝绸之路经济带“在区域开发与合作模式、受益主体和项目推进方式等方面具有本质差异，但是同时又具有地

---

①《欧亚经济联盟：现实并不美好》，《国际商报》2016 年 3 月 3 日，http://news.dahe.cn/2016/03-03/106517745.html。

② 张弘：《乌克兰危机对欧亚经济联盟的影响》，和讯网，2015 年 7 月 15 日，http://opinion.hexun.com/2015-07-15/177549692.html。

③［美］兹比格纽·布热津斯基：《大棋局：美国的首要地位及其地缘战略》，中国国际问题研究所译，上海人民出版社 2007 年版，第 39 页。

④ 左风荣：《欧亚联盟：普京地缘政治谋划的核心》，《当代世界》2015 年第 4 期。

域的重叠性、经济目标的一致性和共同任务的契合性等共同点”，[①] 可以相容、互补、共进。经历了从怀疑和抵触到后来的观察和犹豫，俄罗斯各界对“丝绸之路经济带”的认知发生变化，从最初的关注者变成了重要的参与者。“作为欧亚空间内正在推进的两个项目——以俄罗斯、哈萨克斯坦为首的欧亚经济联盟，和中国的丝绸之路经济带，是互补的。它们各自带给区域国家完全不同的东西。欧亚经济联盟旨在建立从中国西部边界到欧盟东部边界的统一法律空间，为经济交流创造便利条件。中国的倡议旨在大规模投资交通、物流和生产领域。”[②] “这两大发展战略的对接有助于加强双方在高科技、交通和基础设施等领域的合作，特别是推动俄罗斯远东地区的发展，这也是在促进欧亚地区一体化方面迈出的关键步伐。同时还将给亚洲、欧亚地区乃至欧洲带来发展机遇”。[③] 如果拒绝参与这项大规模合作倡议，“那么俄罗斯将名副其实地处于边缘位置，丧失在欧亚经济联盟、上海合作组织和亚太经合组织框架内发展一体化的大部分潜力。”[④]

表 5-2　欧亚经济联盟成员国与中国共建“丝绸之路经济带”的利益诉求

国　家	经济地理特征	利益诉求
中　国	工业化中后期，全球制造工厂，经济规模大，增长迅速，工业体系完善，资金、劳动力丰富	能源、原材料限制，加强能源合作以获得稳定的能源供应，转移国内产能过剩，拓展对外投资新空间，西部地区发展
俄罗斯	资源丰富，工业基础好，产业结构较单一，航空航天等科技实力较强	改善基础设施，高铁项目合作，能源合作，开发远东，打破区域合作困境，融入东亚经济圈，提高国家经济影响力
哈萨克斯坦	资源丰富，经济主体薄弱，工业化落后，基础设施薄弱，发展资金不足，融资渠道狭窄	国际资本和技术投入，完善产业体系，公路、铁路、电力、电信等基础设施建设，寻求可靠出海口
白俄罗斯	欧洲地理中心，工业基础较好，出口型经济国家，农牧业发达	资本投入，提高产品竞争力，交通和基础设施，经济恢复与发展，改善民生

① 秦放鸣、冀晓刚：《丝绸之路经济带建设与欧亚经济联盟对接合作研究》，《俄罗斯东欧中亚研究》2015 年第 4 期。

② B·卡普斯京：《“丝绸之路经济带”倡议与俄中合作》，《俄罗斯研究》2015 年第 6 期。

③ 曹卫东：《外国人眼中的“一带一路”》，人民出版社 2016 年版，第 36 页。

④ B·卡普斯京：《“丝绸之路经济带”倡议与俄中合作》，《俄罗斯研究》2015 年第 6 期。

续表

国　家	经济地理特征	利益诉求
亚美尼亚	经济基础薄弱，市场规模小，工业化落后	完善产业体系，改善基础设施建设，农业领域的合作诉求高，完善产业体系，改善基础设施建设，农业领域的合作诉求高
吉尔吉斯斯坦	以农牧、矿业为主的欠发达国家，经济基础薄弱，基础设施落后，发展资金不足	改善基础设施，借助中国资本和技术投入改善国民经济，寻求可靠出海口

资料来源：熊琛然、武友德、彭邦文：《欧亚经济联盟对“丝绸之路经济带”战略认知及利益诉求分析》，《学术探索》2016 年第 3 期。

在中俄领导人高度重视和共同推动下，2015 年 3 月 28 日，俄罗斯第一副总理伊戈尔·舒瓦洛夫在 2015 博鳌亚洲论坛上宣布俄罗斯将加入亚投行，成为亚投行第 39 个意向创始成员国。5 月 8 日，两国在莫斯科签署《关于丝绸之路经济带建设与欧亚经济联盟建设对接合作的联合声明》，标志中国首倡的“丝绸之路经济带”与俄罗斯主导的欧亚经济联盟正式启动了战略对接的进程。[①] 2015 年 7 月，在上合组织乌法峰会期间，中俄两国达成共识，将上合组织作为“一带一盟”对接的平台。

上合组织为推动“丝绸之路经济带”与欧亚经济联盟战略对接提供了天然优势。成立 16 年来，上合组织合作领域不断扩大，已经成为欧亚地区重要的多边合作平台。但不可否认的是，欧亚经济联盟与上合组织存在某种程度的竞争关系，除经济功能重合以外，还存在地缘交叉、成员重叠和利益交汇等问题。欧亚经济联盟成员国俄罗斯、白俄罗斯、哈萨克斯坦、亚美尼亚和吉尔吉斯斯坦也是上合组织成员国或观察员国、对话伙伴国。在中亚地区的 5 个国家中，哈萨克斯坦和吉尔吉斯斯坦已加入欧亚经济联盟；塔吉克斯坦正着手研究是否加入的问题；乌兹别克斯坦尽管声称短时间内不会加入欧亚经济联盟，但其主要销售市场是俄罗斯和其他欧亚经济联盟国家，未来不排除其加入的可能；土库曼斯坦奉行中立政策，既不是上合组织成员国，也没加入欧亚经济联盟，它游离于区域合作之外，情况比较

① 吴大辉、祝辉：《丝路经济带与欧亚经济联盟的对接：构建能源共同体》，人民网，2015 年 6 月 9 日，http://world.people.com.cn/n/2015/0609/c187656-27127099.html。

特殊。这给致力于推进地区合作的上合组织造成一定冲击，增加上合组织内部成员国的离心倾向。而且，如果欧亚经济联盟取得成功，可能进一步削弱上合组织对俄罗斯和中亚各国的经济意义。因此，妥善处理两大组织的关系相当重要，处理得当，将相辅相成；若处理不当，则两败俱伤。目前，以“丝绸之路经济带”建设为契机，促进上合组织与欧亚经济联盟之间平等对话与务实合作，将为相关国家的发展带来一系列新机遇。在这一点上，“丝绸之路经济带”、上合组织和欧亚经济联盟三者具有内在统一性。

当前，全球能源格局正在发生深刻变化，能源合作可以成为两大组织合作的契入点和主要内容。在上合组织框架下建立统一能源空间是必要的，而且是可行的。作为能源生产和出口大国的俄罗斯、中亚国家和伊朗，作为能源进口和消费大国的中国、印度和土耳其，确保能源安全既是国家发展的物质基础，也是打造能源共同体的现实依据。近年来，中国与俄罗斯、中亚国家能源合作的实质性进展为构建能源共同体奠定了坚实基础。随着丝路基金和亚投行相继投入运作，包括能源在内的基础设施互联互通合作将获得更好的资金融通平台。

其实，要解决上合组织与欧亚经济联盟之间的结构性矛盾，有一种最有利的途径和方式——尽可能地求异。由于“前者制度协调方面的成果较少，但具体合作项目较多（如市政管网改造工程、道路修复、电站改造、能源管道等），后者的成果则主要体现在规则协调上（如建立统一的能源市场、交通市场、粮食市场等），具体务实项目较少”，[①] 中俄应着力协调两大组织的关系，使之形成平行的互补关系。在能源合作领域，“在欧亚经济共同体（现为欧亚经济联盟）框架内，能源合作的主要目的是建立一个区域性能源共同市场，制定能源产品以及能源服务的价格机制，平衡能源市场供求关系，促进能源投资项目，让所有成员国共享能源合作成果。……上海合作组织在能源领域的合作主要体现在能源基础设施建设、能源运输体制、能源项目融资以及能源技术合作等四个方面。”[②]

① 张宁：《“丝绸之路经济带”在中亚的愿景与行动》，《俄罗斯学刊》2015 年第 5 期。

② 柴利：《中国与中亚国家能源合作对策研究》，社会科学文献出版社 2013 年版，第 143 页。

迄今为止，世界还不存在一个综合性或全球性的统一能源空间，能源生产国和消费国之间的合作仍然存在无法逾越的障碍。各种与能源有关的国际组织林立，比如代表能源消费国的国际能源署、代表能源生产国的石油输出国组织和天然气出口国论坛等。尽管国际能源论坛（IEF）、全球能源宪章（ECT）和联合国 2004 年成立的能源协调机制（UN-Energy）同时拥有能源消费国和生产国，但仅是可一个供成员国讨论和交流信息的平台。如果上合组织能够建立起稳定可靠的能源供需体系，不仅可以促进成员国间的相互协作，有效保障地区能源安全，而且将是全球能源治理发展进程中的一个突破，对亚洲乃至世界都是重大利好。

第二节　妥善处理与美国以及其他主要政治力量的关系

当前，国际能源格局处于一种相互依存状态，任何国家都只能获得相对利益而得不到绝对利益。国家间围绕油气开发、运输和定价等进行的各项活动不是一种“彼之所得必为我之所失”的“零和博弈”，而是一种通过合作与竞争能够实现互利共赢的“非零和博弈”。作为中亚能源博弈中的重要大国之一，中国要妥善处理与相关国家或区域性国际组织之间的关系，通过竞争有序、合作共赢的方式化解国家间的矛盾与冲突，为中国与中亚国家的油气合作创造良好国际环境。

一、中国与美国

作为中亚地区具有重要影响的外部行为体，“颜色革命”以来，美国在“9·11”事件后在中亚地区取得的优势逐渐消殆。受全球金融危机的影响，美国国家实力呈下降态势。2014 年，美国在中亚地区的军事存在不断缩减：6 月 3 日，美军撤出其在中亚最大的军事基地——玛纳斯空军基地；12 月 28 日，美军正式结束在阿富汗战斗任务，按计划今后将逐步完全撤出阿富汗。从中长期看，尽管美国不可能放弃在中亚的战略存在，但也不大可能再次大规模加大对中亚地区的投入。“新丝绸之路”计划因为排斥中国和俄罗斯而进展不太顺利，至今未取得显著效果。

但美国不会轻言放弃和退出游戏。在美俄战略对峙背景下，为抵制和削弱中国“丝绸之路经济带”在中亚地区日益扩大的影响力，美国开始改变以往以双边关系为中亚外交主轴的做法，在保持双边关系的同时，开始建立与中亚国家的多边合作机制。2015 年 10 月 28 日至 11 月 3 日，美国国务卿克里“历史性”遍访中亚五国，与中亚五国外交部长共同举行“C5 ＋ 1”（中亚五国＋美国）机制对话，力图“重返中亚”，避免进一步“被边缘化”。克里称，美国过去是中亚的安全伙伴，现在也是中亚的经济伙伴。[①]随后，美国推出了一系列新援助项目[②]。在美国的军事存在和影响大大下降的情况下，加紧弥补其在中亚地区经济和人文领域的欠缺和短板。

从目前来看，中国在中亚地区不占主导地位，不处于中亚地区地缘政治矛盾的中心。中亚“大游戏”的真正主角是美国和俄罗斯。[③]美国在中亚地区的主要对手是俄罗斯，而不是中国。俄美矛盾在很大程度上减少了中美和中俄对抗的可能性，使得中国具有较大的回旋余地，避免与美国发生直接对抗。作为“乌克兰危机的主要责任方”，[④]美国及其欧洲盟友主导的东扩和民主改造促使普京以吞并克里米亚作为反击，并由此将欧美与俄罗斯拖入自“冷战”结束以来最为严重的对立状态。因与俄罗斯僵持不下，美国有争取中国、孤立俄罗斯的战略需求。[⑤]

同时，中国在中亚地区的投资增加当地政府收入，解决当地群众就业，促进经济社会发展，符合有关各方共同利益。尽管中国扩大与中亚国家的能源合作客观上增强了中国在中亚地区的政治、经济影响力，并在一定程度上构成了对美国的竞争和压力，但是中国与中亚的能源合作更强调维护

---

① John Kerry: Remarks at the Opening of the C5 +1 Ministerial Meeting, November 1, 2015. http://www.state.gov/secretary/remarks/2015/11/249046.htm.

② Secretary of State: New U.S. Assistance Programs in Central Asia，November 1, 2015. http://www.state.gov/r/pa/prs/ps/2015/11/249051.htm.

③ 赵华胜：《中亚：谁的“大游戏”？》，《新疆师范大学学报（哲学社会科学版）》，2016 年第 4 期。

④ Mearsheimer, John J. “Why the Ukraine Crisis Is the West’s Fault: The Liberal Delusions That Provoked Putin.” *Foreign Affairs* 93 (2014), p.77.

⑤ Olcott, Martha Brill. “China’s Unmatched Influence in Central Asia.” (2013), http: //Carnegieendowment.org /2013/09/18/china–s–unmatched–influence–in–central–asia/gnky? reloadflag=1.

国家能源安全，不谋求支配性地位，不排斥别国参与。2014年下半年以来，国际油价一路走低，美国与俄罗斯在中亚地区能源领域的竞争有所缓和，相应地也减小了中国在中亚地区拓展能源利益的阻力，这使中国获得较大的自由发展空间。而且，“中美在中亚地区的互动既有相互竞争的维度，也有共享利益的领域”。[①] 在中亚地区安全事务、能源供应安全、能源出口多元化和基础设施建设方面，中美存在共同利益，有巨大的合作潜力。中国可以主动推动中美在中亚地区能源合作重大项目建设方面的合作，比如在页岩气的勘探开采方面，进而在中亚地区创造两国互利共赢的空间。

因此，中国应充分利用中亚能源博弈所形成的俄美矛盾，避免中亚问题成为中俄问题，落得“鹤蚌相争，渔翁得利”的结果；或成为中美问题，落入“修昔底德陷阱”[②]（Thucydides’s Trap）。同时，中国应加强与美国的战略对话和政策沟通，扩大共同利益、增进共识，最大限度地减少美国在中国与中亚国家能源合作中的疑虑和遏制。

中美是世界上最大的两个经济体，也是世界上最大的能源生产国和消费国，在保障自身乃至全球能源安全方面拥有共同利益和责任。2009年2月，美国两家民间机构亚洲协会美中关系中心和皮尤全球气候变化中心在北京联合发布题为“共同的挑战，协作应对：中美能源与气候变化合作路线图”的报告，认为美中急需加强对话，开展能源与气候变化方面的双边合作，从而建立新型美中关系，实现“第二次战略转型”。[③] 2013年7月，在第五轮中美战略与经济对话中，中美首次召开能源安全问题专题会议，共同决定加强全球范围的能源对话，在稳定国际能源市场、应急反应、确保能源供应多样化、合理有效利用能源等诸多领域加强合作、对话和信息共享。[④] 在此框架下，将包括中亚地区在内的“一带一路”能源合作中涉及中

---

① 曾向红：《遏制、整合与塑造：美国中亚政策的战略目标》，《俄罗斯研究》2013年第5期。

② 古希腊著名历史学家修昔底德认为，当一个崛起的大国与现有霸主竞争时，这种竞争多数以战争告终。此观点被西方视为国际关系的“铁律”。

③ 报告认为，美中邦交正常化促成“二战”后第一国际政治经济大转变，美中两国都是这一战略转型的受益者。因此，未来美中可以再次携手创造以“发展低碳的全球经济”为目标的第二次国际政治经济大转变。

④《第五轮中美战略与经济对话框架下战略对话具体成果清单》，新华网，2013年7月13日，http://news.xinhuanet.com/world/2013-07/13/c_116519095_3.htm。

美双方的重大问题纳入其中，在尊重和照顾彼此重大利益和关切的前提下，妥善处理和化解矛盾冲突，共同努力构建中美新型大国关系。

二、中国与其他主要政治力量

（一）中国与伊朗

中国与伊朗均是中亚地区重要的建设性力量，两国在中亚地区有诸多共同的利益诉求：与中亚国家开展能源合作，获取更大的经济利益；和平解决里海法律地位和划界问题，维护里海沿岸各国长远利益；抵制美国在中亚称霸的企图，维护中亚地区安全与稳定。尤其是在制衡美国方面，中国和伊朗之间的关系是一种没有签订书面协议的战略伙伴关系。①

伊朗是世界上重要的能源生产国，加强与伊朗的能源合作对中国维护能源安全有重要意义。首先，伊朗是里海沿岸国之一，是中国与中亚—里海地区能源合作的重要组成部分。1997 年以来，为了打破美国封锁，伊朗与中国在能源领域展开了务实合作。目前，伊朗是中国重要的石油进口来源国。2014 年，伊朗向中国出口石油 2746 万吨，占中国石油总进口量的 8.91%，排第 6 位。2016 年 1 月 16 日，伊朗核协议开始执行，所有国际或单边制裁基本解除。伊朗重返国际能源市场，油气产量出现快速增长，其中很大一部分出口到中国。同时，中国石油企业之前在伊朗开展生产经营活动所面临的困难和障碍也将逐渐减少。未来，随着伊朗国内市场的开放和投资环境的改善，中国石油企业在该国能源投资及贸易将持续增长。其次，伊朗地处油气资源最丰富的中东地区。“中亚地区是中国通向海湾的门户，一旦洞开，整个中国能源战略就能有一个实质性的大改观。”② 国际制裁解除后，作为“一带一路”的重要支点国家，通过中亚地区把伊朗与中国连接起来，建立亚太消费市场与中东能源产地的陆上能源通道将成为可能。因此，未来中伊两国在中亚地区合作的空间非常大。1 月 23 日，习近

① 《中国前驻伊朗大使：伊朗在丝绸之路上具有独特地位》，人民网，2014 年 6 月 5 日，http://world.people.com.cn/n/2014/0605/c1002-25107873.html。

② 《共筑新丝绸之路：中国的能源战略和外交走廊》，新华网，2004 年 11 月 4 日，http://news.xinhuanet.com/world/2004-11/04/content_2176807_1.htm。

平主席访问伊朗，是伊核问题最终协议达成、国际社会宣布解除对伊制裁后首位到访的外国元首，此行开启了中伊关系的新篇章。习主席提出要把能源合作作为“压舱石”，把互联互通合作作为“着力点”，把产能合作作为“指南针”，把金融合作作为“助推器”，为双方在“一带一路”框架下深度合作构筑了坚实的基础，为两国发展战略全面对接指明了方向。

然而，在“后核协议”时代的伊朗，中国在能源领域的投资中既有着机遇，也有着挑战。一方面，伊朗是里海沿岸国之一，在里海法律地位和海底划界问题上，伊朗与包括哈萨克斯坦、土库曼斯坦在内的其他沿岸国有极深的抵触情绪。中国需要谨慎处理，既要友好合作，又要互不影响。另一方面，尽管伊朗和中国在能源领域互有需求，但并不代表中国是其唯一的能源合作伙伴，包括伊朗在内的中东国家内心更倾向于欧美发达资本主义国家。尤其当西方经济势力重新与伊朗对接之后，中国很可能在伊朗的能源和其他诸多领域面临巨大的冲击。[①] 此外，尽管制裁解除后美伊开始展开良性互动，但关系正常化是一个长期的过程，仍存在很多不确定性。中国要妥善处理中美伊三角关系，要把国家利益置于首位，避免成为美伊冲突或交易的牺牲品。

（二）中国与土耳其

在中亚地区，土耳其借助地理、血缘、宗教和民族等历史文化和地缘政治优势，成功提升了在中亚突厥语国家中的地位，成为中亚地区一支不可忽视的重要力量。同时，随着中国与中亚国家合作的深入，中国在中亚地区影响力也不断提升。中亚地区是中国与土耳其战略利益的交叉点，中土分别从亚洲东西两端扩散，中国的“西进”（March Towards West）和土耳其的“向东看”（Look East）最终将在中亚地区发生激烈碰撞。尤其在能源领域，土耳其在中亚地区的能源活动对中国来说未必是一件好事，[②] 中国需对土耳其“保持警惕的友好”。

---

① 王晋:《伊朗是中国在中东的新机遇吗？》，观察者，2016 年 2 月 23 日，http://www.guancha.cn/WangJin/2016_02_23_351810_2.shtml。

② 谢文心:《伊斯兰在中亚的影响及中国在中亚能源合作中的应对举措——以土耳其、伊朗为例》,《回族研究》2012 年第 3 期。

近年来，由于对加入欧盟谈判的进程缓慢不满，土耳其开始对上合组织产生兴趣。2014年4月，土耳其成为上合组织第三个对话伙伴国。尽管“土耳其申请加入上合组织也是意图利用上合组织加强自己在中亚的影响力”，[①] 但是中土两国之间多了一个沟通和协调的平台，有利于双方在中亚地区实现双赢，并达到牵制、分散欧美影响力的作用。

此外，中国与土耳其地处丝绸之路的东西两端，是复兴新丝路的天然战略伙伴。“丝绸之路经济带”合作倡议符合中土对中亚地区的国家战略和发展需求，为中土深化互利合作提供了更广阔的空间。土耳其对中国的“丝绸之路经济带”合作倡议态度积极，已经成为亚投行创始会员国。2015年11月，中国国家主席习近平在土耳其安塔利亚举行的二十国集团峰会前会见埃尔多安。中土签署政府间共同推进“一带一路”建设谅解备忘录，为土耳其“2023百年愿景”与中国“一带一路”发展战略的对接提供重要政策支持。今后，中土两国合作建设欧亚能源运输通道，实现中亚油气资源运输线路的多元化，也将有利于道路联通和贸易畅通。[②]

（三）中国与欧盟

中国和欧盟的能源消费约占全球能源消费总量的三分之一，未来这一比例还将继续增长。作为世界重要的能源消费国和地区，中国与欧盟在中亚地区能源开发、管道走向上存在客观上的竞争关系。但在应对国际气候变化的大背景下，树立全球能源安全观，开展能源国际合作已成为维护国家能源安全的必然选择。中国和欧盟亦概莫能外。此外，中欧在中亚地区寻求能源进口多元化努力都受到俄罗斯阻挠。由于受俄罗斯南溪天然气管道项目排挤并存在投资风险，欧盟南部天然气走廊计划中的纳布科天然气管道项目最终流产。同时，由于俄罗斯对中国存在地缘政治疑虑，对中国与中亚的油气合作持有战略戒心，中国与中亚国家的油气合作也有诸多不顺。

因此，中欧应避免恶意、无序竞争，消除“资源国通过价格杠杆寻求

① 王明昌：《对话伙伴国与上海合作组织》，李进峰、吴宏伟、李伟主编：《上海合作组织发展报告》，社会科学文献出版社2013年版，第441页。

② 苏春雨：《土耳其中亚战略与“丝绸之路经济带”建设》，《亚非纵横》2015年第1期。

最大经济效益的可能性”,[①] 共同“捍卫能源消费国的利益”。[②] 2012 年 12 月,中欧能源安全合作高层论坛在北京召开,双方确定加强有关俄罗斯能源议题的对话,并在第三国进行能源合作。2013 年 11 月,第十六次中欧领导人会晤在北京召开,双方签署《中欧能源安全联合声明》,在能源立法、政策、监管、科研技术和标准制定等领域开展务实合作。从长远看,“新丝绸之路经济带”建设为中欧在中亚地区能源合作提供有利时机,将有可能促成“一体化的欧亚能源经济空间”。[③]

(四)中国与日本

从地缘政治上看,受地理位置、历史和人文以及经贸合作水平所限,日本在中亚地区的地缘政治影响力较弱,难以在中亚地区成为一个独立的“力量中心”。从地缘经济上看,日本与中亚各国的油气合作比较有限,中亚地区油气资源输往日本的管道建设也存在政治障碍、经济性差和技术难度等问题,目前对实现日本国家能源进口多元化的作用不大。

中亚国家之所以对日本态度积极,一是国家资金、技术匮乏,能源基础设施落后,需要借助日本强大的经济实力和先进的科学技术;二是日本给中亚国家提供大量优惠贷款和无偿援助,在能源开发过程中,注重保护环境、节能和投资可替代能源,以及促进当地经济社会发展,赢得了中亚各国政府和民众的好感和支持;三是中亚国家奉行平衡多边外交,不愿过分依赖美国、俄罗斯或中国。

近年来,中日关系面临严重困难甚至严重倒退,其中,有关能源问题的争端是两国关系紧张的症结之一。中亚和日本是中国的“左邻”“右舍”。对中国而言,尽管与日本在中亚地区存在一定程度的竞争,但暂时不构成重大压力,而且在解决“亚洲溢价”问题上,还需争取日本的合作。然而,从长远来看,中国需高度关注和警惕日本的动向。日本的中亚战略政治性极强,

---

① Liu, Jian-Sheng, and Hong-Jian Cui. “The EU’s Energy Diplomacy in Central Asia/Caspian Sea Region and China-EU Cooperation.” *China International Studies* 2010.4 (2010), p.109.

② Christian Brutsch and Mattew Hulert. “Europe Must Turn To China for Energy Security”, *World Politics Reviews*, May 9, 2011, p33.

③ 崔宏伟:《中俄欧在中亚的能源竞合关系——地缘政治与相互依赖的制约》,《国际关系研究》2014 年第 2 期。

并非局限于能源合作，而是蕴含更长远、宏大的地缘和政治战略目标——即成为“政治大国”并确立日本在亚洲的领导地位。[①]这无疑给中亚地区激烈的战略博弈增添了新的变量因素，并使该地区的政治经济形势更趋复杂化。此外，由于在中亚地区与美国的战略利益有所重合，无论是麻生太郎的“自由与繁荣”之弧，[②]还是安倍晋三的“安倍主义”，[③]都与其政治大国战略相呼应，都有强烈的配合美国中亚战略步伐、协助美国与中国抗衡的意图。

（五）中国与韩国

尽管在中亚地区能源开发方面，后起的韩国无法与老牌的西方跨国石油公司和崛起的新兴工业大国国有企业进行竞争，但是，韩国注重运用自身特殊的比较优势，“即积极利用韩国在信息技术、设施建设、电力和成套设备制造等领域拥有的竞争力，换取资源富藏国的矿产资源”，[④]从而在中亚地区能源市场逐渐占有一席之地。

中韩两国地缘相近、文化相通、经济相融，友好交往源远流长，在中亚地区展开能源合作拥有很大空间。首先，作为世界尤其亚太地区两个重要的能源消费大国，中韩可以组成亚洲消费国联盟，共同应对海外资源开发过程中的各种压力和挑战，增强两国在国际能源市场中的议价实力和竞争优势。其次，中韩两国能源企业作为海外经营的先锋和主力，应加强交流与合作，构建企业合作共同体，在海外资源开发过程中优势互补、互利双赢。“中国拥有丰富的资本、原油钻探和开发技术，而韩国在石油精炼技术、成套设备、社会间接资本建设等方面具有竞争力，若能切入制度管理、法律咨询等服务领域，则可以在中亚地区发挥各自优势、取长补短的能源合作。”[⑤]最后，中韩可以通过资产置换的方式，将韩国在中亚地区保有的油

---

① 王疆婷：《日本的中亚政策演变及其原因》，《国际论坛》2014 年第 1 期。

② 2006 年 11 月，日本前外相麻生太郎发表《自由与繁荣之弧——开创日本外交新天地》的演讲，提出了以“价值导向外交”把从南亚经由中亚到中欧及东欧连成“自由与繁荣之弧”，通过“强化日美同盟”“加强与中韩、亚洲近邻国家的关系”来共同围堵中国和俄罗斯。

③ 2013 年 1 月，安倍晋三在印度尼西亚发表了日本亚洲外交五项原则的讲话，主张整合周边外交资源、重塑日美基轴、应对中国崛起。

④［韩］林秦喜、时殷弘：《韩国海外资源开发战略：重点突进、综合交易及其他》，《当代亚太》2014 年第 2 期。

⑤ 金胤静：《中国和韩国的中亚能源合作与外交比较研究》，华东师范大学国际关系与地区发展研究院（博士学位论文），2015 年，第 146 页。

气资源通过中哈原油管道和中国—中亚天然气管道输送给中国，再从中国东部置换相同的油气到韩国。今后，在已有能源合作的基础上，还可考虑修建从中亚过境中国跨越黄海到达韩国的海底油气管道，形成互联互通的天然气管网，筹建亚洲天然气现货和期货交易平台，在能源领域真正实现“丝绸之路经济带”与“欧亚倡议”相对接。

其实，朴槿惠的“欧亚倡议”与中国“丝绸之路经济带”有很多相似之处，比如都以中亚为区域背景，旨在促进欧亚经济一体化；都以提升区域、国家间的互联互通为核心；都坚持开放原则，对参与者不设限制等。如果将二者进行战略对接与整合，能够发挥双方各自优势，提升两国经济合作水平，并为深化中韩两国在中亚地区的合作带来新的机遇。2014 年 7 月 4 日，在中韩经济通商合作论坛上，朴槿惠提议对接韩国“欧亚倡议”和中国“丝绸之路经济带”，韩中携手第三国实现双边、多边合作共赢，减少不必要的竞争。2015 年 6 月 1 日，中韩自由贸易协定正式签署。该协定不仅成为“一带一路”和“欧亚倡议”的契合点，“为‘一带一路’沿线的自贸区建设提供范本”。①

（六）中国与印度

由于缺乏一个以印度为核心又包含各中亚国家的区域性经济合作组织，再加上自身实力和地理空间所限，印度的中亚政策收效甚微，未能与中亚国家建立起一种真正具有重大战略价值的合作关系。因此，印度的中亚政策对中国的影响是有限的。

然而，不容忽视的是，作为遏制中国的“棋子”，印度未来的潜力不容小觑。近年来，在美国的支持下，印度在中亚地区的影响力不断扩大。2012 年 7 月，印度提出“连接中亚”政策，借力美国“新丝绸之路”计划，在中亚地区谋求能源安全保障，扩大经贸合作规模。此外，俄罗斯对印度在中亚地区扩展势力也并不排斥。在俄罗斯的支持下，印度 2005 年 7 月获得上合组织观察员国地位，2015 年 7 月升格为上合组织成员国。

---

①《联合早报：中韩自贸协定对东亚政经格局双重影响》，中国新闻网，2015 年 6 月 8 日，http://www.chinanews.com/hb/2015/06-08/7328969.shtml。

与中欧一样，中国和印度在中亚地区能源市场竞争和合作关系并存。中印若展开善意的合作，将给双方带来福祉；但中印若陷入恶性竞争，将给双方带来恶果。因此，合作对于中印在能源安全和共同利益方面都有好处，是两国的最佳选择。中印能源对话已持续了很多年，但一直没有实质性成果。近年来，中国着力发展与印度的国际能源合作。2014 年 9 月，习近平主席访问印度，两国制定了为期五年的贸易和经济发展计划，并就包括能源在内的全球议程进行合作达成重要共识。2015 年 5 月，印度总理莫迪访问中国，双方签订二十多项合作协议，涉及能源等多个领域。目前，印度进口能源主要通过海运，还没有一条跨国油气管道。中国有丰富的油气管道建设经验，双方可以在上合组织框架下开展此方面的合作。此外，在“一带一路”推进落实进程中，与印度关系密切的是孟中印缅经济走廊[①]（BCIM Economic Corridor）。尽管印度对中国“一带一路”倡议仍然存在“七分竞争三分敌人”[②]的心态，但通过加入亚投行，印度已在事实上参与建设该走廊的行动。目前，无论是出于战略上的考量还是国家利益上的诉求，印度对中国的“一带一路”合作倡议保持不冷不热的态度。对此，中国不必急于与“季风计划”进行战略对接。“归根结底‘一带一路’如果在印度洋站稳了脚跟，印度的参加是迟早的事情。‘一带一路’如果站不住脚，印度参不参加就都无所谓了。因此，争取印度参加‘一带一路’可以成为中国的姿态甚至诉求，但无论如何，争取印度参加‘一带一路’不能成为中国的政策目标，更不能成为所谓‘一带一路’成功的条件。换言之，为了争取而争取，是最要不得的政策”。[③]

总之，在中亚地区，中国面对着错综复杂的地缘政治争夺和能源利益竞争。参与中亚地区这场大角逐的主要政治力量都有相似的地缘和能源诉求，存在尖锐的战略冲突和利益矛盾。从整体局势上看，中亚地区形成三

---

① 2013 年 5 月，国务院总理李克强访问印度期间，中印达成关于建设孟中印缅经济走廊的共识，并得到其他两国的积极响应。该走廊从中国云南昆明经过缅甸的曼德勒、孟加拉国的达卡和吉大港，进入西孟加拉邦，终于加尔各答。

② 曹卫东：《外国人眼中的“一带一路”》，人民出版社 2016 年版，第 162 页。

③ 叶海林：《“强势政府”心态下的印度对华政策》，《印度洋经济体研究》2015 年第 3 期。

足鼎立的态势——以美国为首包括欧盟、土耳其和日本的一方、以俄罗斯为首包括伊朗的一方以及中国、韩国和印度一方。其中，俄美矛盾是中亚地区争夺的主要矛盾，中国是俄美矛盾中重要的平衡力量，韩国和印度既可以加入俄罗斯一方，也可以加入美国一方，还可以加入中国一方。中国需要运用智慧，利用矛盾，在“中亚石油大棋局”中有所作为。中国要与中亚周边大国俄罗斯、伊朗搞好关系，共同维护中亚地区的安全与稳定；同时，深化与中亚外围国家美国、欧盟、土耳其和日本的合作，尤其是要加强与美国的战略对话，避免发生“能源冷战”，[①]陷入被围困的窘境。此外，中国还可以积极争取韩国和印度，挖掘合作潜力，扩大合作空间。

第三节　调动一切积极因素

事实证明，中亚地区的国际环境越来越复杂，中国石油企业“走出去”遇到的困难将越来越多。中亚的政治体制、能源政策、民众情绪、媒体倾向和大国争夺等因素都是“噪点”（Noise），忽视或未及时消除，都会迅速被放大，以致影响中国与中亚国家的能源合作。因此，中国应最广泛最充分地调动一切积极因素，从中央到地方，从企业到个人，都要积极投身到中亚地区的能源开发合作中去。

一、政府对外开展能源外交和对内提供政策支持

能源问题从来都不是单纯的经济问题，同时也涉及政治、外交、安全等多个领域，因此需要政府发挥主导作用。中亚是中国能源外交的重点区域之一。除了继续发挥中国与中亚国家关系的优势，并妥善处理与区域内主要政治力量关系之外，中国能源外交还要根据中亚各国的实际情况，坚持“友邻、安邻、富邻”的基本方针，开展务实有效的能源外交。此外，政府要保护中国石油企业和公民的合法权益，并为企业海外投资提供信息服

① Liao, Xuanli. “Central Asia and China’s Energy Security.” *China and Eurasia Forum Quarterly*. Vol. 4. No. 4. 2006. p.69.

务和政策支持。

（一）维护地区安全与稳定，扩大中国与中亚国家共同利益

“可以确定的是，随着对中亚能源依赖的增强，维持该地区的稳定、保护在该地区的利益，尤其是能源供应和巨大的投资，对中国来说将变得愈来愈重要。”① 在威胁中亚地区安全与稳定的三个主要挑战方面，中国可以有所作为。

首先，在打击宗教极端势力问题上，中国与中亚国家有共同的利益。保障中亚地区的安全与稳定是上合组织的首要任务。中国可以进一步发挥上合组织在安全合作方面的重要作用，同时加强与独联体集体安全条约组织的合作。

其次，在阿富汗重建与和解过程中，中国角色也必不可少。自2002年1月卡尔扎伊首次访华以来，阿富汗在中国对外战略中的地位快速上升。一是，中国积极参与阿富汗战后重建，支持有实力、信誉好的中国公司赴阿富汗在运输网络建设、自然资源开发和公共设施建设等领域投资，借此帮助阿富汗经济实现独立自主。2011年12月，中石油与阿矿业部签订为期25年的阿姆达利亚油田项目开发协议。根据协议，中石油将向阿支付15%的矿产税、20%的营业税，并上交50%~70%的利润。2012年10月，阿姆达利亚油田项目投产运行。该项目是中国对阿最大的投资项目之一，可以增加政府财政收入、为民众提供就业机会。二是，中国还在力所能及的范围内进一步提供援助。2006年和2012年，中国分别向阿富汗提供8000万元、1.5亿元人民币无偿援助。2013年，中国向喀布尔提供2亿美元贷款。2014年10月，加尼上任后首访中国，并出席阿富汗问题伊斯坦布尔进程第四次外长会议，中国再为阿富汗提供20亿元人民币的援助。三是，阿富汗是“一带一路”的必经之地。“一带一路”建设将进一步促进中阿经贸往来，为中阿合作提供新的机遇。2015年2月，中国—阿富汗—巴基斯坦三方战略对话在喀布尔举行，中国承诺帮助阿富汗在库纳尔河上修建一座水电大坝，并修筑联结阿富汗和巴基斯坦的公路和铁路。

---

① Bernardo Mariani. “China’s Role and Interests in Central Asia.” *Saferworld*, October 2013, p.16.

与经济合作相比，阿富汗安全问题是中国的主要关切。中阿两国陆路接壤，关系中国西部边疆的安宁，在安全领域进行合作符合双方共同和长远利益。中国关注阿富汗安全形势，加强与阿富汗在上合组织内的安全合作。2012 年 6 月，阿富汗成为上合组织观察员国。中国借助上合组织推动成员国制定共同政策以维护阿富汗的稳定，与俄美等大国沟通协调、共同应对“三股势力”对地区安全的威胁。同时，中国积极推动阿富汗和平进程和开展双边安全合作，以加强阿富汗政府能力建设为导向，加大对阿富汗安全领域的投入，为阿富汗开设反恐、禁毒等培训班，并开展打击非法移民、贩运人口、贩运武器和毒品的联合行动。

最后，对于领导人继承问题，由于奉行不干涉内政原则，中国可以发挥的作用有限。但作为联合国常任理事国之一，中国可秉持公正、客观的态度，反对别国干涉中亚国家内政，尊重中亚各国人民的自主选择，呼吁通过政治和外交途径弥合分歧，主张在法律和秩序框架内解决冲突和矛盾，从而间接发挥建设性作用。

（二）正确看待中亚的能源投资障碍，加强国内宏观指导和政策支持

中国石油企业在中亚的能源投资面临许多法治障碍，比如法制不健全、执法不规范、政策随意多变和投资环境趋紧的问题。对此，中国政府一方面要尊重中亚各国的体制政策，理解中亚各国为维护国家利益而做的政策调整和法律法规修改。另一方面，建立政府主导的多边能源对话机制，加强与中亚各国政府和立法、执法机关的交流与沟通，完善双边争端解决机制，构建竞争有序的能源合作环境。此外，中国还应利用双边合作协议或者上合组织法律法规，对东道国的违规行为做有理有利有节的斗争，切实维护中国石油企业的合法利益。

同时，加强对中国石油企业海外油气投资的宏观指导和政策支持。首先，做好全球投资需求的规模、领域和国别研究，为企业提供东道国的政治、经济、法律、文化、投资条件、投资程序和政策法规等背景信息，对企业的投资提供政策咨询和指导。比如，中国商务部发布的《对外投资合作国别（地区）指南》、中国外交部领事司发布的《中国企业海外安全风险防范指南（新）》等宏观信息，以及根据商务部制定的《外投资合作境外安全风险预警和信息通报制度》发布的“完全提醒”等微观信息，为企业了解国际投资合作市场环境，提高对外投资合作的经济和社会效益提供了重要依据。其次，加强与中国驻中亚机构的联系，拓宽信息来源，及时发布国际组织关于中亚国家的投资环境报告，与有关部门做好配套服务、风险预警等工作。比如，中国驻中亚国家使领馆“经商投资教训”“对外投资合作切记”等重要提示，帮助企业有效防范和规避风险。再次，政企学研强化沟通、深化合作、协同创新。“一带一路”合作倡议是中国开创性的探索，没有现成的经验可以借鉴。作为咨政建言、舆论引导和人文交流的重要力量，智库[①]可以在“一带一路”建设过程中发挥重要作用。2015 年 4 月 8 日，由中共中央对外联络部牵头，联合国务院发展研究中心、中国社会科学院、复旦大学在北京成立了“一带一路”智库合作联盟，致力于为“一带一路”合作倡议搭建平台、解读政策、咨政建言和推动交流。2016 年 2 月 23 日，“一带一路”国际智库合作联盟正式启动，中国智库走向世界，与各方共同为“一带一路”建设提供智力支持和社会依托。此外，政府要健全海外投资法律体系和管理机制，简化对外投资审批程序，为企业海外投资提供财政、金融和税收等法律和政策支持；发挥国内政策性银行的作用，为企业海外投资提供融资支持。

二、地方要发挥积极性和主动性

推进“丝绸之路经济带”建设，是中国深化向西开放、形成全方位开放新格局的重大战略举措。陕西、甘肃、青海、新疆、宁夏西北五省区是中国同中亚国家经贸合作的前沿阵地，是“丝绸之路经济带”内陆建设的重点区域。“丝绸之路经济带”合作倡议提出后，西北五省区积极响应，根据自身特点和优势，先后出台了各种与“丝绸之路经济带”相关的倡议或规划。在中央政府进行权衡利弊和协调沟通后，西北五省区逐渐明确各自在“丝绸之路经济带”建设中的定位——陕西打造“丝绸之路经济带”新

① 根据上海社会科学院智库研究中心 2014 年 2 月发布的《2013 年中国智库报告》，智库主要是指以公共政策为研究对象，以影响政府决策为研究目标，以公共利益为研究导向，以社会责任为研究准则的专业研究机构。

起点；宁夏建成丝绸之路经济带的战略支点；甘肃打造“丝绸之路经济带”黄金段；青海打造成“丝绸之路经济带”的战略基地和重要支点；新疆定位为“丝绸之路经济带”核心区。

新疆在西北五省区中的优势最为明显。它直接毗邻中亚地区，是连接中国东部地区与中亚周边国家的重要纽带。重要的区位优势、民族优势和人文优势，使得新疆成为中国向西开放的前沿和窗口。此外，新疆是丝绸之路能源经济带的关键节点，是中国与中亚能源合作的“桥头堡”。在中国能源战略格局中，依托中亚能源资源通道，有序开发新疆能源资源是维护国家能源安全的重要保障之一。

（一）新疆在中国能源安全中的重要地位

近年来，在东部油田产量逐年递减的背景下，我国矿产资源勘查逐步加大在西部地区的投入，能源开发重心已实现战略西移。新疆是中国油气资源储量丰富的省区，蕴藏丰富的油气资源，石油和天然气分别占中国陆上油气资源总量的30%和34%。2002年12月，克拉玛依油田实现年产原油1000万吨的目标，成为中国西部第一个千万吨级大油田，标志着准格尔盆地已成为我国石油最重要的战略接替区。

作为连接中国内地与中亚、俄罗斯等能源资源富集区的关键区域，新疆在中国与中亚国家的能源合作中发挥着重要和特殊的作用。新疆是中哈原油管道、中国—中亚天然气管道的必经之地，是中国与中亚开展能源合作的前沿。新疆拥有横跨东西、连通海外的油气管道干线网络，是中国管道运输里程最长的省区，油气管道总里程超过1.1万千米。此外，承担油气铁路运输重任的哈—土—伊准轨铁路（2014年12月开通）、中—吉—乌铁路、中巴铁路（筹建中）和新亚欧大陆桥（已建成）也都经过新疆。油气产业是新疆的主要产业，与中亚五国有较强的产业同构性和趋同性，在油气技术、设备、人才、市场、资金等要素方面互补性较强，具有良好的合作基础和发展前景。①

① 余晓钟、杨洋、魏新：《新疆石油企业中亚竞合能力研究——基于“综合双钻石模型”的分析》，《新疆师范大学学报（哲学社会科学版）》2016年第1期。

近年来，新疆确定了能源产业的发展路径——“三基地一通道”，即立足新疆能源资源优势，加快建设国家大型油气生产加工和储备基地、大型煤炭煤电煤化工基地、大型风电基地和国家能源资源陆上大通道，积极承接产业转移，加快建设向西出口制造基地。

（二）新疆在中亚能源合作中大有可为

目前，在“丝绸之路经济带”建设中，新疆与中亚国家间的能源合作发展空间广阔，正迈入重要的历史机遇期。

首先，中亚国家虽然资源储量丰富，但油气基础设施年久失修，能源勘探、生产和加工技术水平不高，对能源资源的采掘、能源产品的深加工，以及与能源勘探开发有关的技术和与能源产业发展有关的服务和劳务合作有迫切需求。这为新疆石油企业参与中亚能源合作提供了广阔的市场空间。在国家和地方的大力支持下，新疆的石油企业，如新疆油田公司、塔里木油田公司、吐哈油田公司、西北油田公司、西部钻探公司、独山子石化公司和西部管道公司等，在油气勘探开发、油气储运、炼油化工、工程设计、工程建设、技术服务、工程培训、装备制造等方面拥有比较优势，可以向中亚国家提供一体化的工程技术和服务。作为中国西部重要的石油石化工业基地，新疆已经建成了包括天然气集输、油田工程技术服务、油田化学、石油化工、石油装备制造、石油金融、石油信息和石油技术培训等在内的完整的石油企业相关支持性产业群，可以支持新疆石油企业在中亚地区进行油气合作和油气市场开拓。特别是新疆广汇能源股份有限公司、新疆国际实业股份有限公司、新疆中新资源有限公司等民营石油企业，借助地缘优势，直接与中亚国家开展油气贸易和服务等方面的合作。未来，依托“一带一路”建设战略契机，新疆石油企业充分利用两种资源和两个市场，借助良好的区位优势，依托日益成熟的技术和管理经验，争取成为中亚国家油气合作的长期战略伙伴。

其次，中国经济增长和可持续发展的客观现实需要发展能源金融和期货市场，以提高中国在国际能源格局中的影响力。尽管中国能源金融市场起步晚、不发达，但中亚地区的能源金融制度也不完善，随着俄罗斯在金融和能源上逐步转向亚洲，中国可以考虑在新疆建立配套的人民币结算中心，提高油气贸易本币结算规模。2013 年 8 月，中国人民银行批准霍尔果斯特区为跨境人民币创新试点中心。9 月，中国第一个跨境人民币自由兑换中心落户新疆伊犁，开启中国金融界历史性一页。下一步，中国应抓住“丝绸之路经济带”建设的契机，利用亚投行这一重要新平台，发挥新疆和中亚国家石油天然气等能源储量大的优势，成立能源期货交易中心，打造西部地区一流的能源期货交易所。这些将有助于提高中国在世界能源市场的地位，提高中国的话语权和定价权。

最后，新疆既是古丝绸之路的重要组成部分，也是现代“丝绸之路经济带”的重要战略枢纽。其中，能源合作是“丝绸之路经济带”的重要落脚点。新疆要将国家的能源发展战略与新疆优势资源转换相结合，依托国家经济、产业、科技、人才等综合优势，充分利用自身特殊区位优势、资源优势、政策优势和后发优势，加快“国家大型油气生产加工和储备基地、大型煤炭煤电煤化工基地、大型风电基地和国家能源资源陆上大通道”建设，打造“丝绸之路经济带”核心区。

三、企业要因势利导和开拓创新

作为国有大型骨干企业，中石油、中石化和中海油承担着保障国家能源安全的重要使命，是中国进行海外油气勘探、开发和进口的主力军。经过多年艰辛努力，中国石油企业促进了中亚国家油气产量的提高，在中亚国家能源领域的影响力不断扩大。[①] 尤其是中石油，自 1997 年率先进军哈萨克斯坦以来，在中亚地区逐渐形成集勘探开发、管道运输、炼油化工和产品销售为一体的完整产业链。“2013 年，作为中国最大的中亚投资企业，中国石油在哈萨克斯坦的权益产量占其全国总产量的比重超过 1/3，而中国石油参与（即拥有权益）的全部项目的合计产量占其全国总产量比重超过 1/2。”[②] 但是，中国石油企业与中亚国家的能源合作并非一帆风顺。

① Iea. Overseas Investments by Chinese National Oil Companies, Feb.2011, p.37.

② 许勤华：《中国能源国际合作报告（2013~2014）》，中国人民大学出版社 2014 年版，第 91 页。

（一）中国石油企业面临的问题

首先，与埃克森美孚、壳牌、BP、雪佛龙和道达尔等跨国能源公司相比，中国石油企业海外投资时间不长、国际经营经验缺乏，资金、技术和管理水平相对较弱。20世纪90年代初，由于对中亚油气市场不了解，中国错失了竞购中亚优质油气资源的机会。作为中亚能源市场的“后来者”，中国石油企业可选择的机遇少而又少，不得不投资质量低、风险高的油气项目。不仅要面对已占据优势资源的美日欧等国家和地区的跨国能源公司排挤，还要面对来自印度、土耳其和韩国等国国有能源企业的竞争。

其次，中国利用自己的优势参与中亚油气合作项目，对参与各方都是有利的。但是，“出口与进口之间的分界线就是今天能源冲突的马其诺防线，处于这条防线两边的国家，它们看待能源领域的方式往往迥然不同。”①中亚各国政府和民众对中国石油企业的身份认同度较低，对政治因素的关注往往超过商业交易本身，认为“国有企业海外并购是中国政府的政治阴谋”“中国欲图控制他国自然资源”。随着中国与中亚国家在油气领域合作的深入，中国以国有企业为主导的投资被视为一种国家行为，不仅遭到欧美西方国家的插手搅局，破坏中国在中亚地区的战略布局；而且在国外一些别有用心媒体的丑化下，中国正常的油气投资被说成“经济殖民主义”，引起当地民众对中国的疑虑和不信任，给双方油气合作带来一定程度的消极影响。

最后，一些中国石油企业“走出去”后，过分追求纯粹的经济利益，很少实施本土化的经营战略，不重视融入当地社会，尤其不重视承担环保和社会责任，导致当地民众对中国石油企业有抵触情绪。此外，中国部分石油企业功利化的“关系”思维严重，不注重建立本土化的公共关系，油气投资过度依赖特殊的政治关系，甚至采取贿赂的方式来获取投资开发项目。“民族主义的抬头、对中国扩张主义根深蒂固的怀疑，基层民众有形收益的匮乏，以及公司给人留下只尊重能在最高层面帮助自己商业利益的人的印

① [美] 斯科特·L. 蒙哥马利：《全球能源大趋势》，宋阳、姜文波译，机械工业出版社 2012 年版，第 246 页。

象”，[①] 都加重了中国石油企业在当地不受欢迎的程度，导致绑架人质、敲诈勒索、蓄意破坏等事件时有发生。

（二）中国石油企业在中亚开展油气合作的对策

除了加强自身经营管理水平、完善项目监管体制、提高风险应对意识之外，中国企业在获取海外石油资源的实际操作过程中，应遵循“三淡化、三突出”的六大原则，即淡化国家色彩、淡化控制目的、淡化短期收益，突出属地性质、突出迂回方式、突出联合方式。[②]

1. 淡化国家色彩、淡化控制目的、淡化短期收益

在维护国家能源安全方面，除了国有企业之外，民营企业也是一支不可忽视的重要力量。中国国有企业的海外投资带有浓厚的国家色彩，已引起东道国的担忧和恐惧，因此，中国要鼓励民营企业参与海外能源开发，推动国有企业和民营企业的合作，建立“走出去”产业联盟。

当前，在国家政策放宽和大力扶持下，中国民营企业正在快速成长、崛起，已成为中国企业“走出去”的重要力量。在哈萨克斯坦和吉尔吉斯斯坦，越来越多的民营企业，如中信集团、广汇能源、正和股份、中能国际和华荣能源等积极拓展海外油气业务，积极参与到中亚国家的油气开发大潮中。其中，广汇能源备受关注。2009 年 11 月，广汇能源收购哈萨克斯坦 TBM 公司（Tarbagatay Munai Limited Liability Partnership）东哈州萨拉布雷克的斋桑油气区块 49% 的股份，正式启动上游油气资源勘探、开发和生产工作，成为中国首家进行境外油气上下游一体化开发的民营企业。2013 年 6 月 20 日，萨拉布雷克—吉木乃跨境天然气管道[③] 正式投产通气。这是中国新建的第三条跨境油气管道，也是第一条由民营资本投资建设的跨境输气管道。2014 年 6 月，广汇能源获得原油进口经营权与配额，标志着原

① “China’s Central Asia Problem,” International Crisis Group, 27 Feb 2013, p.14.

② 蒋健蓉：《基于全球型本土化的中国资源全周期战略布局研究报告之主报告：“五星模型”下中国如何在全球进行石油资源的战略布局？》，新浪财经，2012 年 7 月 5 日，http://vip.stock.finance.sina.com.cn/q/go.php/vReport_Show/kind/macro/rptid/1421863/index.phtml。

③ 萨拉布雷克—吉木乃跨境管道从哈萨克斯坦 TBM 公司斋桑区块到新疆吉木乃县的吉木乃液化天然气工厂，全长约 118.5 千米，其中哈国段约 95 千米，中国段 23.5 千米，年输气量 5 亿立方米。2013 年 7 月 1 日，吉木乃液化天然气工厂打通全部生产流程，实现液化天然气产出，为新疆阿勒泰、伊犁河谷、北疆沿天山经济带等地提供充足的燃气供应。

油进口权开始向民营企业放开。

近年来，中国对外直接投资增长迅速，企业海外并购热潮一浪高过一浪。通过收购或参股，中国石油企业逐渐掌握东道国一些重要油气项目的绝对控股权。在市场经济的今天，这本无可厚非。然而，矿产和能源资源涉及国家利益和经济安全。随着新一轮“资源民族主义”兴起，东道国政府对此十分敏感，各种审批程序和法律政策的限制也随之增加。近年来，哈萨克斯坦修改法律法规，提高本国国有企业在重大能源项目中的持股比例，其中不乏针对中国石油企业的意味。因此，中国石油企业要注意与资源国国有企业加强合作，这不仅符合资源国当下的法律规定，而且加强了与政府的关系，达到趋利避害的效果；进行海外投资亦不必刻意追求掌握控制权，以股权为基础的控制权其实并不完全可靠，反而招来不必要的麻烦。

此外，东道国的制度、法律、经济、环境、文化政治等与中国差异巨大，中国石油企业要注重政治风险及经营风险的研究，及时预见并制定相应的防范与控制措施，以规避及减少投资风险，实现投资收益最大化。2016 年 1 月 15 日，中国人民大学国家发展与战略研究院能源与资源战略研究中心发布《“一带一路”能源资源投资政治风险评估报告》,[①] 对中国在“一带一路”地区进行能源资源投资的风险做出评估，特别是对“丝绸之路经济带”典型国家（俄罗斯与中亚五国）的能源合作模式和能源投资中的气候因素进行了分析，为政府制定相关政策和企业做出投资决策提供了重要的参考指标。中国石油企业要了解、尊重当地习俗，注重不同民族、宗教间的文化融合，与东道国当地政府和民众建立长期稳定的伙伴关系，拓展企业未来发展空间，获得并保持长期竞争优势。中国石油公司要延伸油气产业的下游产业链，加强能源资源就地就近加工转化合作，缓解相关国家能源紧缺或不平衡的局面，并带动相关国家能源行业和地区经济的发展，让

① 该报告通过广泛分析、综合现有风险指数研究，提出了能源资源和环境保护两个新维度，将传统的风险指数所考虑的政治、经济、社会和投资 4 个维度拓展至 6 个。通过对 6 个维度的 39 个指标进行指数设计，在国内首次提出专门针对能源海外投资政治风险评估的“中国人民大学能源投资政治风险指数”（简称“人大能源指数”），并以此对“一带一路”沿线 64 个国家的政治风险进行度量。其中，哈萨克斯坦为较低投资风险国家，土库曼斯坦、吉尔吉斯斯坦和塔吉克斯坦为中等投资风险国家，乌兹别克斯坦为较高投资风险国家。

各国人民共享合作共赢和共同能源安全的成果。中国石油企业还要提升企业社会形象，履行相应社会责任，注重保护生态环境，带动当地经济发展和民生改善，多实施关系国计民生特别是当地百姓直接受益的项目，为双边能源合作做好民意铺垫工作。中石油在这方面的经验值得推广。该公司因在企业劳动保护、履行社会责任、环境保护等方面的突出贡献，2008 年、2009 年和 2011 年，中油国际（PK）公司分别荣获哈萨克斯坦“最佳企业奖”银奖、哈萨克斯坦石油工业环保最高奖——金普罗米修斯奖和“企业社会贡献总统金奖”；2009 年 12 月和 2010 年 12 月，中油阿克纠宾油气股份公司分别荣获哈萨克斯坦政府“最佳社会贡献奖”和“最佳社会责任奖”。

2. 突出属地性质、突出迂回方式、突出联合方式

当前，属地化管理已成为海外企业发展的必然趋势。属地化管理包括经营属地化、管理属地化、人员属地化和待遇属地化四个方面。这四个方面相辅相成、紧密联系。随着中国石油企业的规模化和国际化，加强海外项目属地化管理迫在眉睫。中国石油企业要加强自我约束，熟悉并遵守当地工会、劳工、税收和环保等方面的法律法规；尽量提高海外项目当地员工的雇用比例，加强对当地雇用员工的培训和管理，促进当地就业，积极参与公益事业；加强与所在国政府、工会组织等有关社会团体及当地民众、媒体的跨文化沟通交流，争取各界对中国石油企业投资经营的理解和支持。

出于长远发展的需要，中亚各国能源产业发展已经开始从单纯的油气出口向油气中下游发展，比如哈萨克斯坦和土库曼斯坦正在积极推进炼油厂改造项目，乌兹别克斯坦也关注天然气化工领域的发展。目前，中国石油企业在中亚地区寻购油气资产、通过股权交易“锁定”资源，[①] 以获取大量海外权益油的做法招致广泛的非议。因此，中国石油企业需改变单纯购买油气资产、集中投资油气开采领域的方式，多从东道国经济发展需要和油气发展战略出发，进入中、下游的工程承包、材料、设备供应和炼制等领域，开展知识共享和技术开发方面的多元化合作，积极打造上下游一体化、具有较强抗风险能力的综合性油气公司。

① “China's Thirst for Oil,” International Crisis Group, 9 June 2008, p. 1.

与中国不同，俄美投资项目的股权相对分散，多采用组建跨国财团联合开发，因此，遭遇东道国的阻力相对较小，抗压能力也相应增强。因此，中国石油企业在中亚能源领域的投资应加强与跨国能源公司的合作，以参股方式参加经营，达到收益共享和风险共担的目的。这样可以变竞争对手为合作伙伴，减少中国投资中亚油气项目遇到的排挤和竞争；利用跨国能源公司在技术、人才、融资方面的优势，提升中国石油企业品牌；学习其丰富的风险管理经验和先进的经营理念，培育和提高中国石油企业的国际运营能力；还可以利用东西方不同文化背景，规避和分散东道国的各种风险。

中国石油企业“走出去”是中国参与国际竞争、保障能源安全的必由之路。尽管现阶段困难重重，但方向不会改变，今后将越走越宽。近年来，中国石油企业践行“互利共赢”的国际合作理念，带动了东道国的就业和经济发展，为世界增加了油气供应。国际主流舆论对中国石油企业的看法发生了明显的变化。2011 年 2 月，国际能源署发布了一份《中国石油公司海外投资驱动因素和影响分析》报告，肯定了中国国有企业在全球的投资行为，认为这些投资行为主要由商业利益推动，与国家意志无关，也符合其他石油进口国的利益。①

四、人文合作促进民心相通

受地理、民族、宗教、文化和历史等诸多因素的影响，中亚是不同文明之间的交汇地——它与西亚等伊斯兰国家有宗教与语言的文化认同关系；它与东正教文明的俄罗斯有一百多年难以割断的多方面联系；它与儒家文明底蕴的中国也有众多同源跨国民族相邻而居；随着美国在阿富汗和中亚驻军，西方在中亚的影响将不断扩大。② 如何实现中国与中亚不同文明的和睦相处和交流融合，也是我们必须给予充分重视的一个重要问题。

（一）中国与中亚国家存在跨文化交流问题

历史上，通过古丝绸之路，中国与中亚地区曾有过频繁的经济文化交

①《专家评说 IEA〈中国石油公司海外投资驱动因素和影响分析〉报告》，中国石油新闻中心，2011 年 4 月 12 日，http://news.cnpc.com.cn/system/2011/04/12/001329936.shtml。

② 杨恕:《转型的中亚和中国》，北京大学出版社 2005 年版，第 2 页。

流。但在沙俄吞并中亚一个多世纪的时间里，这种交流与往来完全中断，中国与中亚“似乎近在咫尺，但好像远在天边。这不只是指距离上的感受，而且还有到那里的难易程度，同时更是一种文化心态和文明上的隔阂。”[①] 由于历史原因，中亚国家对中国存在一定的偏见和误解，给中国与中亚国家的能源合作带来了负面影响。

这种偏见和误解之所以存在，很大程度上是因为跨文化交流存在障碍。由于缺乏战略性规划和长效合作机制，中国与中亚国家在人文领域的交流与合作大多停留在文化、教育、科技、卫生等“小文化”领域；多以政府为主导，民间参与不足；形式较单一，范围较狭窄，影响力有限。

同时，国家形象也是制约中国和中亚国家关系向更深层次发展的瓶颈。中国的快速崛起给中亚邻国带来了压迫感和不安全感，中国石油企业的投资偏重资源领域且急功近利，与中亚国家希望改善经济结构的想法相抵触，与当地政府和民众缺乏有效沟通，导致“中国作为新经济帝国主义的模式化形象正深深扎根于人们心中”。[②] 尽管能源合作符合有关各方共同利益，但部分中亚国家精英和普通民众基于中国的经济优势认为，中国只想攫取中亚资源，与中国的能源合作更有利于中国而不是中亚国家。

此外，随着中国与中亚各国交往的日益加深，越来越多的中国企业和人员开始进入中亚地区。在“中国威胁论”的语境中，中亚国家民众对外来的中国人抱有警惕心理，认为中国劳动移民挤压了当地人的就业机会。尤其是经济不景气时，中国非法移民问题往往成为当地的舆论话题，被迫卷入政治斗争，或成为恐怖袭击和暴力冲突的牺牲品。

（二）加强与中亚地区人文合作的对策

人文合作为主的“民心相通”是“五通”中的重要环节，是推进“丝绸之路经济带”的重要保障。中国与中亚国家战略关系的进一步发展迫切需要创新人文合作方式，拓展人文合作空间，提高人文合作水平，以化解隔阂，增进互信。

---

① 许涛、孙壮志、訾涛等：《中亚，近在咫尺却又远在天边》，《世界知识》2015 年第 17 期。

② “China’s Central Asia Problem,” International Crisis Group, 27 Feb 2013, p.i.

第一，在上合组织及“丝绸之路经济带”构想下的人文合作应继续秉承“互信、互利、平等、协商、尊重多样文明、谋求共同发展”的“上海精神”和“团结互信、平等互利、包容互鉴、合作共赢”的“丝路精神”，这是人文合作的根本指导思想，不能动摇。

第二，文化交流应是双向的。要让中亚了解中国，中国首先要了解中亚。中亚国家媒体关于中国的报道很少，中国媒体关于中亚国家的报道同样也很少。中国与中亚国家已经建交二十多年了，但是中国人对中亚情况了解少得可怜。很少有人知道中亚地区的历史沿革、风土人情和宗教信仰等基本情况，更不用提中亚各国的政治走向、经济发展以及外交政策等。

第三，不仅要与政府和社会精英的打交道，还要与广大普通民众交朋友，使官民交流相互配合、相得益彰。当今社会，民意在政府决策中的作用越来越大。中国开展与中亚国家的人文合作，要去官方化，要更多地同东道国的民众直接打交道，有意识地推广中国文化，改善国家形象，增强中亚人民对中国发展惠及周边的客观认识，缩小认知差距，克服跨文化交流障碍。要设立相应机制和平台，促进政党、议会、企业、大众媒体、学术机构、部族长老、非政府组织和驻外机构等不同社会群体的沟通，有组织、有分工、有配合地与东道国构建全方位、多领域的立体人文合作关系，营造相互包容、相互理解的友好氛围。

第四，强化人文合作的能力建设，建立人文合作的长效机制，逐步将人文合作从展会、演出、文化节和运动会等“小文化”层面提升到科技、出版和学术等“大文化”层面上来。要大力培育能够参与公共外交和民间外交的人才和队伍，推动沿边省份利用区位、民族和宗教优势，发挥重要的纽带作用，鼓励地方民间组织在海外开展活动，同相关国家民间社会建立联系。

第五，每个人都是“民间大使”，所有出境的企业和公民都代表中国。中亚民众往往是通过当地中国人的个体行为来认识、理解中国的。所以，每一位到中亚的中国公民都要熟悉当地法律和文化，规范行为表现，加强自我约束，给当地民众留下良好的印象。

第六，归根结底，中国要提升文化吸引力，提高文化竞争力。中国文化古老深厚，博大精深，但与美欧的西方文化相比，中国文化处于相对弱势。中亚属于东方文明，与中国是文化上的近亲，但中亚对中国文化却缺少向往之情。[①]究其原因，问题在于“中国在过去的20多年里，在拥有强大的经济影响力的同时，却没有建立起相应的强有力的文化吸引力，未能成为中亚国家和民众最向往的国度，这不能不说是一个缺陷。”[②]在文化多元化和信息全球化的今天，若想将“丝绸之路经济带”推向深入，急需提升中国文化吸引力。中国要以深厚的传统文化资源和强大的经济实力为依托，为中国文化注入时代精神和现代元素，建构中国话语，讲好中国故事，加强文化传播体系建设，打造文化产业品牌。这是一个长期的过程，不能一蹴而就。

总之，在中国与中亚油气合作中，政府、地方、企业和个人都是重要的参与者，都发挥着独特的、不可替代的作用。

---

① 赵华胜：《形象建设：中国深入中亚的必经之路》，《新疆师范大学学报（哲学社会科学版）》2015年第4期。

② 赵华胜：《形象建设：中国深入中亚的必经之路》，《新疆师范大学学报（哲学社会科学版）》2015年第4期。

结束语

纵观中国与中亚国家油气合作的发展历程，从1997年落子哈萨克斯坦到现在，中国由一个“后来者”逐渐在中亚油气竞争中脱颖而出，成为中亚各国重要的能源合作伙伴。通过对中国与中亚油气合作的总体分析，我们可以得出以下几个结论：

一、在全球能源供需关系日益紧张的背景下，同时拥有地缘政治和战略资源的中亚地区将越来越重要

中亚地处亚欧大陆中部，是“世界的枢纽地带”；中亚油气资源丰富，是“21世纪的能源新大陆”。尤其是中亚地区重要的油气富集区——里海，从资源地缘和经济地理上看，都处于国际能源战略格局的制高点上。

独立以来，中亚各国实施“资源立国”发展战略，积极吸引外资，发展能源基础设施建设，改善油气出口格局，初步建成一整套完善的油气产业体系。虽然储量无法与中东波斯湾相比，但随着全球能源供需日益紧张，相对稳定、潜力巨大的中亚地区在世界能源中的地位大大提高，成为能源消费国能源安全战略中的重点地区之一。

二、开展能源合作是中国与中亚国家共同的需要

能源是经济增长和社会发展的物质基础。随着经济的快速发展，中国能源需求总量大幅增长，能源的结构性矛盾日益突出。积极开展国际能源合作，建立多元化的能源体系是中国保障能源安全的必然选择。中亚地区油气资源丰富，出口潜力巨大，是中国开展国际能源合作的重点地区之一。发展与中亚国家的油气合作，可以缓解中国的油气供需矛盾、优化中国能源结构、实现油气进口多元化、破解能源“马六甲困境”和降低油气进口成本。

能源也是中亚国家恢复和发展经济的重要依托。通过开展能源合作，中国不仅为中亚国家的油气开发提供了重要的资金、技术和广阔的消费市场，而且拉动中亚国家的相关产业发展，增加就业机会，创造政府税收，带动当地经济发展和民生改善。此外，为摆脱俄罗斯的控制，中亚国家积极谋求油气出口多元化，中哈原油管道和中国—中亚天然气管道推进了中亚国家油气出口多元化的进程。

因此，中国与中亚国家的能源合作是互利共赢的，西方指责中国所谓的“重商主义”和“经济殖民主义”都是站不住脚的，都是别有用心的。

三、中国与中亚国家的能源合作既有机遇也有挑战，机遇大于挑战

中国是中亚国家的近邻。中国与中亚国家的油气合作具备天时、地利与人和，拥有良好的合作基础和巨大的发展空间。

源远流长的历史联系、睦邻友好的国家关系和战略互补的经贸往来，为中国与中亚国家的油气合作奠定了坚实的基础，提供了重要的“后发”推动力。尽管中国进入中亚地区油气领域的时间晚、规模小，但经过十多年的努力，中国与中亚在油气方面的合作取得了长足的进展。中国与中亚地区的油气合作以哈萨克斯坦、土库曼斯坦为重点，逐步向乌兹别克斯坦、吉尔吉斯斯坦和塔吉克斯坦扩展，形成以中石油为主力军，涉及油气田勘探开发、管道建设及相关技术服务等各领域的一体化产业链。

上合组织内成员国间的能源合作具备能源互补优势、地理位置优势和地缘政治优势，推进上合组织的能源合作符合成员国的利益诉求。经过多年共同努力，上合组织成员国间签署了多项能源合作意向或政府间协定，实施了一系列能源合作项目，还加快了“能源俱乐部”的启动步伐。在上合组织框架内，多边能源合作呈现出良好发展态势。

“丝绸之路经济带”合作倡议的提出，为中国与中亚国家能源合作提供了新机遇。作为欧亚大陆心脏地区、世界经济两大引擎之间的“塌陷地带”和能源补给站，中亚地区在“丝绸之路经济带”建设中居于十分重要的战略地位。经济结构禀赋、社会发展需要、能源互补优势、已有的合作基础和条件，决定了中国与中亚国家的能源合作是“丝绸之路经济带”的重要内容，它符合中亚国家发展的实际需要、能解决中亚国家面临的现实问题、比美国的“新丝绸之路”计划和俄罗斯的“欧亚联盟”更有优势。随着“丝绸之路经济带”的落实和推进，中国与中亚国家油气合作的前景将更加广阔。

但是，中国与中亚国家能源合作的潜力仍未得到最大发挥。中亚地区复杂的国际环境使得中国石油企业“走出去”遇到的困难越来越多。

在世界全球化的进程中，能源的政治色彩越来越浓。重要的地理位置和丰富的油气资源使中亚地区成为大国利益和国际资本激烈争夺的舞台。世界各主要政治力量如俄罗斯、美国、伊朗、土耳其、欧盟、日本和印度都想分享中亚国家的能源利益，都为此制定了不同的中亚能源战略。在中亚地区多国竞争的能源格局中，中国石油企业面临的压力非常大。

中亚地区的安全与稳定也面临中亚宗教极端势力、阿富汗局势和领导人继承等问题的干扰。中东北非爆发“阿拉伯之春”以来，中亚宗教极端势力趁乱再度势强，加紧向政坛渗透，并密切与中东恐怖组织的关联。随着北约和美军逐步撤出阿富汗，阿富汗问题成为影响中亚地区安全与稳定的又一潜在威胁。此外，国家权力交接是中亚国家政治稳定的薄弱环节。2015 年，尽管哈萨克斯坦、乌兹别克斯坦和塔吉克斯坦都顺利进行了总统和议会选举，但是三国都已进入政权更替期，在当前复杂的国际政治经济背景下，中亚国家政权交接具有极高的风险性和不可预测性。这些都在一定程度上影响了中国石油企业在中亚地区的油气投资，威胁了中国劳务人员的生命财产安全。

基于对油气工业的高度依赖，中亚国家领导人控制着关系国计民生的能源领域，造成对外能源政策和决策具有很大的不确定性，并导致权力寻租、索贿受贿和贪污腐败等现象盛行。新世纪，为了国家利益最大化，中亚国家开始频繁修改和补充油气行业法律法规，加强对油气行业的控制与监管，投资环境和财税政策趋紧。中国石油企业因中亚国家法律、税收变动和政府干预违约等带来的投资成本和风险在加大。

在当代激烈的国际能源竞争中，中国与中亚国家的能源合作无疑既存在机遇，又面对挑战。中国应该抓住“丝绸之路经济带”新机遇，深化与中亚国家在能源领域的互利合作，实现各自宏伟的国家发展目标。

四、中亚地区的能源竞争不是零和博弈，只有合作才能共赢

在当今世界，没有另外一个地区像中亚一样，几乎所有大国都在此谋求战略存在。围绕重要的地缘和丰富的能源，俄罗斯、美国、中国、伊朗、土耳其、欧盟、日本、韩国和印度等主要政治力量纷纷逐鹿中亚地区。俄罗斯加强能源资源和油气管道“双控制”，维护在中亚地区的传统主导地位；美国从全球战略出发，抢占中亚地区的能源资源，开辟绕开俄罗斯和中国的油气管道；俄美在能源领域控制与反控制的斗争构成了中亚地区的主要矛盾。出于对中国崛起的担心，面对中国在中亚影响力的扩大，俄美极力给中国与中亚的能源合作设置障碍，破坏中国在中亚地区的能源战略布局。除伊朗以外，土耳其、欧盟、日本、韩国和印度等能源消费国也积极参与中亚地区能源领域的竞争，都把中亚视为能源进口多元化的重点地区，都是中国强有力的竞争者。

在全球化时代，能源安全的相互依存特征愈加凸显，其本身已经成为一种国际公共产品。[①] 一个国家无论多么强大富有，都不可能通过单边行动真正实现能源安全。国际合作对改进能源安全状况必不可少。国家间围绕油气开发、运输和定价等进行的各项活动不是一种“彼之所得必为我之所失”的“零和博弈”，而是一种通过合作与竞争能够实现互利共赢的“非零和博弈”。中国需正确认识和调整与中亚国家能源合作的总体思路，妥善处理好与中亚国家、与其他主要政治力量之间的关系，在竞争有序、互利共赢的前提下，促进该地区经济繁荣和中国能源供应稳定。

五、中国要努力构建公平合理、合作共赢的中亚地区能源秩序

目前，中亚地区的能源秩序尚处于构建过程中。中国要在区域内发挥积极的作用，构建以上合组织为核心的地区能源秩序，争取在中亚地区能源供需关系的整合中获得最大利益。为此，中国要处理好三大关系：

第一，与中亚各国的关系。尽管中国与中亚国家具备能源互补优势、地理位置优势和地缘政治优势，建立能源集体安全符合各方的发展需要和利益诉求，但是中亚各国间的差异和分歧制约着多边能源合作的发展。

中国要抓住“丝绸之路经济带”带来的大好机遇，在上合组织的基础上，串联、疏通与中亚国家的关系，加强组织内包括能源等领域的合作。同时，以能源合作为突破口，将中亚各国经济发展规划与“丝绸之路经济带”相对接，推动中亚各国发展战略的顺利实施和战略目标的实现。根据

① 庞珣：《国际政治环境与能源安全》，《国际政治科学》2007年第2期。

中亚各国的实际情况，在共同发展中寻求各方利益的最大公约数，建立平等互利、合作共赢的“利益共同体”和“命运共同体”。

第二，与俄罗斯的关系。客观地讲，中俄在中亚地区能源领域的确存在矛盾，中国在中亚地区拓展能源利益削弱了俄罗斯对中亚地区能源的控制力和主导地位；中国推动的上合组织多边能源合作与俄罗斯主导的欧亚经济共同体统一能源市场也存在某种程度的竞争关系。然而，中国不谋求地区事务主导权，不经营势力范围，中俄在中亚地区能源领域的竞争不是政治性、战略性的，不会超过两国在中亚地区的共同利益。

俄罗斯是能源超级大国。乌克兰危机爆发以来，俄罗斯加速了能源战略的调整，积极开拓亚太能源市场。中国要加强与俄罗斯的能源对话与合作，为上合组织其他成员国间开展能源合作提供有力的范式。此外，在联手抵制欧美通过油气管道在中亚地区的渗透和扩张以及具体的油气合作项目方面，中俄两国有巨大的能源合作潜力亟待挖掘。最后，中国可以借用上合组织这个多边合作机制，灵活把握分寸，通过利益共享、交换、补偿等方式，化解俄罗斯的阻力，通过“尽可能求异”原则，建立平行互补的合作关系，化解上合组织与欧亚经济共同体之间在能源领域的结构性矛盾。

第三，与美国的关系。中国扩大与中亚国家的能源合作客观上增强了中国在中亚地区的政治、经济影响力，并在一定程度上构成了对美国的竞争和压力。美国将中国视为“未来唯一的对手”，通过破坏中国与中亚国家的能源合作，维护美国霸权、遏制中国崛起。同时，美国还倚重第三方力量，推动欧盟、土耳其、日本和印度也参与其中，遥相呼应，互相配合。但是，中国与中亚的能源合作更强调维护国家能源安全，不谋求支配性地位，不排斥别国参与。在中亚地区安全事务、能源供应安全、能源出口多元化和基础设施建设方面，中美存在共同利益，有巨大的合作潜力。

“颜色革命”以来，美国在中亚地区的优势逐渐消殆。中国应充分利用中亚能源博弈格局所形成的俄美矛盾，避免中亚问题成为中俄问题或者中美问题，挖掘中美双方在中亚地区能源领域的合作潜力，加强对话和沟通，扩大共同利益、增进共识，减少美国对中国与中亚能源合作中的抵触和遏制。

参考文献

中文文献

（一）专著类

1. 马大正、冯锡时：《中亚五国史纲》，新疆人民出版社 2005 年版。
2. 王治来：《中亚史》第 1 卷，中国社会科学出版社 1980 年版。
3. 郑羽：《中俄美在中亚：合作与竞争（1991~2007）》，社会科学文献出版社 2007 年版。
4. 许勤华：《新地缘政治：中亚能源与中国》，当代世界出版社 2007 年版。
5. 赵华胜：《中国的中亚外交》，时事出版社 2008 年版。
6. 王治来：《中亚史》，人民出版社 2010 年版。
7. 李静杰：《十年巨变（中亚与外高加索卷）》，中央党史出版社 2004 年版。
8. 潘志平：《中亚地缘政治文化》，新疆人民出版社 2003 年版。
9. 中国社会科学院俄罗斯东欧中亚研究所：《上海合作组织发展报告》，社会科学文献出版社 2009、2010、2011、2012、2013、2014 年版。
10. 杨恕：《聚焦中亚：中亚国家的转型及其国际环境》，中国社会科学出版社 2013 年版。
11. 安维华、吴强、刘庚岑：《中亚穆斯林与文化》，中央民族大学出版社 1999 年版。
12. 陈联璧、刘庚岑、吴宏伟：《中亚民族与宗教问题》，中央民族大学出版社 2002 年版。
13. 潘志平：《中亚的民族关系》，新疆人民出版社 2003 年版。
14. 祝政宏：《中亚地区安全与大国因素》，新疆大学出版社 2006 年版。

15. 徐小杰：《新世纪的油气地缘政治：中国面临的机遇与挑战》，社会科学文献出版社 1998 年版。
16. 史丹：《中国能源安全的国际环境》，社会科学文献出版社 2013 年版。
17. 史丹：《中国能源安全的新问题与新挑战》，社会科学文献出版社 2013 年版。
18. 韩文科：《能源安全战略》，学习出版社、海南出版社 2014 年版。
19. 张宁：《中亚能源与大国博弈》，长春出版社 2009 年版。
20. 季志业：《俄罗斯、中亚“油气政治”与中国》，黑龙江人民出版社 2008 年版。
21. 欧阳承新：《地缘、能源与中国大陆联外油气通路之开发（中亚与高加索）》，中华经济研究院出版社 2012 年版。
22. 谢文心：《地缘视角下中国与俄罗斯及中亚各国的能源合作》，新华出版社 2013 年版。
23. 王海燕：《新地缘经济：中国与中亚》，世界知识出版社 2012 年版。
24. 朱显平：《中国与中亚：国际区域能源及运输合作》，吉林人民出版社 2008 年版。
25. 韩文科、杨玉峰：《中国能源展望》，中国经济出版社 2012 年版。
26. 陈新华：《能源改变命运：中国应对挑战之路》，新华出版社 2008 年版。
27. 吴晓明：《大国策——通向大国之路的中国能源发展战略》，人民日报出版社 2009 年版。
28. 徐小杰：《石油啊，石油——全球油气竞赛和中国的选择》，中国社会科学出版社 2011 年版。
29. 左凤荣：《重振俄罗斯——普京的对外战略与外交政策》，商务印书馆 2008 年版。
30. 孙力、吴宏伟：《中亚国家发展报告（2014）：“丝绸之路经济带”专辑》，社会科学文献出版社 2014 年版。
31. 曹卫东：《外国人眼中的“一带一路”》，人民出版社 2016 年版。
32. 柴利：《中国与中亚国家能源合作对策研究》，社会科学文献出版社 2013 年版。

33. 李进峰、吴宏伟、李伟：《上海合作组织发展报告》，社会科学文献出版社 2013 年版。
34. 徐洪峰、李林河：《美国的中亚能源外交（2001~2008）》，知识产权出版社 2009 年版。
35. 朱成虎：《十字路口：中亚走向何方》，时事出版社 2007 年版。
36. 钱学文：《中东、里海油气与中国能源安全战略》，时事出版社 2007 年版。
37. 郑羽、庞昌伟：《俄罗斯能源外交与中俄油气合作》，世界知识出版社 2003 年版。
38. 曾向红：《遏制整合与塑造——美国中亚政策二十年》，兰州大学出版社 2014 年版。
39. 陆南泉：《曲折的历程：中亚卷》，东方出版社 2015 年版。
40. 马斌：《重塑心脏地带：冷战后美国对中亚援助政策研究》，对外经贸大学出版社 2015 年版。

（二）译著类

1. [美] 胡曼·佩马尼：《虎视中亚》，王振西译，新华出版社 2002 年版。
2. [美] 玛莎·布瑞尔·奥卡特：《中亚的第二次机会》，李维建译，时事出版社 2007 年版。
3. [俄] 斯·日兹宁：《国际能源：政治与外交》，强晓云译，华东师范大学出版社 2005 年版。
4. [俄] C.3. 日兹宁：《俄罗斯能源外交》，王海运、石泽译审，人民出版社，2006 年版。
5. [俄] 瓦·伊·萨雷金、阿·瓦·萨法良：《环里海区域经济关系和石油开发合作》，岳文博译，世界知识出版社 2008 年版。
6. [哈] 努·纳扎尔巴耶夫：《探索之路》，陆兵、王嘉琳译，新疆人民出版社 1995 年版。
7. [哈] 努·纳扎尔巴耶夫：《站在 21 世纪门槛上》，陆兵、王嘉琳译，时事出版社 1997 年版。
8. [哈] 努·纳扎尔巴耶夫：《前进中的哈萨克斯坦》，哈依霞译，民族出版社 2000 年版。

9. [土] 萨·阿·尼亚佐夫:《永久中立 世代安宁》,赵常庆等译,东方出版社 1996 年版。
10. [美] 斯科特 L. 蒙哥马利:《全球能源大趋势》,宋阳、姜文波译,机械工业出版社 2012 年版。
11. [美]兹比格纽·布热津斯基:《大棋局:美国的首要地位及其地缘战略》,中国国际问题研究所译,上海人民出版社 2007 年版。
12. [英] 戴维·G. 维克托、埃米·M. 贾菲、马克·H. 海斯:《天然气地缘政治——从 1970 到 2040》,王震、王鸿雁等译,石油工业出版社 2010 年版。
13. [美]威廉·恩道尔:《石油战争:石油政治决定世界新秩序》,赵刚等译,知识产权出版社 2008 年版。
14. [美] 罗伯特·基欧汉:《霸权之后:世界政治经济中的合作与纷争》,苏长和、信强、何曜译,上海人民出版社 2012 年版。
15. [俄] 阿列克佩罗夫:《俄罗斯石油:过去、现在与未来》,石泽译,人民出版社 2012 年版。
16. [日] 木村泛:《普京的能源战略》,王炜译,社会科学文献出版社 2013 年版。
17. [美] 罗伯特·海夫纳三世:《能源大转型:气体能源的崛起与下一波经济大发展》,马圆春、李博抒译,中信出版社 2013 年版。
18. [美]迈克尔·克莱尔:《石油政治学》,孙芳译,海南出版社,2009 年版。
19. [美]威廉·恩道尔:《石油战争:石油政治决定世界新秩序》,赵刚等译,知识产权出版社 2008 年版。
20. [法] 菲利普·赛比耶 – 洛佩兹:《石油地缘政治》,潘革平译,社会科学文献出版社 2008 年版。
21. [美] 丹尼尔·耶金:《石油大博弈:追逐石油、金钱与权力的斗争》,艾平译,中信出版社 2008 年版。
22. [英] 瓦西利斯·福斯卡斯、比伦特·格卡伊:《新美帝国主义:布什的反恐战争和以血换石油》,薛颖译,世界知识出版社 2006 年版。
23. [哈] 卡·托卡耶夫:《中亚之鹰的外交战略》,塞力克·纳雷索夫译,新华出版社 2002 年版。

英文文献

（一）著作类

1. Banuazizi, Ali, and Myron Weiner. *The New Geopolitics of Central Asia and its Borderlands*. Indiana University Press, 1994.
2. Sengupta, Anita. *Frontiers into Borders: The Transformation of Identities in Central Asia*. Hope India Publications, 2002.
3. Amineh, Mehdi Parvizi, and Henk Houweling. *Central Eurasia in Global Politics: Conflict, Security, and Development*. Brill, 2003.
4. Cooley, Alexander. *Great Games, Local Rules: the New Great Power Contest in Central Asia*. Oxford University Press, 2012.
5. Petersen, Alexandros, and Katinka Barysch. *Russia, China and the Geopolitics of Energy in Central Asia*. Centre for European Reform, 2011.
6. Kleveman, Lutz. *The New Great Game: Blood and Oil in Central Asia*. Grove Press, 2004.
7. Pirani, Simon. *Central Asian and Caspian Gas Production and the Constraints on Export*. Oxford Institute for Energy Studies, 2012.
8. Marketos, Thrassy N. *China's Energy Geopolitics: The Shanghai Cooperation Organization and Central Asia*. Routledge, 2008.
9. Klare, Michael. *Resource Wars: the New Landscape of Global Conflict*. Macmillan, 2001.
10. Hopkirk, Peter. *The Great Game: on Secret Service in High Asia*. J. Murray, 2006 .
11. Petersen, Alexandros, and Katinka Barysch. *Russia, China and the Geopolitics of Energy in Central Asia*. Centre for European Reform, 2011.
12. Auty, Richard. *Sustaining Development in Mineral Economics: the Resource Curse Thesis*, Routledge, 1993.

（二）期刊类

1. S. Frederick Starr. "A greater Central Asia Partnership for Afghanistan and Its

Neighbors." *Foreign Affairs* 84 (2005).

2. Duarte, Paulo. "Central Asia and the Great Games: Different Times, the Same Game." *Retrieved* April 2 (2012).
3. Erdogdu, Erkan. "Bypassing Russia: Nabucco Project and Its Implications for the European Gas Security." *Renewable and Sustainable Energy Reviews* 14.9 (2010).
4. Bhadrakumar, M. K. "Russia, China, Iran Redraw Energy Map." *Asia Times Online* 8 (2010).
5. Chow, Edward C., and Leigh E. Hendrix. "Central Asia's Pipelines: Field of Dreams and Reality." *the National Bureau of Asian Research* (2010).
6. Dorian, James P., Brett H. Wigdortz, and Dru C. Gladney. "China and Central Asia's Volatile Mix: Energy, Trade, and Ethnic Relations." *East-West Center* (1997).
7. Swanstrom, Niklas. "China's Role in Central Asia: Soft and Hard Power." *Global Dialogue* 9.1/2 (2007).
8. Martin, M. A. P. "Geo-Economics in Central Asia and the Great Game of Natural Resources: Water, Oil, Gas, Uranium and Transportation Corridors." *Central Asia Observatory, Working Paper* 59.2009 (2010).
9. Thomas Wheeler. "Turkey's Role and Interests in Central Asia." *Saferworld*, October 2013.
10. Candar, Cengiz, and Graham E. Fuller. "Grand geopolitics for a New Turkey." *Mediterranean Quarterly* 12.1 (2001).
11. Boonstra, Jos, and Senior Researcher FRIDE. "The EU's Interests in Central Asia: Integrating Energy, Security and Values into Coherent Policy." *EDC2020*21 (2011).
12. Cameron, Fraser. "The Politics of EU-Russia Energy Relations." *EU-Russia Energy Relations. OGEL Collection, Euroconfidential* (2009).
13. Nargis Kassenova, A View from the Region. Melvin, Neil. "Engaging Central Asia: the European Union's New Strategy in the Heart of Eurasia." *CEPS*

Paperback Series 4 (2008).

14. Correlje, Aad, and Coby Van der Linde. "Energy Supply Security and Geopolitics: A European Perspective." *Energy Policy* 34.5 (2006).
15. Petersen, Alexandros, and Katinka Barysch. "Russia, China and the Geopolitics of Energy in Central Asia." *Centre for European Reform*, (2011).
16. Alexandros Petersen and Katinka Barysch. "Russia, China and Geopolitics of Energy in Central Asia", *CER Report*, November (2011).
17. Townsend, Jacob, and Amy King. "Sino-Japanese Competition for Central Asian Energy: China's Game to Win." *China and Eurasia Forum Quarterly*. Vol. 5. No. 4.(2007).
18. Yuasa, Takeshi. Japan's Multilateral Approach Toward Central Asia. na, (2009).
19. Fumagalli, Matteo. "South Korea's Engagement in Central Asia from the End of the Cold War to the 'New Asia Initiative.'." *Journal of Northeast Asian History* (2012).
20. Patnaik, Ajay. "New Geopolitics and India in Central Asia." *History Research,* July (2012).
21. Campbell, Ivan. "India's role and Interests in Central Asia." *Safeworld,* October (2013).
22. Islam, AKM Iftekharul. "The US Role and Policy in Central Asia: Energy and Beyond." *Arts Faculty Journal* 4 (2012).
23. Weitz, Richard. "Averting a New Great Game in Central Asia." *Washington Quarterly* 29.3 (2006).
24. Koolaee, Elaheh, and Mandana Tishehyar. "An Outlook on Energy Cooperation Approaches in the Shanghai Cooperation Organization (SCO) Region." *Geopolitics Quarterly,* Winter (2013).
25. Pop, Irina Ionela. "China's Energy Strategy in Central Asia: Interactions with Russia, India and Japan." *UNISCI Discussion Papers* 24 (2010).
26. Mearsheimer, John J. "Why the Ukraine Crisis Is the West's Fault: The

Liberal Delusions That Provoked Putin." *Foreign Affairs* 93 (2014).

27. Liu, Jian-Sheng, and Hong-Jian Cui. "The EU's Energy Diplomacy in Central Asia/Caspian Sea Region and China-EU Cooperation." *China International Studies 2010*.4 (2010).

28. Christian Brutsch, and Mattew Hulert. "Europe Must Turn To China for Energy Security", *World Politics Reviews*, May 9 (2011).

（三）主要参考网站

1. 中国社会科学院俄罗斯东欧中亚研究网 http://euroasia.cass.cn/
2. 新疆社会科学院中亚研究所 http://www.xjass.com/zys/index.html
3. 华东师范大学俄罗斯研究中心 http://www.rus.org.cn/
4. 上海合作组织研究网 http://studysco.cass.cn/
5. 中亚研究网 http://euroasia.cass.cn/cate/1007.htm
6. 清华—卡内基全球政策中心 http://carnegietsinghua.org/? lang=zh#slide_3087
7. 透视俄罗斯 http://tsrus.cn/
8. 莫斯科时报 http://www.themoscowtimes.com/
9. 美国国务院 http://www.state.gov/
10. 美国能源信息署 http://www.eia.gov/
11. 油气杂志 http://www.ogj.com/index.html
12. 外交事务 http://www.foreignaffairs.com/
13. 国际能源署 http://www.iea.org/
14. Central Asia-Caucasus Institute Silk Road Studies Program http://www.silkroadstudies.org/
15. Eurasia Review http://www.eurasiareview.com/category/news-by-region/asia/central-asia/

致 谢

本书根据博士论文修改而成，而该论文是在我的导师——中共中央党校国际战略研究院左凤荣教授的悉心指导下完稿的。读博期间，左教授渊博的专业知识、严谨的治学态度、精益求精的工作作风、诲人不倦的高尚师德对我影响极大。她不仅给我提供参与科研课题研究、参加专业学术会议的宝贵机会，而且从论文选题、搜集资料，到谋篇布局、行文章法，再到修改定稿都给予了全面的帮助和指导。在此，我对恩师的辛劳付出表示诚挚的谢意！

其次，论文的顺利完成也离不开辛勤培育我的中共中央党校国际战略研究院各位领导和老师。他们不仅在专业思维和前沿理论上对我进行指导和点拨，更在为人处世上和道德操守上用行动教育和影响了我。特别感谢国际战略研究院刘建飞老师、马小军老师、高祖贵老师和李云龙老师，以及中国人民大学黄大慧教授和国际关系学院林宏宇教授在论文开题、答辩中提出的诸多宝贵批评和建议！在论文写作过程中，同门张勇、宋超和张光政也给予我各种鼓励和帮助。在此，我一并表示深深的感谢！

鸦有反哺义，羊知跪乳恩。感谢我的父亲邓长安和母亲齐凤瑞！他们竭力为我营造良好的家庭氛围，为我求学便利而数次举家搬迁，为我做出的选择给予各种支持……在我奋力拼“博”的时候，他们从内蒙古来到广东帮我悉心照顾幼子，免除我的后顾之忧；在我写博士论文期间，为了不打扰我，确诊癌症晚期的父亲决意不让我去医院照顾。每念及此，泪眼模糊。值此行将付梓之际，告慰父亲在天之灵！感谢一直疼爱我的三个姐姐和姐夫！父亲的病榻前，都是他们在尽心地轮流看护。感谢我的丈夫陈素龙！在我读博期间，他和我的公婆承担了抚养幼子的责任。我深感这顶博士帽的沉重！它承载着家人们的殷切期盼。

对于中国与中亚国家的油气合作这个课题，我虽进行了积极探索，但由于时间和能力有限，书中必然存在不足和拙见。恳请各位专家批评指正，我将进一步改进完善。

邓秀杰

2016年8月